失敗から学ぶマーケティング

売れないモノには理由がある

森 行生

技術評論社

失敗から学ぶマーケティング

売れないモノには理由がある

［免責］

本書に記載された内容は、情報の提供のみを目的としています。したがって、本書を用いた運用は、必ずお客様自身の責任と判断によっておこなってください。これらの情報の運用の結果について、技術評論社および著者はいかなる責任も負いません。

本書記載の情報は、刊行時のものを掲載していますので、ご利用時には変更されている場合もあります。

以上の注意事項をご承諾いただいたうえで、本書をご利用願います。これらの注意事項をお読みいただかずに、お問い合わせいただいても、技術評論社および著者は対処しかねます。あらかじめ、ご承知おきください。

［商標、登録商標について］

本文中に記載されている製品の名称は、一般に関係各社の商標または登録商標です。なお、本文中では™、®などのマークを省略しています。

はじめに

日本のスマートフォン出荷台数の7割を占めるｉＰｈｏｎｅ。

日本の全世帯の3分の1が買ったＮｉｎｔｅｎｄｏ　Ｓｗｉｔｃｈ。

累計10億枚売れたヒートテック。

日本歴代映画興行収入1位『千と千尋の神隠し』を軽々と超え、2021年8月に403億円に到達した『劇場版「鬼滅の刃」無限列車編』。


すべての企業の開発担当者が夢見る大ヒット商品たちです。

しかし、残念なことに、大半は露と消えていきます。


「どこがマズかったんだろう」

「コンセプトはああしておけばよかった」

「製造部門や営業部隊が反対したからダメだったんだ」
「上司が頑固だったから、あそこを改良できなかった」
「競合相手が強すぎる」
「うちは高コスト体質だから価格を下げられない」

反省することしきり。「よし、次はがんばろう」と思っても、なかなかヒットは生まれません。

じつは、手がけた新商品や新サービスが成功する方法があります。それは「失敗から学ぶ」ことです。

マーケティング・コンサルタントを30年以上続けている私だけでなく、みなさんにもこんな経験はありませんか。

「なぜ、こんなアプローチをした商品を世に送るのだろうか？　失敗は目に見えているのに……あ、やっぱりダメだったか」
「正解がわからずに試行錯誤しているようだな……あ、やっぱり話題にすらならなかった」

成功するかどうかはわからずとも、失敗しそうなのは感覚でわかります。それをできるだけ論理的に解説しようとしたのが本書です。

日本では「マーケティングの失敗例に学ぶ」まとまった書物はほとんどありません。私のアメリカの学生時代には、コトラーのマーケティング教科書とともに、失敗例だけを集めた副読本がマーケティング専攻の全学生に配布されたものでした。私が本書を記そうとした動機が、学生時代の原体験でした。

本音を言えば、編集者の傳さんからご連絡があり、本書のコンセプトを聞いたのがきっかけでした。私はすぐ「これはいける」とピンときました。もともと自分のメルマガで失敗例からマーケティングを学ぶスタンスの記事が大半を占めていたことも、すんなり納得できた理由でもあります。私があまりにも自然に話を進めてしまったため、傳さんが「本当にこの話を受けてくれるのか」と心配になったほどでした。

「失敗から学ぶ」が本書のコンセプトではありますが、それをどう書籍化するのか。「パッケージが赤だったから売れなかった」のような表層的な結論では元も子もありません。そこで、本書でみなさんに伝えたいのは2つです。

・失敗にはパターンがある
・理論をもとにすれば対処が可能である

失敗にはパターンがあり、その多くはマーケティング理論から外れたことをしてしまったケースなのです。したがって、パターンを解析することで失敗を回避し、成功確率を上げることができます。そして、失敗パターンをマーケティング理論とつなげれば、対処方法もわかります。

誤解を恐れずに言えば、我々マーケティング・コンサルタントは成功事例と失敗事例、そしてそれにともなうパターンの両方を駆使して、成功確率を高めます。例えていえば、お祭りの射的で、普通の人は銃身の短いピストルを使いますが、我々は銃身の長いライフルを使い、かつ身を乗り出して的との距離を極力縮めることで、的の中心に弾丸を当てる確率を極力高めます。「ずるい」と言ってはいけません。ライフルを使うことがマーケティング理論および成功と失敗のパターンを駆使することなのですから。みなさんもぜひ、ライフル、いやアサルト・ライフルを使って的を当て、豪華な賞品を獲得してください。

「はじめに」の締めとして、本書をオススメする人たちとオススメしない人たちを記しておきます。ぜひ参考にしてください。

オススメする人たち

・これからマーケティングを学ぼうとする学生さん
・他部署から商品開発部、広告宣伝部、新サイトの企画を任された人たち
・なかなかヒットが生まれず悩んでいる担当者のみなさん
・直接ヒット商品には関係ないけれど、知的好奇心の強い人たち

オススメしない人たち

・ほかの分野を勉強するので手一杯の人たち
・ことごとくヒットを出し続けるヒットメーカーの人たち
・「とりあえず従来のやり方を踏襲しておけば安泰」という環境にいる人たち
・新しいやり方に対して保守的な職場にいる人たち

2 生活者を見誤る

5 競合商品にも顧客がいることを忘れる

1

知られなければ「ない」のと同じ

1

「自分が知っているから他人も知っている」と勘違いする

U&E

「千三つ（せんみつ）」と呼ばれる言葉があります。「千の新製品を出しても、成功するのはたった三つしかない」の意味です。残りの997は失敗する運命です。

本書はその997の失敗のパターンを分類して紹介したものですが、じつは失敗のうちの9割がたった1つのパターンです。このパターンさえ回避できれば成功確率が激増します。

そのたった1つとは、「知名度不足」です。「知られなければ『ない』のと同じ」と私はよくいいます。知名度がなければ、新製品を発売していないのと同じです。売上などあがりようがありません。逆にいえば、知名度さえあれば売れます。ブランドとして定着するかどうかは、その後の戦略次第ですが、まずは売れないことにはなにも始まりません。

99%の商品が、名前を覚えられることなく、数年で消えていく

知名度不足の事例を紹介するのは容易ではありません。読者が聞いたこともない商品を事例として挙げてもピンとこないからです。「ブランソープが売れませんでした。なぜなら、だれも知らなかったからです」と書かれた本を読んでも、楽しくもなんともありません。

そこで、清涼飲料水を例に取り、数字で紹介します。２０１９年に発売された清涼飲料水の新製品は、じつに１０７４点です。これら新製品の名前を全部を覚えることができる人はいません。一般的に生活者が空で名前を言える商品は、１つの分野で10点程度だからです。趣味や興味がある分野でも、30点が限界です。

今ここで「清涼飲料水で思い浮かべる商品名を、30秒以内にいくつでも」手元のメモ帳に書いてみてください。10点以上出せれば合格です。30点以上は時間的に難しいかもしれませんが、トライしてみるのもまた一興です。

商品名リストが提示されれば思い出せる数は増えますが、一般的な商品ジャンルで50点、興味関心が高い商品ジャンルでは１００点が限界です。

　そこで、リスト提示による条件で新製品の入り込む余地を考えます。コカコーラなど既存商品が40点を占めると、新製品の余地は10点程度しかありません。生活者の記憶容量からあぶれた１０６４点は、商品名を覚えられることなく、「存在しなかった商品」として数年で消えていきます。千三つ（０・３％）よりマシとはいうものの、１％しか残りません。

　視点を変えて、既存商品に目を転じます。アマゾンで「ジュース」と検索すると、１００００点以上も出現します。同じブランドで複数がセットで売られる商品が二重三重にカウントされているとはいえ、生活者が全部の商品名を覚えきれないことには変わりません。具体名を挙げると、アマゾンの検索結果には

「青森便り　りんごジュース」
「シャイニー　青森県りんご」
「スマイルライフ　ミックスフルーツ」
「神戸居留地　徳島県産果汁の木頭ゆずソーダ」

など、一般に知られていない商品がいくらでも見つかります。有名企業の商品でも

「カゴメ　つぶより野菜」
「グリコ　野菜足りてますか？」

など、やはり一般の人が知らない商品が続々と出現します。商品数の多少はあれど、菓子でも調味料でも洗剤でも、はたまた小売店や美容院などのサービス業でも同様です。

このように、新製品の第一関門ともいえる知名度が獲得できずに成功に至らないケースが大半なのです。

最初に開発しても、知名度がなければ優位な立場を利用できない

角度を変えた事例を挙げます。今やだれもが知っている商品ジャンルで、はじめて開発した企業が知名度を上げる意欲や努力がなかったために、競合企業にトップの座を奪われてしまった例です。代表的なのが、カラオケ機器とカラオケボックスです。

カラオケ機器を世界ではじめて商業ベースに乗せたのは、１９７１年に神戸で「流し」を生業とした人物が開発したカラオケ機器でした。流しとは、ギターやアコーディオンを

抱えて酒場を巡回し、歌を披露したり客の歌の伴奏をする商売のことです。ある日、常連客から「旅行に随伴してほしい」と依頼されたものの都合が合わず、代わりに伴奏だけをテープに録音して持たせたのが好評を博しました。元流しの人物は、これにヒントを得てカラオケ機器を開発し、会社を興しました。元流しの人物の会社が現在の第一興商だったら成功事例ですが、残念ながらそうではありません。元流しの人物のカラオケ機器は、地元神戸の周辺でしか知られず、結局、１９７６年にカラオケ機器を開発した第一興商がトップ企業に成長したのでした。

一方、カラオケボックスの発祥は１９８５年、岡山県に開店した個人店です。船舶用コンテナを改造した「イエローＢＯＸカラオケ広場」がカラオケボックス第1号です。カラオケ喫茶を経営していた奥さんが事故で入院したので、来店客がセルフでお金を入れてカラオケを楽しむ店を作ったのが始まりです。「イエローＢＯＸカラオケ広場」も、現在のカラオケボックスでトップクラスのシェアを誇る「まねきねこ」「ビックエコー」「カラオケＢａｎＢａｎ」ではありません。地元周辺ではよく知られる店でしたが、経営者に事業欲がなかったのでしょう。多店舗展開せず、無名の存在です。

一般的に「創業者が有利」だと言われますが、知名度がなければ優位な立場を利用することができません。

類似の例は、ほかにもたくさんあります。外食や食品の世界では、「元祖かつ丼」「元祖味噌ラーメン」「元祖おはぎ」といったお店が相当します。どれも、だれが最初に開発したのか、一般生活者は知らないものばかりです。

一般商品でいえば、無名の商品を大企業が改良し、いつの間にか大きな売上になった例はいくつもあります。「エバラ浅漬けの素」は、もともと東北の小さな会社の商品を模したものでした。ユニクロのヒートテックやブラカップ付きキャミソールは、すでに市場に出回っていた商品を改良したものです。ｉＰｏｄは、以前から他社が販売していたＭＰ３プレーヤーの改良品です。

U&Eは初期診断の大切な指標

私がクライアントからよく聞かれる質問に、「森さんにとって最も重要なマーケティング上の数字はなんですか」があります。「知名度、理解度、好意／購入意向、トライアル、レギュラーの5つです」と答えると、質問した人は皆ビックリします。「どんな企業でも持っているような数字ではなく、もっと『すごいもの』が出てくると思っていた」と言われます。

この5つの数字は、U&Eと呼ばれます。Usage&Establishmentの頭文字を取ったもので、意訳すると「ブランドの使用実態とブランド確立」。調査の世界でよく使われる用語です。

U&Eは、DAGMAR理論と呼ばれる、生活者が購入に至るまでのステップを生活者調査のデータで数値化したものです。かつて使われてきたAIDMAの現代版だといえばわかりやすい人もいるでしょう。次の5つです。

［第1段階］知名（生活者はまず、商品の名前を知り）
［第2段階］理解（どんな商品なのかを知り）
［第3段階］好意／購入意向（「ちょっといいかな」「買ってみようかな」と思うようになり）
［第4段階］トライアル（実際に買ってみる）
［第5段階］レギュラー（気に入ったら、何回も買うようになる）

U&Eの各指標をかんたんに説明します。

［第1段階］知名（生活者はまず、商品の名前を知り）

今回の主役です。一般の商品では、商品名を知る人を増やすのがコミュニケーションの第一歩です。大切なので何回も言いますが、「知られなければ『ない』のと同じ」だからです。

商品名を知っていれば親しみが湧き、商品を手に取ったり買いたくなる心理が働きます。コンビニの棚に陳列された新製品を見て「この前、友達が言ってたヤツだ」「テレビで見たよ」「売場を通るたびに見かける商品だ」状態です。気軽に試し買いをしてくれます。

逆に商品名を知らないと、「おいしくないんじゃないかな」「すぐ壊れたらイヤだな」「性能が低いのではないか」と不安に感じます。

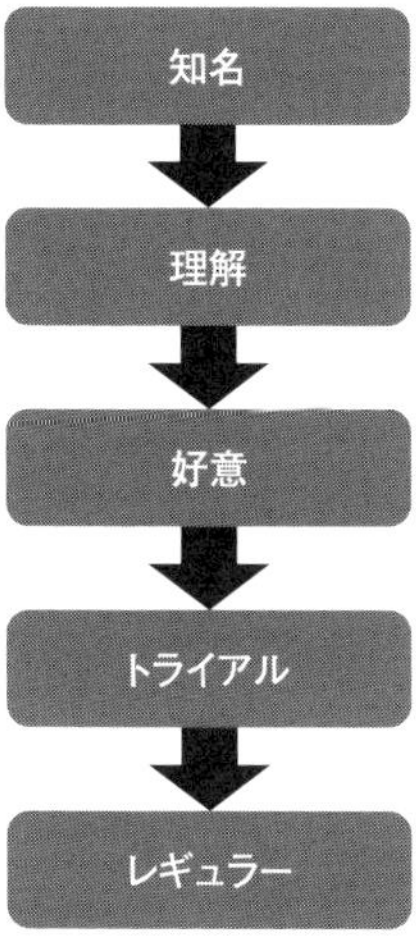

図1-1-1　U&E

［第2段階］理解（どんな商品なのかを知り）

商品名を知った後「どんな商品なのかがわかる」段階が理解です。「商品名は聞いたことがあるけれど、自動車だったかジュースだったか覚えていない」のでは、買いようがありません。また、「カルカン（かるかん）」と聞いて、ペットフードを思い出すのか、九州特産の菓子を思い出すのかで、生活者の購買行動は変わります。

U&Eでは、正答か誤答かは問題にしません。どんな商品かがわかる人の比率が高いか低いかだけを見ます。たとえ誤答であっても、生活者がそう思えば、事実になるからです。正答か誤答かは、企業の尺度であって、生活者には関係ありません。正答か誤答か、理解の内容については、別の理論や分析手法で探索します。

［第3段階］好意／購入意向（「ちょっといいかな」「買ってみようかな」と思うようになり）

理解の次は、好意／購入意向です。「ボルボは四角いデザイン」は理解ですが、好意／購入意向とは直接的に連動しません。理解内容によって変化するからです。「古くさい、かっこ悪い」と思えば好意／購入意向は低くなりますが、一方で「四角いから視界が広く、事故が起きにくいデザイン」の理解内容ならボルボに好意／購入意向を持つ人がグンと増えます。したがって、好意／購入意向は理解内容によって大きく左右されます。

一般商品の場合は「好意／購入意向」とセットで論じても問題ありません。好きならば購入意向も高くなります。ただし、「好き嫌いではなく、理屈で買う商品」は好意と購入意向がセットになりません。代表例が健康関連商品です。健康やダイエットに役立つなら、好きでなくても購入意向が高くなるからです。

［第４段階］トライアル（実際に買ってみる）

購入意向が高ければトライアル、つまり試し買いをするようになります。

高額商品でのトライアルは、「使ってみた」が相当します。次のことがトライアルに当たります。

・友人のｉＰｈｏｎｅを触らせてもらう
・自動車の試乗会で乗ってみる
・住宅の展示会やショールームで家の中を見る

［第５段階］レギュラー（気に入ったら、何回も買うようになる）

試してみて、気に入ればレギュラーになります。気に入らなかったり、印象に残らなければ、トライアルで終わります。

Ｕ＆Ｅは、マーケティングの基本中の基本です。内科医が体温を測ったり歯医者がレントゲンを撮るように、私にとって最初に確認すべき数字です。企業や商品の健康度を計るために必要な「企業診断」「商品診断」ともいえる指標なのです。Ｕ＆Ｅを見るだけで、対象企業やブランドは健康体か、問題がどこにあるのかが瞬時にわかります。そのわりに、たった５つの質問をすれば事足りるので、どんな生活者調査にも気軽に潜り込ませることができる手軽さがあります。しかも、ほとんどの企業がすでに保有するデータなので、改めて調べる必要すらありません。逆に、Ｕ＆Ｅを軽んじると、いくら生活者のデータを分析しても正しい結論にならなかったり、無駄な分析作業を延々と繰り返すことになってしまいます。

　多くの企業は、Ｕ＆Ｅを充分に活用できていません。「昔から計測してきた数字だから調べているけれど、大して参考にしていない」ケースが多いのです。

知名度を上げる目的で使ってはいけない媒体

　ここでは、Ｕ＆Ｅのうち、知名度に注目してみましょう。知名度を上げる目的で、ネット媒体、ティッシュやパンフレットの配布、ＰＯＰ、クチコミの４つがおもに使われますが、まちがった場面で使われてしまうことがあります。

これらは、次の4つに分類されます。

［パターン1］限定的なケースなら知名度向上に有効
［パターン2］知名度より理解度に有効
［パターン3］知名度よりトライアルに有効
［パターン4］コントロール不可能で、企業が扱う媒体として不確実・不安定

［パターン1］限定的なケースなら知名度向上に有効

このパターンには、ネット媒体、ティッシュやパンフレットの配布が含まれます。
近年、SNSの活用や、ネット広告などのネット媒体が注目を浴びています。企業によっては、テレビ広告の予算をすべてネットに移動してしまったケースもあるほどです。しかし、一方で出前館は、2020年にネット媒体の半分以上をテレビ広告に振り分けてから、知名度上昇によって売上が一気に上がりました。話題になったスーダラ節と、ダウンタウン浜田雅功が出演した広告です。知名度を上げることがどれだけ重要なのかを示す良い例です。

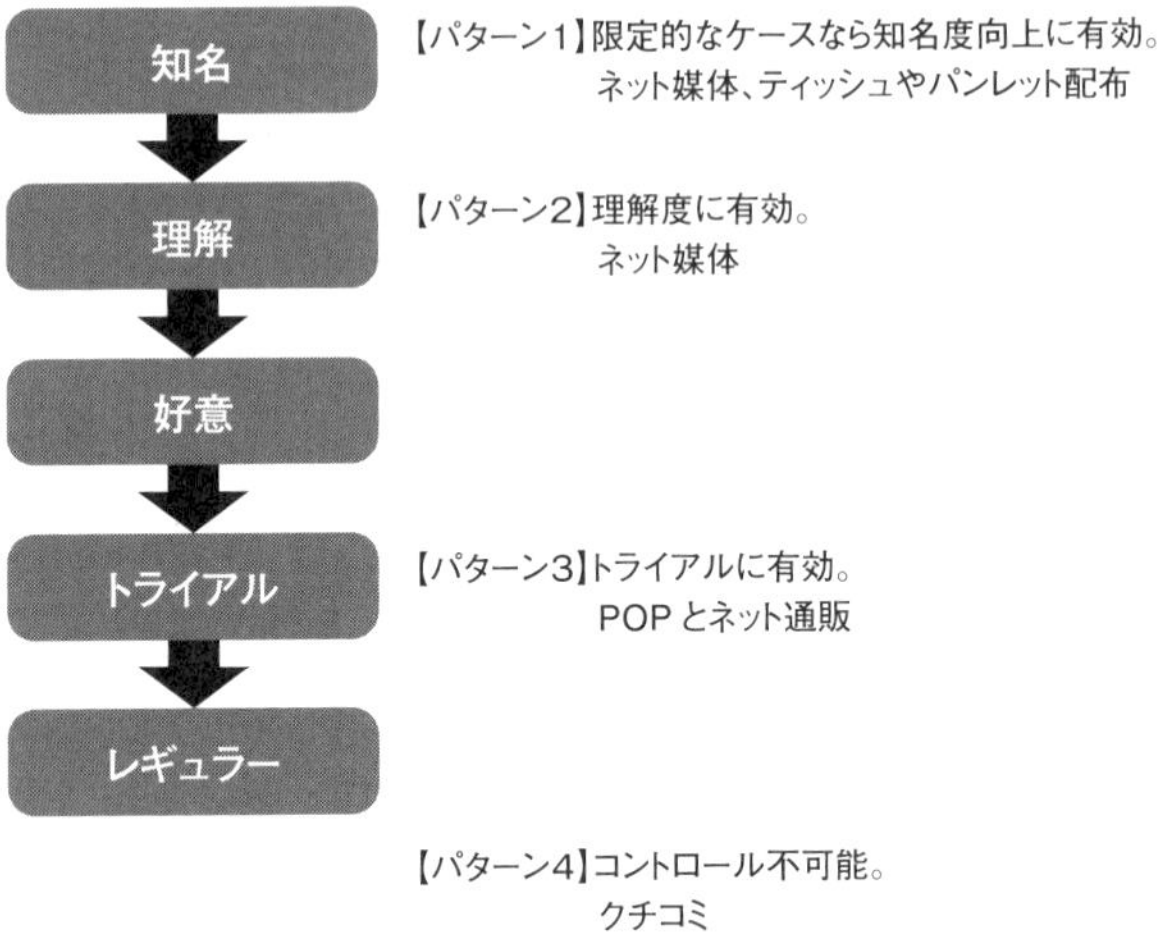

図1-1-2　知名度を上げる目的で使ってはいけない媒体

運が良ければ、自社の公式Ｔｗｉｔｔｅｒだけでバズって知名度が上がりますから、費用対効果は高くなる「場合も」あります。しかし、生活者のデータを見ると、ネット経由で新製品を知る人はそう多くはありません。通常は１割、最大でも２割程度です。新製品の知名度向上を目的にしたネット媒体の効果は今ひとつです。また、テレビ広告の効果が年々薄れているのは多くの人が指摘するとおりですが、影響力が弱まったとはいえ、テレビ広告を超える代替メディアはまだ存在しません。もしネット媒体だけで事足りるのなら、メルカリやグーグル、アマゾンがテレビ広告を出稿する必要はないはずです。ネット広告に触れないような高齢者をターゲットにするための広告だとしたら、テレビ広告はあまりにもコスト・パフォーマンスが悪すぎます。第一、その理屈だとしたら、メルカリやアマゾン・プライムに若者が出てくるのは理屈に合いません。もっとも、グーグルやアマゾンが戦略ミスをしでかしている可能性はないとはいえませんが。

一方でテレビ広告を出稿する予算がない場合、ネット媒体はある程度有効です。テレビ広告は億単位の投資が必要ですが、ネット媒体は数百万円から実施できるからです。しかし、消費人口９０００万人の知名度60%を獲得するには力不足ですし、下手をするとテレビ広告よりも投資金額がかさみます。したがって、ネット媒体の得意技であるターゲットを絞ることが肝要です。たとえば、Ｔｗｉｔｔｅｒが売上向上に結びついたと言われる事例を見ると、大半が個人店のような規模が小さい企業の成功例です。来店客が毎日１００人程度の個人店なら、１５０人来店すれば売上１５０％になる道理です。あくまでも「限定的な媒体」として考えるべきです。

ティッシュやパンフレットの配布も、限定的な用途なら知名度向上に有効ですが、条件があります。「ティッシュを配布したから知名度が上がった」と聞くことがありますが、知名度を０・００１％上げたところで、何の効果もありません。消費人口９０００万人の60%は５４００万人ですから、少なくともそれだけの数のティッシュを配布しないといけませんが、現実的ではありません。ティッシュやパンフレットの配布は、小売店や飲食店などのように、対象顧客人数や商圏が限られているケースのみで有効です。規模にもよりますが、小売店1店は３０００人の顧客がいれば商売が成立するといわれます。それならば、1万部ほど配布すれば、知名度60％に到達します。

［パターン2］知名度より理解度に有効

このパターンには、ネット媒体が含まれます。

ネット媒体は、知名度向上には適しませんが、理解度の向上には役立ちます。テレビ広告は、せいぜいが15秒や30秒です。一方、ネット媒体、特に自社サイトなら、何時間分でも動画が収納できます。文字情報や画像情報も満載できます。説明に説明を重ねることはいくらでもできてしまいます。必要なのは、生活者の時間を奪うことに対する対策と、生活者の興味関心を引きつけ続ける工夫だけです。もっとも、これらは言うほどかんたんでないのが玉に瑕ですが、少なくとも目標（なにをすべきか）が明確なので、後は手段（どうすればいいのか）に的を絞ればいいため、比較的やりやすいともいえます。

ちなみに、リスティング広告は、「広告」とついてはいますが、それ自体が広告というより自社媒体に誘導するための単機能の媒体で、特殊な位置づけと考えるべきです。

［パターン3］知名度よりもトライアルに有効

ＰＯＰとネット通販がこのパターンです。

「商品を知った人がすべて買いたくなる工夫をすれば売上が上がる」と考える向きがあります。その根底には、「知名度を上げる余計な回り道をするのではなく、売上に直結するトライアルそのものを上げてしまえばいい」との考え方があります。知名度を上げるための投資の余裕がないけれど、自社店舗なので店内空間を自由に使えるベーカリーなど、オリジナル商品を扱う店に多い考え方です。正確にいえば、「ＰＯＰを見た瞬間」に知名度は獲得しているので、知名度ゼロではありませんが、それはそれで正しい思考です。

おもな使用媒体は、商品の現物と、商品の脇に設置するＰＯＰです。ＰＯＰと呼ばれる手書き風ポスターやタグは、一般流通では店の許可や協賛金が必要だったりと面倒なことが多いうえ、知名度獲得には限界があります。店内の売り場に来た来店客数百人、数千人にしか効果がないからです。しかし、ＰＯＰは「Point of Purchase」の頭文字であり、「購入の場所」「購入の時点」と客観的な場所を意味しますが、「購入のきっかけ」のような生活者の購入行動を刺激する意味もあります。「見たら、即、買える」のがＰＯＰの最大のメリットです。

ネット通販も同じ構造です。そもそもネット通販は商品説明があることがほとんどですから、ＰＯＰの役目も兼ねています。無名の商品でもある程度ネット通販で売れるのは、「見たら、即、買える」メリットのためです。

余談です。ＰＯＰほど時間的短縮効果はありませんが、できるだけ記憶と購入の時間や距離を短縮する工夫をした広告が制作されることがあります。電車のドアに貼るステッカーに商品とともに、「お買い求めは降車駅のキオスクで」と書かれた広告がそれです。広告を見てから電車を降りるまで、短ければ数分ですから、買ってもらえるチャンスは大きく高まります。中吊り広告も、同様の効果があります。

私が感心したのは、１９８０年代にカルピスが実施した、正月のホットカルピス・キャンペーンです。明治神宮の駅構内から出口に向かうと、ホットカルピスの連貼りポスターが延々と貼ってありました。「寒いからホットカルピスなんていいなぁ」と思いながら出口を出ると、まさに目の前にホットカルピスの無料サンプリングブースがありました。もちろん、１杯いただき、寒空の中、生き返るようでした。

「パターン4」コントロール不可能で、企業が扱う媒体として不確実・不安定

このパターンには、クチコミが含まれます。

広告媒体の最大の機能は生活者に情報を伝達することですが、じつはもう１つ重要な機

能があります。効果予測が可能であることです。何億円も支払うのに効果予測ができないのでは、お金をドブに捨てるようなものです。したがって、媒体に対しては一定の範囲での効果予測が可能であることが重視されます。テレビ広告をはじめとしたマス媒体なら、何億円の投資で、おおよそ知名度がどれくらい上がるのかが事前に予測できます。ネット媒体では、おおよその閲覧者数が予測できます。

一方、クチコミを知名度の主役と考える人もいますが、無理難題というものです。広告はお金さえ払えばいくらでも企業がコントロールできますが、クチコミは生活者次第なのでコントロール不可能だからです。昔なら堂々と「サクラ」を動員することもできましたが、今や「ステルス・マーケティング」として、「顧客をだます」と悪者にされます。ネット通販のサクラ・レビューも同様です。

クチコミが誘導されやすいような企画内容の工夫は可能ですが、結果はあくまでも「当たるも八卦、当たらぬも八卦」です。知名度を獲得する手段の「おまけ」程度に理解しておくほうが無難です。

「費用が少額だから効果が予測不可能でもかまわない」と割り切るなら、パブリシティやニュースレターをはじめとするメディア対策、オピニオンリーダーへの働きかけなどは有効です。ただし、これらは補助的な対策にすぎないことに留意する必要があります。

媒体には、それぞれの良さがあります。それらの良さを組み合わせるのが、メディア・ミックスなる概念です。なんでもかんでも「テレビ広告は悪、ネットは正義」の一元的な考え方ではなく、柔軟に目的に応じた組み合わせを工夫して、ネット媒体をもっと生かそう、が私の考え方です。「テレビ広告は悪、ネットは正義」をぶち上げて得をするのは、ネット媒体エージェンシーだけです。

企業がテレビ広告に何億円も投資する理由

失敗の宝庫である知名度について、さらにくわしく見ていきます。

一般的な商品は、知名度が高ければ高いほど、売上が上がります。名前を知っている人が増えれば理解する人が増え、理解する人が増えれば自然と好意／購入意向を持つ人が増え、その結果、売上に直結するトライアルもレギュラーも増えるからです。

何億円もかかるテレビ広告費を企業が支払う第一の理由がこれです。テレビ広告、特に15秒の短いタイプは、商品の特徴をくわしく伝えることができませんから、知名度を高める目的で出稿されることが大半です。特に、競合他社が広告を出稿していない商品ジャンルでは、テレビ広告の効果は顕著です。たとえば、磁気絆創膏は何十種類もの商品がありますが、故・樹木希林が出演したテレビ広告を出稿したピップエレキバンだけが、知名度が上がったため大ヒットしました。ライザップも英会話ＮＯＶＡも同様に、ほかのジムや英会話教室がひしめく中で、テレビ広告で知名度が上がった結果、成功した例です。

知名度の向上には、商品名連呼型のテレビ広告が典型的です。２０２１年の永野芽郁出演のプライドポテトは、「プライド」を15秒で15回も連呼しています。マルコメぼうやの「マルコメ♪」は11回、「タケダ♪」は8回、鳩が飛び出す「ロート♪」は7回連呼していました。余談ですが、ロートの鳩は本社ビルの屋上で飼っている本物で、社員が飼育係として世話をしています。

何回も繰り返します。商品名を知らないと、生活者はその商品を買いようがないので、売上が上がりません。「知られること」は「買われること」の第一歩なのです。

ただし、日本の消費人口９０００万人全員の知名度を獲得しなくてもいいケースも多々あります。女性向け商品は女性だけに、調味料は料理をする人だけに知名度を獲得できればいいのです。また、趣味性が高い商品ジャンルは「知る人ぞ知る」傾向が強いのが特徴です。たとえば、Ａ-ＤＡＴＡやＡＮＫＥＲは一般には無名のメーカーですが、前者はＳＤカードなどのメモリカードをよく使うパソコンやデジカメを趣味や仕事にしている人たち、後者は充電ケーブルやモバイルバッテリーをよく使うスマートフォン上級者たちに知られる存在です。つまり、「だれの知名度を上げればいいのか」を企業が考える必要があることにほかなりません。ターゲットを絞るなら、ターゲット内で知名度を獲得すれば事足りるからです。

店頭の現物は立派なコミュニケーション・ツール

生活者に名前を知られる機会は、決してテレビ広告だけではありません。一般商品では店頭の現物商品、店舗業態では店の看板も、れっきとした知名度獲得ツールです。コンビニやスーパーで売られる商品の知名経路は、「テレビ広告」と「店頭」が約35％ずつで、トップ2を占めます。それだけに、店頭の現物商品は重要なコミュニケーション・ツールでもあります。

現物商品による知名度向上には、売り場面積の確保と、パッケージの工夫の2種類があります。

①売り場面積の確保

おもに東日本で活動するシマダヤは、めん類で第2位の売上を誇りますが、テレビ広告をほとんど出稿しておらず、スーパーの売場面積を確保することに注力しています。テレビ広告を主軸に戦略を構築する1位の東洋水産とは大きく異なる戦略です。実際に、スーパーのうどん売場はシマダヤの独壇場で、東洋水産を大きく引き離しています。

ペットのおやつでトップを走るハヤシも同様の戦略を取っており、テレビ広告よりも売場確保を優先しています。売場でよく見かけるハヤシ（ドギーマン）のヘルシージャーキーは、ほとんどのドッグオーナーに知られています。一方、いなば食品は、テレビ広告を積極的に展開しています。「ちゅ～る、ちゅ～る、チャオちゅ～る」のＣＭソングを聴いたことがあるキャットオーナーも多いことでしょう。

②パッケージの工夫

一方で、物理的な面積を確保するのではなく、生活者の「心理的な意識面積」を奪う方法があります。パッケージ・デザインを工夫するのです。

パッケージは、生活者の目に留めてもらう大切な役割を果たします。なにせ、生活者は店頭の商品に0・4秒しか目を止めません。そんな短時間に興味をもってもらうには、パッケージ・デザインの工夫が最も効果的です。

商品ジャンルに関わらず、各社さまざまな工夫をしていますが、一例を挙げます。

２００６年にヒットした豆腐「波乗りジョニー」です。メーカーのホームページが豆腐メーカーらしくなく、「ポップで面白い」とネットで話題になったのが発端でした。ところが、豆腐売場に行くと、大手の相模屋やタカノフーズと並んで異色のデザインとネーミングの豆腐が鎮座していました。普通の豆腐は四角い容器に「絹」や「木綿」の文字が大きく配置されています。一方、波乗りジョニーはサーフボードのような楕円形の容器と、豆腐に似つかわしくないネーミングで目立つ存在でした。

容器の形状には一応理屈はあり、二重容器の下部に豆腐の水分を貯めることでクリーミーな舌触りと大豆の味を際立たせる効果を追求したとのことでした。しかし、だからといって、サーフボードの形にする必然性はなかったので、売場で目立つことを意識したのでしょう。

同様の例では、相模屋の「ザクとうふ」は、アニメ「機動戦士ガンダム」のモビルスーツの頭部の形をした容器で、ガンダムファンを中心にヒットしました。バナナの房１つ１つにチキータのシールが貼られた「チキータ・バナナ」は、当時はめずらしい光景でした。競合のキリンのドールは、ドールバナナで２００８年から、ＳＭＡＰの香取慎吾がバナナまみれになる奇抜なテレビ広告を出稿しました。

店舗形態では店の看板も知名度獲得に有効

小売店や飲食店などの店舗業態では、店の看板も知名度を獲得するコミュニケーション・ツールです。生活者調査では、店の看板で存在を知った人は半分弱にも及びます。チェーン店の多くがテレビ広告に頼らずにすむのは、各地に存在する店舗の看板で知名度が稼げるからです。全国に21179店を有するセブンイレブンなら、看板の知名度獲得効果はテレビ広告費用に換算すると約3億円に相当します。

看板による知名度獲得には、大きな利点があります。存在を知ったその場ですぐに入店してもらえるため、売上に直結する可能性が高い点です。特に飲食店では入店さえしてもらえば、店内を見て退店する人が少ないため、100%近い売上になります。テレビやネット広告で店の存在や新メニューを知っても、次の日には忘れてしまうことが多々あります。しかし、看板なら店舗が目の前にありますから、すぐに入店可能です。知名とトライアルの時間的間隔が、限りなくゼロになります。

看板にはデメリットもあります。看板の前を通った通行人にしか知られない点です。しかし、小売店や飲食店は遠く離れた地域の客に知られても来店機会が少ないので、地域的な制約はさほど重要ではありません。

ちなみに、観光地への幹線道路でよく見かける看板で、「そば・うどん」「ラーメン」といった料理メニューしか書いておらず、店名がないものがあります。これらのタイプは、「食事ができます」と訴求しているけれど、リピート来店を期待していないケースが大半です。店名を覚えてもらい、再来店してもらおうなんて、はなから考えていないからです。このタイプの店に限って、「やらずボッたくり」……いや、個人店の批判はやめておきます。

面白いことにチェーン店では、業種ごとにトップの企業しかテレビ広告を出稿しない傾向があります。ハンバーガーではマクドナルドのテレビ広告はよく見ますが、2位のモスバーガーの広告はたまにしか見かけませんし、3位以下のロッテリアやファーストキッチン、フレッシュネスバーガーはほとんど見たことがありません。そのほか、すき家、セブンイレブン、ピザーラなどのトップ企業がテレビ広告の常連です。ケンタッキーフライドチキンはテレビ広告を出稿しますが、フライドチキン業界は1社しかないので例外です。

知名度は60%を目指す

知名度はどれくらいあればいいのか。

「知名度は高ければ高いほどいい」は正論です。しかし、人間を相手にしている限り、限界があります。知名度１００％は、事実上不可能です。コカコーラでもソニーでも、知名度調査を実施すると95％〜98％です。

知名度の合格ラインは、60％です。それ以上の知名度を獲得しようとしても、広告コストが無駄になってしまいます。知名度60％を獲得したら、その水準を維持するコストだけかければいいのです。

次点の予選通過ラインは、40％です。無名から一歩抜け出す水準です。「うちの商品の知名度は30％もあるので、３分の１の生活者が知っている」と自慢げに話す企業担当者を見かけます。「自分が知っているから、生活者も商品を知っている」と思い込む心理が見え隠れします。「30％しか」ではなく、「30％も」だからです。「良い商品さえ作れば売れるはずだ」と思い込む傾向が強い人ほど、知名度を過小評価します。

しかし、知名度30％は、現実的には無名といっていいレベルです。たとえば、次の商品や地名が30％〜40％です。

・新宿６丁目
・Ｔｅｇｒａ

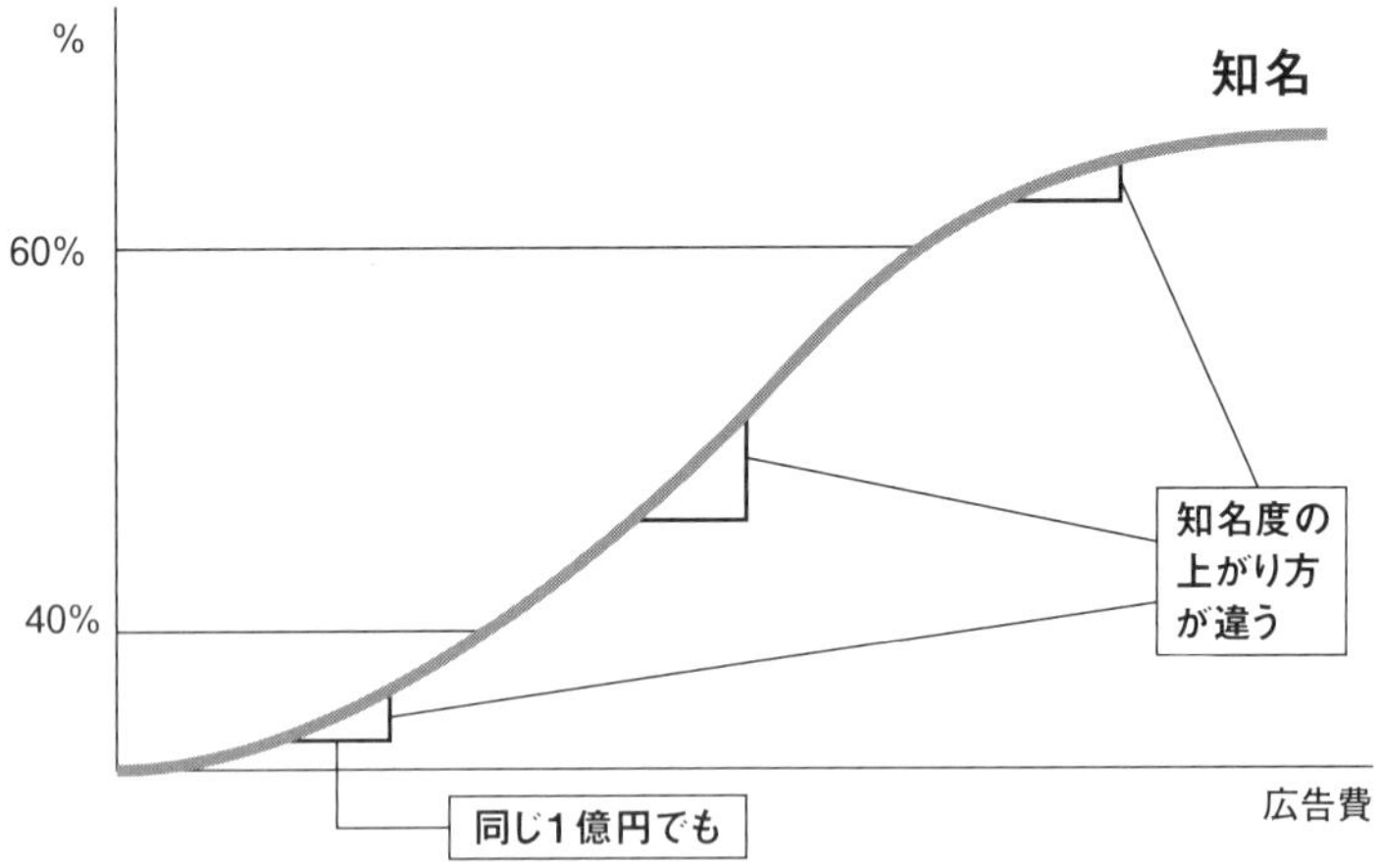

図1-1-3　知名度と投資額の関係

・炎匠炊き
・ハイアール

特に「新宿6丁目」は、東京に長年暮らしている人ですら知りません。

なぜ合格60%、予選通過40%なのでしょうか。

40%と60%には、特別な意味があります。知名度と投資金額の関係です。図1-1-3を見てください。投資金額に対して、知名度は最初はゆっくりしか上がりませんが、途中から急激に上昇し、再び上昇幅がゆっくりになります。急激に知名度が上昇する起点が40%、上昇がゆっくりになる起点が60%なのです。

翻訳すると、知名度40%未満は「せっか

くあとちょっとで知名度が急激に増えるのに、もったいない」です。知名度60%は「投資効果が落ちるので、理解度や好意度の向上にマーケティング投資を振り向けるべき」です。

高額商品や医薬品は知名度が売りにつながらない

なお、知名度が必ずしも売上に結びつかない商品ジャンルがあります。高額商品や医薬品です。

「知名度が上がれば試し買いが増える」がU&Eの基本ですが、住宅などの高額商品は気軽に買ってみようという気にはなりませんから、必ずしも知名度は売上にリンクしません。高額商品では、知名度より個々の営業活動のほうが重要になります。

ただし、知名度が不要ではありません。一般的に、はじめて出会った知らない会社の営業マンからいきなり高額商品は買いません。会社の知名度を上げることによって、営業マンのサポートをする必要があります。住宅などの高額商品では、会社の知名度はあくまでも支援活動です。ほかには、新入社員獲得のための存在でもあります。

医薬品の場合は、知名度で買われる商品とそうでない商品に分かれます。胃腸薬や頭痛薬、風邪薬などの大衆薬では、テレビ広告で指名買いをさせるプル戦略と、薬局へのリベートを厚くして薬剤師から薦めてもらうプッシュ戦略があります。前者はベンザ、ガスター10、ロキソニンなど、テレビでよく見かけるブランドです。

ネット媒体は知名度獲得ツールとしては未熟：ネット媒体の強みが弱みに変わる

知名度獲得の手段として誤解が多いのが、ネット媒体です。ネット媒体は、次の2つの理由で知名度向上に適しません。

・メッセージ伝達力が弱い
・ターゲットとなる視聴者の質の問題がある

メッセージ伝達力が弱い

メッセージ伝達力を測定する方法として、YouTubeの再生回数をテレビの視聴率に換算して、直接比較します。テレビ番組と同じ形態のライブ配信の歴代トップは、2020年6月の手越祐也の緊急記者会見で132万人ですが、視聴率換算でわずか1％です。歴代トップ3を除くと、4位は2020年8月の白石麻衣の誕生日ライブで25万人に落ち、視聴率換算で0・2％しかありません。

ライブ配信の多くはアーカイブとして終了後にも見ることができるので、瞬間的な視聴率は意味がないように見えます。そこで、通常の動画も視聴率換算しましょう。

YouTubeの100万回再生は、ネットの世界では立派な成果ですが、テレビの世帯視聴率に換算すると1％未満しかありません。ところが、YouTubeでは、100万回再生される動画はほんの一部です。10万回以上再生される動画ですら、全体の1％しかありません。

知名度を上げる露出量の目安として、1ヶ月で3500GRPが必要です（GRPはCMの露出量の単位で、視聴率を足し上げた数値のことです。理論値は600GRPですが、ほかの広告によるノイズの影響があるので理論値では不足します）。したがって、ネット媒体だけで達成しようとすると、145万本の動画広告を投入しないといけません。1日で48000本です。一方のテレビ広告では、平均5％の番組に700本の広告を露出すれば事足ります。1日23本でいいのです。

このように、ネット媒体はテレビ広告と比較して、メッセージ伝達力に大きな差があることがわかります。

ターゲットとなる視聴者の質の問題がある

逆の側面から見ます。２０２１年２月19日にＹｏｕＴｕｂｅで再生された広告の１位は「深田恭子　放置少女」で、約４０００万回でした。２位も同水準で、３位は「井浦新　ホンダＶＥＺＥＬ」の１６００万回と半分以下に落ちます。視聴率換算すると、１ヶ月に８００ＧＲＰと３２０ＧＲＰで、到底３５００ＧＲＰに達しません。

それならば、３５００ＧＲＰになるように広告予算を４倍増額すればメイン媒体になる計算ですが、そうは問屋が卸しません。動画視聴者の質についての問題が新たに発生するからです。

３５００ＧＲＰを確保するために必要な１４５万本の動画のうち、大半が初投稿から時間が経過した動画です。新しい動画が投稿された日に真っ先に視聴する視聴者は、その分野、投稿者、番組に興味関心が高いため、広告商品を買うチャンスが高い人たちです。しかし、何ヶ月、何年も前の動画を視聴した人は、真っ先に見た人と比べて興味関心が低い人たちなので、比較的購入に結びつきにくいのです（図1-1-4を参照）。そして、145万本の動画広告の視聴者の多くが後者です。

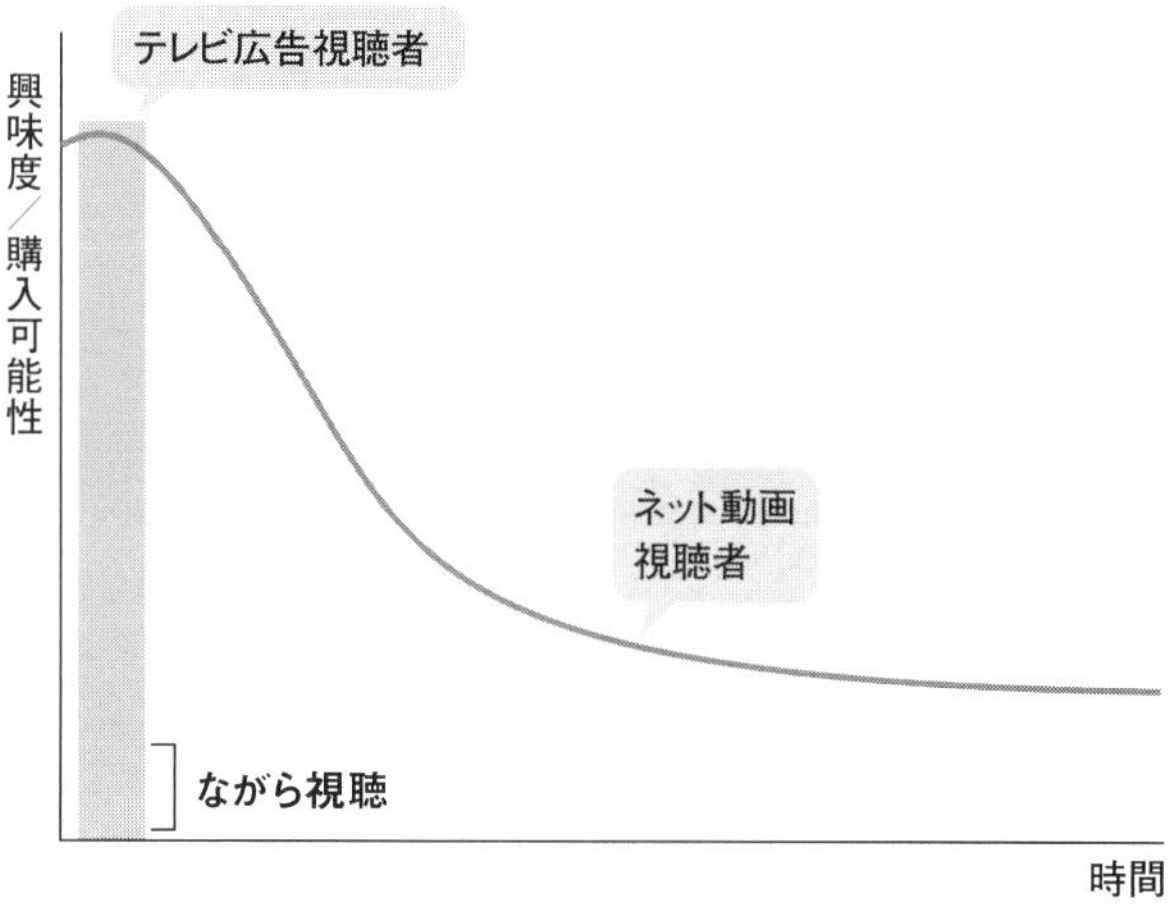

図1-1-4　ネット動画とテレビの視聴者の違い

一方のテレビは、「ある時間の中での選択を迫られ」ますから、番組放映の瞬間に番組を見る大半の人たちは、番組や出演者、テーマなどに興味関心が高い人たちです。このように、同じ3500GRPであっても、ネット媒体とテレビ広告では視聴する生活者の質が異なります。もちろん、テレビ広告視聴者のほうが企業にとって重要な人たちです。

テレビはかつて、「ながら視聴」と呼ばれる、興味がなくてもテレビをつけたままの視聴が多かったものでした。また、視聴率も「家庭内視聴率」と呼ばれ、家族のだれか1人でも番組を見ればカウントされてしまっていました。しかし、ネットの普及によって「ながら視聴」が減り、個人視聴率の普及によってかさ上げが減りました。これらはテレビの弱体化の原因だと言われることが多いのですが、こと「視聴者の質」の観点からいえば有利に働きます。

このように、ネット動画は、多くの人が思っているより、知名度向上のための広告効果がテレビより低いのが実情です。テレビはまだまだ「腐っても鯛」ですし、知名度向上の目的にはテレビの持つさまざまな弱点が強みになります。テレビ広告は興味がなくても目に入ることから「プッシュ型」と呼ばれ、興味関心が高い人を相手にした雑誌広告と比較されることがありました。しかし、「ながら視聴」が減りつつある今、テレビ広告はノンユーザーをユーザー化する効果が減少しているのは皮肉なものです。

一方、ネット媒体の強みはターゲットを限定できることです。十把一絡げのテレビ広告より、きめ細かいコントロールが可能です。したがって、ネット媒体はターゲットをきちんと絞ることができる企業なら活用方法はあります。ただし、ターゲットを絞ったからといって、上記の広告効果や視聴者の質の問題は残ったままです。そのことを念頭に置いて、賢く利用する必要があります。

また、放置少女のように、テレビ広告の補助的な媒体としてなら、ネット媒体は機能します。3500GRPを分割して、テレビは広く、ネット媒体はターゲットを絞って集中的に露出するような施策です。専門用語でいえば、テレビはリーチ（見た人の数）、ネットはフリークエンシー（1人が見た平均回数）重視です。

1/2 インパクトだけを求めて、理解してもらうことを放棄する

U&E

前節では、U&Eの概要と、その第一歩である知名度について解説しました。今回は、購入に至る次のステップである、理解と好意／購入意向について解説します。失敗事例の1つ目は理解獲得の失敗、2つ目は好意／購入意向獲得の失敗です。

理解してもらうこと自体を放棄してしまう

まずは理解獲得の失敗です。メーカーの意図と異なって生活者に商品が理解されたり、生活者に商品の特徴や商品のメリットを理解してもらえないケースは、本書のほかの章で紹介していきます。ここでは、生活者に理解してもらうこと自体を放棄した例を挙げます。次の2つの事例は、「失敗」は証明できません。売上やシェアが下がったわけではないからです。しかし、少なくとも知名から理解へ進むことができなかった点で、「成功」でな

いことだけは確かです。

２０２１年の例に、日清紡の広告があります。コマーシャルならぬ「クマーシャル」と名づけられた10タイプの広告には、ツキノワグマに似たマレーグマが登場します。広告には、いかにも素人のおじさんの歌声が流れます。

「日清紡～♪名前は知ってるけど～♪日清紡～♪なにをやってるかは知らない～♪日清紡のクマーシャル」

スーパーは「超スマート社会へ　いま、必要な会社」。日清紡のロゴとともにテレビ画面に映し出されます。

だれがどう見ても、「なにをやってる会社かを伝える」ことを放棄しているとしか思えない内容です。したがって、「いま、必要な会社」と言われても生活者はうなずきようがありません。ほかのタイプも、「私は踊りませんから」「日清紡～♪これはぬけない棒～♪［中略］なんのこっちゃ」と意味不明な内容です。「なんのこっちゃ」と言いたくなるのは生活者のほうです。

この広告を制作した広告会社に責任はありません。ゴーサインを出した日清紡の責任です。

もう1つは、２０１９年の日経新聞電子版の広告です。何気ない日常風景を見て、清原翔が「なるほどね」とつぶやく広告です。いくつものバリエーションがありますが、1つ挙げます。


カフェの隣の席にギャル風の女性が座り、スマートフォンで通話中。「もう切るよ、サヨナラ」と電話を切るなり、身につけていたアクセサリーをテーブルに置き、写真を撮り始める。そこでひとこと清原翔が「なるほどね」とつぶやいて終わる。


ほかのタイプでは、商店街で大きなぬいぐるみを抱えて自転車で通りすぎるおじいさんに「なるほどね」、宅配便を届けた女性配達員の後ろ姿を見て「なるほどね」と納得する姿が描かれます。

この広告が何を伝えようとしているのかを瞬時に理解できる生活者はいません。いや、熟考してもわかりません。Ｇｏｏｇｌｅの検索窓では、「日経　なるほどね　うざい」とサジェストが出てくる始末です。

日経新聞は、いったいなにをしたかったのでしょうか。当の日経新聞社の答えはこうでした。

「日経ならではの良質な記事を読み続けていくことで、世の中の動きが少しずつわかるようになると思ってもらいたい」

「ググってもわからないことがあることを理解してもらいたかった。答えは日経電子版で見つけてほしいという思いがある」

このような姿勢を、「発想の飛躍」「独りよがり」と呼びます。

生活者の認識と広告表現をどこまで近づけたら連想してもらえるか、どこまで遠ざけたら理解不能になるかの距離感をコントロールするのは、とても難しいのです。本来、こういった難しい広告案こそ、制作前に生活者調査を実施し、企画案の内容を調整することが重要です。安易にインパクトを追いかけて得することは滅多にありません。

せめて、「なるほどね」の後に「日経ならではの良質な記事を読み続けていくことで、世の中の動きが少しずつわかる」といった日経の気持ちをストレートに表現したコピーでもあれば、生活者のイライラは緩和されたでしょうし、日経に対する理解はちょっとでも進んだかもしれません。このままでは、「良質な記事」どころか、「日経新聞には、理解力がない自分が読んでもよくわからない謎の記事がたくさん載っている」と思われても不思議はありません。

「理解してもらうことを放棄する」点で、日経新聞の広告は、日清紡のクマーシャルとまったく同じです。ひと昔前なら、謎の広告であっても、人々の間で「なんだろう」と話題になりました。1980年代のパルコの広告が良い例です。訳のわからない広告を意図的に制作して、「パルコに行ったら何か新しい発見があるかもしれない」と若者に期待させる戦略でしたし、実際に成功しました。しかし、現在は情報があふれすぎていて、わざわざ話題にしたり、興味がない謎を解くヒマはありません。それよりも、ティザー広告（発売前広告）のデメリットである「人をいらつかせる」副作用が出てしまいました。

日経新聞は、マクロ的な「世の中の動き」はわかっても、ミクロ的な人間1人1人の「今の」心理には不案内のようです。

理解されても好意／購入意向に結びつかない

2つ目は、理解されても好意／購入意向に結びつかないため失敗した事例です。最も衝撃的な例は、事故や不祥事によって好意／購入意向が低下したケースです。

過去最大の事件は、雪印乳業です。２０００年に黄色ブドウ球菌の毒素が残った脱脂粉乳が混入した同社商品が原因で食中毒が発生し、被害者数は1万人以上にのぼりました。単なる事故ではなく、毒素発生の社内追求を恐れた工場現場責任者が、毒素発生事故の事実を隠蔽した結果でした。

雪印乳業は、事件発覚後の対応が遅く、場当たり的な対応、さらに社長の「わたしは寝ていないんだよ!!」発言が生活者の怒りを買いました。翌年の雪印牛肉偽装事件（外国産牛肉を国産と偽って販売）でとどめを刺され、雪印乳業の名は２０１１年に消滅し、86年の歴史に幕を閉じました。

マクドナルドにも、事故が原因で急激に好意／購入意向が減少した過去があります。２０１４年、マクドナルドが取引する中国の食肉企業で不正がおこなわれたことが上海のテレビ局の取材で発覚しました。肉を素手で扱う、床に落ちた肉をそのまま加工ラインに戻す。極めつけは、賞味期限が半年以上も前に切れた変色した肉をミンチにして、日付を書き換えるといった、悪質なものでした。

この食肉企業からは、ファミリーマートも仕入れていました。しかし、ファミリーマートの業績には目立った悪影響はなく、マクドナルドだけ売上が落ち込んだのです。理由は、両社の対応の差にありました。ファミリーマートはすぐに謝罪し、返金対応をおこないました。一方、マクドナルドは「証拠がない」として返金を拒否。また、マクドナルドの場合は最初の記者会見でカサノバ社長が欠席し、しかも２回目の社長出席の記者会見で「マクドナルドはだまされたのです。私たちこそ被害者です。一部中国の工場で起きた彼らの仕業です」とカサノバ社長が開き直ったことで、生活者から不信感を抱かれてしまいました。

　直後に異物混入事件が相次ぎ、生活者、特に小さな子どもを持つ母親を中心に、マクドナルドに対する好意／購入意向はどん底まで落ちていきました。結果、翌年の２０１５年の売上は約２０００億円と、もともと下降気味だった２０１３年と比較しても５００億円も減少したのです。

　雪印乳業もマクドナルドも一見、マーケティングの失敗ではないように見えます。雪印乳業事件の発端は、工場責任者の職務怠慢や、チェック機能が働かなかった組織体制の問題です。ましてや、マクドナルドは仕入れ先工場の不正ですから、被害者です。

　しかし生活者は、「雪印乳業やマクドナルドは、食の基本中の基本を守るつもりがない企業だ」と受け止めました。食の分野でまず第一に守らなければいけないのは、おいしさや価格ではなく「安全」です。だからこそ、小さな子どもを持つ母親たちを中心に、雪印乳業離れ、マクドナルド離れが進んだのです。そこをまちがえてしまった両社の姿勢が、生活者の好意／購入意向を急激に低下させた原因です。組織や危機管理を含めたコミュニケーションの問題です。

理解度が上がらないおもな原因

知名度が低ければ理解度も低くなり、理解度が低ければ好意／購入意向も低いわけですから、トライアルにたどり着きません。一方、知名度以外にも、理解度を上げられない原因があります。それは、おもにイメージ「だけ」の広告です。よく見かけるのは、次の2パターンです。

「パターン1」イメージ広告が好き

企業が「広告はイメージが最も重要だ」と思っていたり、「賞を取るような芸術性の高い作品が広告だ」と考えるケースが該当します。かつて1980年代に一世を風靡したイメージ広告の考え方や栄光が残っているケースもよく見かけます。説明型広告を「かっこ悪い、広告ではない」と思っているケースも同様です。次のような言葉が出てくるのが、このタイプの特徴です。

「コピーは短くなければ広告ではない」
「これは●●（自動車、ジュエリーなど）の広告ではない」
「かっこよく（おしゃれで）なければ広告ではない」

イメージ「だけ」の広告では商品の特徴が表現されませんから、生活者の理解度は上がりません。

「パターン2」インパクト重視の広告を目指してしまう

第2は「インパクトのある広告」を目指すケースです。タレントや設定でほかの競合商品との差別性を出そうとします。インパクト重視の結果、奇妙なダンスやスーツを着たビジネスマン風のタレントがバスケットボールのシュートを決めるような広告ができあがります。また、商品の広告ではなく、タレントのプロモーション広告と化しているケースもあります。当然、商品の特徴は何も伝わりません。

反論としてよくあるのは、「何千もの広告が流されている中で、目立たなければ何も伝わらない」です。しかし、「目立ったとしても何も伝わらない」のでは意味がありません。

広告の本来のインパクトは、質が低いお化け屋敷のような声の大きさや、見た目のショッキングさではありません。広告に共感するからこそ、生活者の「心理的インパクト」が得られることを忘れています。

余談ですが、インパクトを求めるクリエーターがよく提案する広告案は、商品に関連がないのに虫を登場させるものです。たしかに、クローズアップした虫の絵はインパクト抜群です。事前の広告表現調査では、女性出席者からほぼ１００％悲鳴が上がります。

好意／購入意向が上がらないおもな原因

商品の理解度が低ければ、好意／購入意向も低いのは当然ですが、加えて、好意／購入意向の足を引っ張る要因があります。冒頭の事件や不祥事は極端な例だとしても、日常的に見かけるのは次の２つのパターンです。

「パターン1」商品に差別優位性がない

商品に差別優位性がない場合や、差別優位性が細かすぎて生活者には違いがわからない場合、好意／購入意向は上がりません。

競合のスマートフォンの画面が６・４インチなのに対して、６・５インチの新製品の広告を作れと言われても困るのは道理です。そうなると、方法は2つしかありません。1つは、上記の「イメージ広告やインパクトに逃げる」。もう1つは、「0・1インチの差であっても『大画面だ』と言い切る」です。どちらも、好意／購入意向は上がりません。

「パターン2」ニーズがズレている

現代の生活者は、情報に囲まれて、忙しすぎます。不要な情報は記憶に残らず、捨てられます。結果、ニーズがズレていれば不要な情報として処理され捨てられますから、商品の特徴がいくらあっても、生活者の好意度／購入意向度は高くなりません。ターゲットがまちがっていることで、結果的にニーズがズレる現象も同様です。広告や商品パッケージの文言の表現レベルではなく、根本的な戦略レベルの問題です。

ターゲット設定ミスで失敗した商品はたくさんありますが、最近の例を挙げます。2021年、渋谷駅のキンカンの広告が話題になりました。連貼りポスターには、次のコピーがありました。

「若者のみなさんへ。買わなくてもいいので、今日はどうかラベルだけでも覚えて帰ってください。#若者に売れたい」

キンカンの購入者の多くが中年以上なので危機感があったための広告でした。

しかし、一般的に虫刺されのクスリとして理解されているキンカンを、虫に刺されることがない街で、虫に刺される機会が少ない若者に訴求しても、彼らの記憶に残ることはありませんし、好意／購入意向を得ることはできません。「＃若者に売れたい」が切実だとして、一時期ＳＮＳやネットニュースで話題になったのは立派ですが、それまでです。一過性の話題で終わるだけです。

キンカンのケースでは、広告会社はキンカンの要望を上手に広告に反映したので、広告会社の責任ではありません。キンカンの戦略ミスです。

理解度と好意／購入意向を上げる4つの方法

では、理解度と好意／購入意向を上げるにはどうすればいいのでしょうか。有効な４つの方法を紹介します。

①好意／購入意向から理解内容を考える

マーケティングの基本は「いかに生活者に商品を買ってもらうか」ですから、コンセプトを組み立てる起点は好意／購入意向です。

「何（ＷＨＡＴ）を言えば、生活者は自社商品を好きになってくれるのか？」

それを第一に考えます。その「何（ＷＨＡＴ）」が、生活者の理解内容になってくれればいいのです。

本来ならば、商品コンセプトがその役目を果たしているはずですから、商品コンセプトを広告案の訴求内容に設定します。しかし、商品コンセプトが広告に収まらない分量だったり、差別優位性がないケースもよく見かけます。

前者の対処法は比較的かんたんです。たくさん言うべきことがある中で、好意／購入意向を最も高めることができる項目に優先順位をつけて、２つ３つピックアップすればいいからです。

後者は少々面倒です。商品コンセプトの再検討から始めないといけないからです。場合によっては、広告宣伝部と商品開発部とのケンカが始まります。また、広告宣伝部が勝手にコンセプトを変えてしまったり、最終的にイメージ広告にすることで社内ケンカの解決を図ることになります。

このようなことが起きないように、最初から商品コンセプトをしっかり作り込む必要があるのです。この問題は、イノベーター理論やプロダクトコーン理論など、本書で解説する理論で解決できます。

②イメージ訴求は最後の手段と心得る

イメージ広告は、最適な環境とタイミングが整えばベストな選択肢です。第4章で解説しますが、プロダクトコーン理論のエッセンス訴求が必要な時期が来れば、イメージ広告が重要になります。次の条件がすべて当てはまる場合は、イメージ広告が有効です。

・市場が成熟期で
・自社商品がトップブランドで
・市場シェアが41・7%以上で
・商品の規格とベネフィットがすでに浸透しており
・競合が自社の弱点を突く商品をまだ市場に投入していない

換言すれば、守りに固いブランドを維持・強化する場合はイメージ広告にすべきです。

しかし、巷で見るイメージ広告の8割は、上記5つの条件が満たされない、「やってはいけない状況なのにやってしまった」ケースです。

イメージ広告が目標とする多くのケースは、商品に「親しみ」や「一流イメージ」を生活者に持ってもらうことです。しかし、これには問題があります。1つは、「親しみ」も「一流」も原因ではなく、結果だからです（第4章2節を参照）。もう1つは、イメージで購入意向が刺激されるのは、イノベーター理論におけるフォロワーだけだからです（第2章を参照）。

③商品コンセプトの棚卸しをする

好意／購入意向を上げるコンセプトは、「灯台もと暗し」であることが多いものです。まったくの新製品ならいざ知らず、既存商品、特にある程度以上売れた商品なら、好意／購入意向を上げる格好の材料が足下に転がっていることがあるものです。時代とともに社内で忘れ去られてしまったり、社内であたりまえになってしまって「わざわざ生活者に訴求するほどでもない」と思われていたことが生活者にとって新鮮に映るのです。

そういった状況に陥ってしまう原因の大半は、ブランド担当者やブランド・マネジャーが日頃の業務に忙しく、ブランド・コンセプトの棚卸しをせずに前任者から引き継いだままになるためです。たとえば、三ツ矢サイダーは「水を磨く」キャンペーンで30％の売上増を果たしました。しかし、飲料メーカーにとって「水を何回もろ過する」のはあたりまえのことです。そんな社内常識、業界常識が生活者に刺さるなど考えたこともありませんでした。

商品の棚卸しに関しては、第4章の健康診断も参考にしてください。

④知名度を上げることを安易に考えない

知名度の問題ではないのに、「知名度を上げる」ことを目的にする広告が多すぎます。その大半が、知名度ではなく、理解度を上げる必要があるのです。そうなると、広告の作り方はまったく異なります。

また、インパクトが強い「だけ」の広告で、時々「知名度が上がったからいいではないか」と自己擁護する企業があります。しかし、これまで解説したように、知名度は一定水準以上は上がりません。したがって、すでに知名度を60％以上獲得できている商品にとっては無駄な広告投資です。

「名前は知っているけれど、どんな商品かよくわからない」か、「どんな商品かわかっているけれど、魅力を感じない」か

通常、企業は、知名度やトライアルを「上がった、下がった」と数値の増減しか見ていません。それはそれで大切ですが、U＆Eはそれ以上のことを私たちに教えてくれます。ブランドのどこに病理が潜んでいるのかがかんたんにわかるのです。

図１-２-１を見てください。トライアルを知名度で割った数字をコンバージョン・レートと呼び、レギュラーをトライアルで割った解をリテンション・レートと呼びます。

コンバージョン・レート（トライアル÷知名度）が競合他社の平均より低い場合は、「名前は知られているのに、一度も買われていない」ことを意味します。つまり、商品の特徴が伝わっていない、商品の見せ方に問題があることを意味しますから、広告やコミュニケーションの問題です。

一方のリテンション・レート（レギュラー÷トライアル）が低い場合は、「一度買ったのに、二度三度買ってくれない」状態です。つまり、商品の品質に問題があります。

この２つの指標があれば、商品開発部、広告宣伝部、営業部がケンカをすることがなく

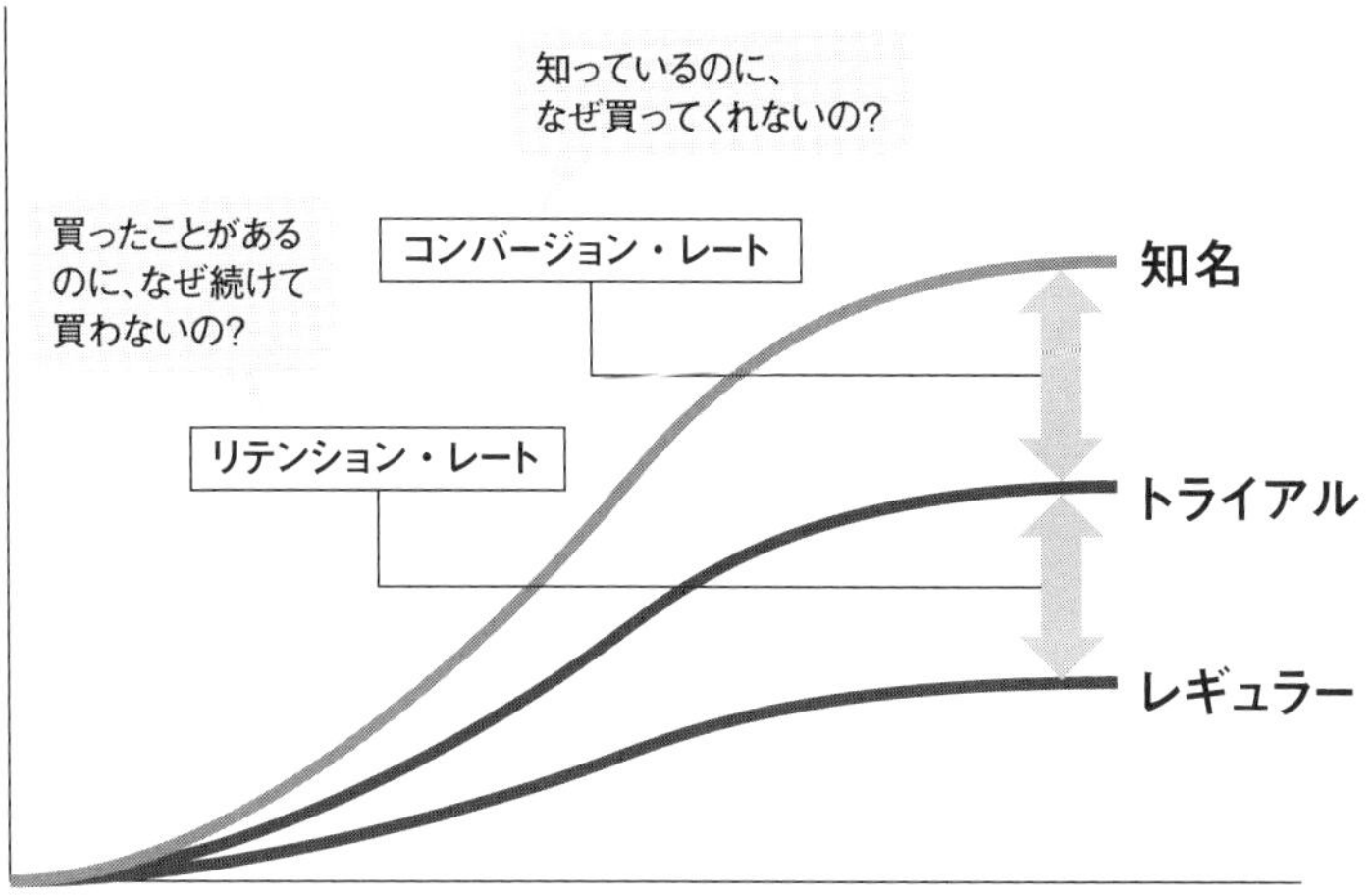

図1-2-1　コンバージョン・レートとリテンション・レート

なります。どの部署の責任かがはっきりするからです。ある意味、冷酷な指標ともいえますが、「冷たい認識と熱い対応」はマーケティングでは重要な姿勢なので、堪え忍ぶべきです。

　共通の原因が流通です。「名前は知っているけれど、どこにも売っていない」場合は、コンバージョン・レート（トライアル÷知名度）が低くなります。「友人の家の近くで買った菓子がおいしかったけれど、自分の周囲には扱う店がない」場合は、リテンション・レート（レギュラー÷トライアル）が低いままです。取扱店率をチェックすれば、流通の問題かどうかが判明します。

　さらに、コンバージョン・レート（トライアル÷知名度）には２つのサブ指標があり

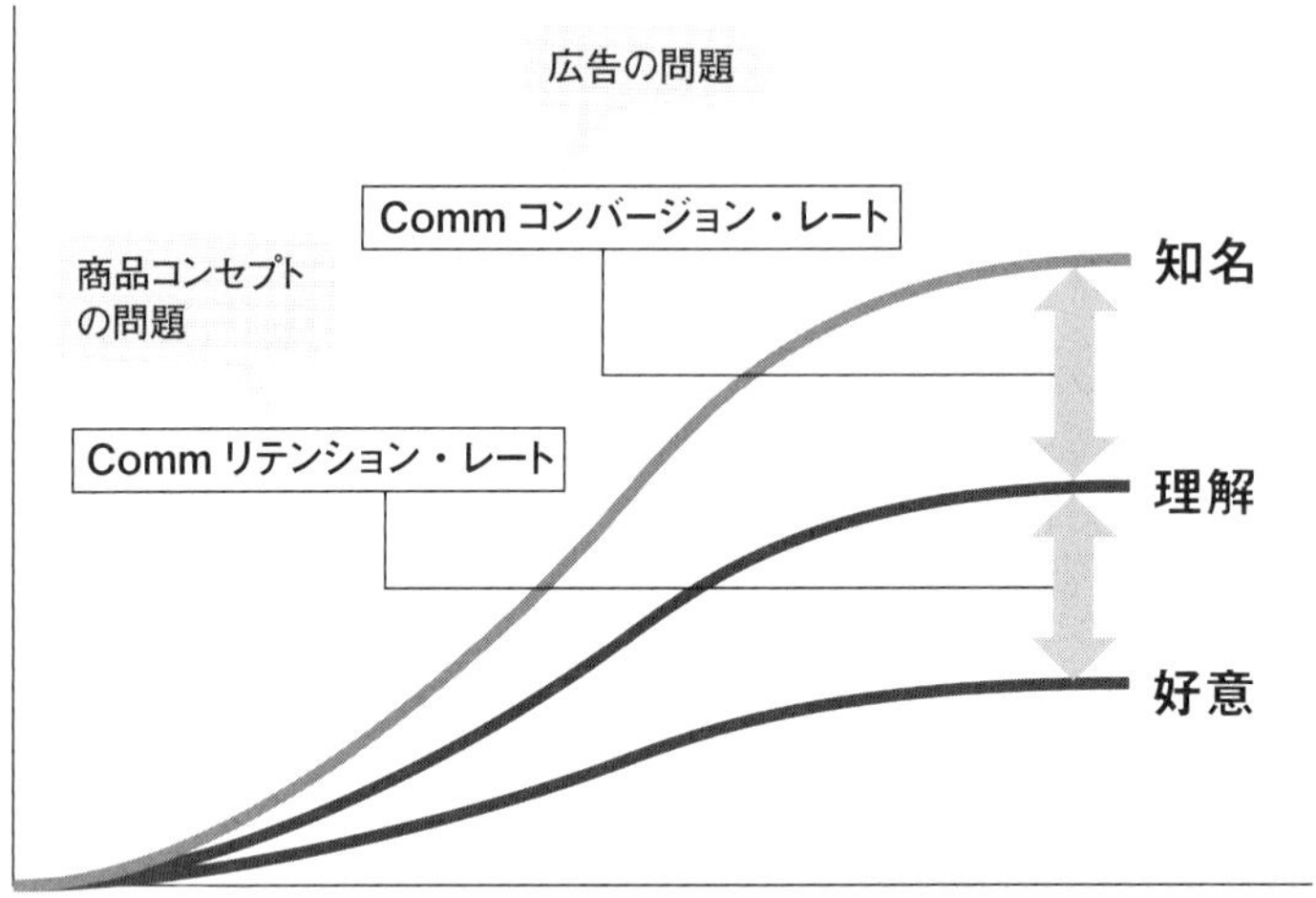

図1-2-2　コミュニケーション・コンバージョン・レートとコミュニケーション・リテンション・レート

ます。理解度を知名度で割ったコミュニケーション・コンバージョン・レートと、好意度を理解度で割ったコミュニケーション・リテンション・レートです。

前者は、「名前は知っているけれど、どんな商品かよくわからない」ことを意味します。したがって、広告の「作り方」に問題があります。広告会社が原因であることが多いケースです。イメージ広告で失敗する大半が該当します。

後者は、「どんな商品かわかっているけれど、魅力を感じない」ことを意味します。したがって、広告自体よりも、企業が広告会社に提示する商品コンセプトや、広告作成を指示するオリエンテーション資料に原因があります。さらに、広告宣伝部に問題がある場合と、商品企画部に問題がある場合の可能性があります。いずれにしても、企業側の責任です。

このように、Ｕ＆Ｅは、商品が売れない時にどこに問題があるのかをざっくりと見る、初期診断の役目を果たします。コンバージョン・レート（トライアル÷知名度）に問題があるなら、広告内容の生活者評価の調査を実施すればいいし、リテンション・レート（レギュラー÷トライアル）に問題があるなら、試食会やモニターを実施して生活者の評価を再度確認すれば原因がはっきりします。

さらにいえば、Ｕ＆Ｅはコントロールタワーやセンサーのような役目を果たします。本書で解説する失敗事例の兆候が、Ｕ＆Ｅの指標に異変として現れるのです。Ｕ＆Ｅを「初期診断の要である」と私が主張するのは、そのためです。

U&Eによる診断のフロー

Ｕ＆Ｅによる診断と順番をまとめます。基本診断は次の3つです。図1-2-3を参照してください。

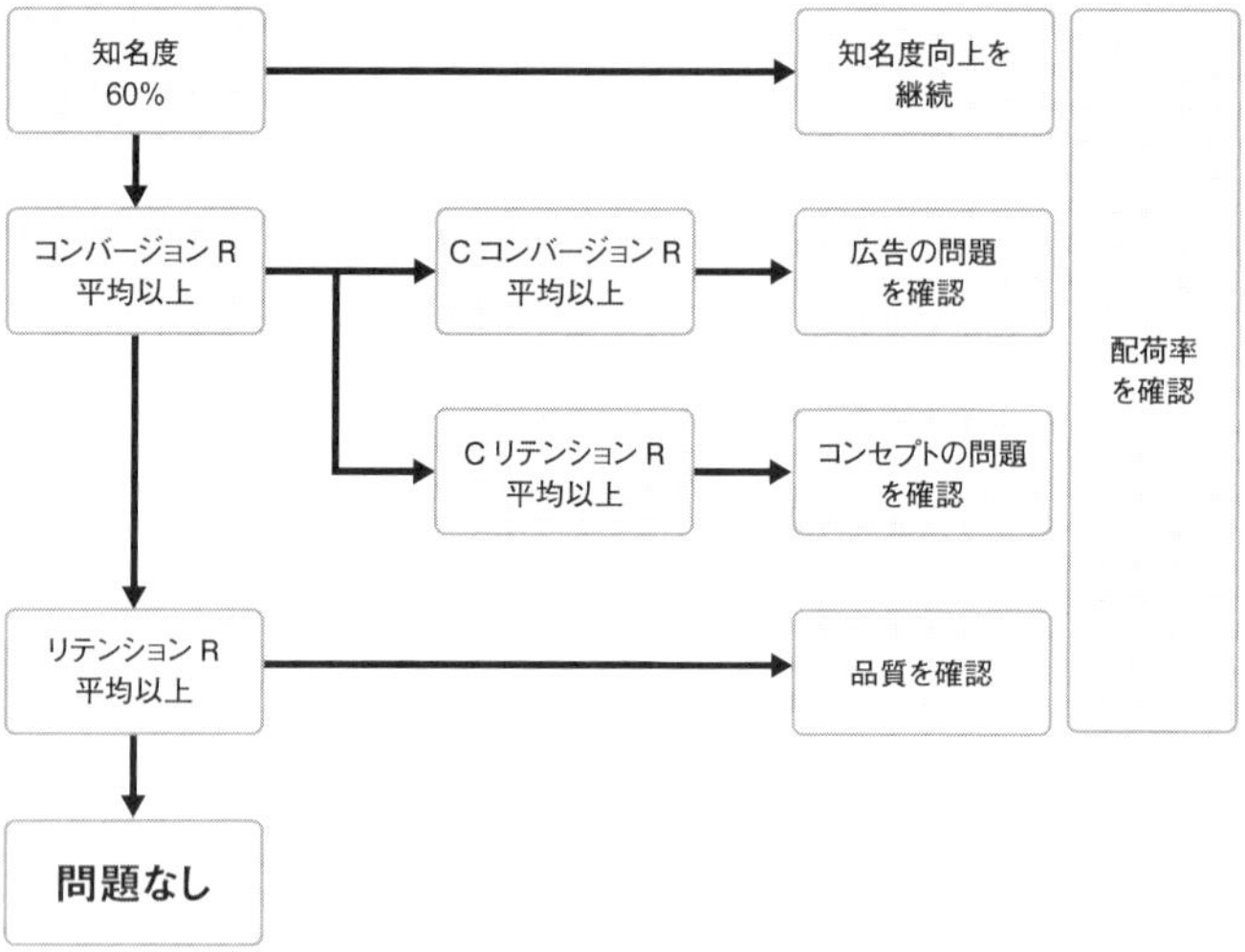

図1-2-3　U&Eによる診断フロー

①まず注目すべきは知名度です。40%、60%の基準値のクリア状況を確認します。

②次に注目するのは、コンバージョン・レート（トライアル÷知名度）の合格、不合格状況です。

③最後は、リテンション・レート（レギュラー÷トライアル）の合格、不合格状況です。

3つともクリアできれば「問題なし」。健康診断クリアです。

50例に1例ほどの割合で、全部合格でも商品が売れないケースがあります。その場合はほかの診断を実施しますが、別の機会に譲ります。

もし、不合格なら、次の指標を確認します。

コンバージョン・レート（トライアル÷知名度）に問題がある場合

広告に問題が潜んでいる可能性があるので、次の２つの補助指標を確認します。

・コミュニケーション・コンバージョン・レート（理解度÷知名度）

・コミュニケーション・リテンション・レート（好意度÷理解度）

リテンション・レート（レギュラー÷トライアル）に問題がある場合

商品の品質が原因の可能性があるので、試食・試飲調査やモニター調査の結果を確認します。

同時に、配荷率を確認します。

リテンション・レートでお宝が見つかる

食品メーカーや飲料メーカーなど数百種類もの商品を取り扱う企業では、Ｕ＆Ｅのリテンション・レート（レギュラー＋トライアル）が本来の使い方以外にも活用できます。将来化ける可能性がある既存商品を発見できるからです。

売れない商品はリストラし、売れる商品を残すのがスクラップ＆ビルドの考え方ですし、健全な商品構成のあり方です。しかし、一般的に売れない商品は、広告もされず、取り扱い店数も少ないことが多いものです。いくら一部で人気があってリピーターが多くても、販売店数が限られていては、全体の売上はたかが知れています。売上だけを凝視しても「一部で人気」の商品は見つかりませんから、不幸にも製造中止の判断が下されてしまいます。

それだけならまだしも、数年後に類似商品の企画案を社内で提案すると、「以前、似た商品が失敗したからダメだ」と否定されます。しばらくして競合企業が類似商品でヒットを出して、臍を噛む思いをすることになります。

リテンション・レート（レギュラー＋トライアル）は、そのような悲劇を回避してくれます。100商品に1つくらいは、とんでもなく高いリテンション・レートを持つ商品、つまり一部で人気の商品が発見できるものです。多くは、広くあまねく売れている主力商品よりも数値が高いのです。そのような商品に限って、取り扱い店数が少ないけれど、ある沿線のスーパーだけで取り扱いされています。つまり、「熱狂的な一部のファンが支えており、流通を拡大すれば主力商品に育つ可能性がある『隠れた逸品』です。

お宝を見逃す手はありません。隠れた逸品なら、新製品のように新たな投資をする必要もなければ、手間も時間も比較的少なくてすみます。将来、商品企画が社内で否定される悲劇が生まれることも少なくなります。手持ちの商品の生活者調査には多少の手間と時間はかかりますが、ヒット商品が見つかれば、おつりが来るほどのリターンが返ってくるのです。

COLUMN

企業広告は難しい

企業広告をよく見かけます。多くは建設、素材メーカー、ＩＴ企業でＢｔｏＢと呼ばれる企業間ビジネスの企業たちです。彼らがテレビ広告を出稿する目的の大半が、営業部隊の支援と社員リクルート、そして社員の士気高揚です。

営業マンがクライアント企業にセールスに向かう際、名前も知らない会社では相手にしてくれません。また、人材採用では、知名度か高いほうが良い人材を確保できます。電子部品が売上の９割を占めるＴＤＫがオーディオテープに進出したのもそのためです。似たような売上構成のアルプス電気とではイメージがまったく違うことからも、ＴＤＫの戦略は成功したといっていいでしょう（ＴＤＫは現在ＢｔｏＣ事業から撤退しています）。３番目の社員の士気高揚は、社員自身やその家族に「ちゃんとした会社に勤務しているんだ」と誇りを持ってもらうことで、良い仕事をしてもらえます。過去に、押し入れ産業株式会社の発足当時に勤務していた人から「社名が社名だから、家族が恥ずかしがって困ってます」と言われたことがありました。同社はＪＴ、ＮＴＴ、日本興業銀行など21社が出資した立派な会社でしたが、社名が生活者にわかりやすい反面、社員のモチベーションに影響していました。

そんな企業広告ですが、一般商品と比べると、構造的に難しい面を抱えています。商品の現物に触れることが少ないことです。具体的には、２つの壁があります。

①生活者の累積記憶に限界がある

一般商品は広告で生活者の知名度が高まりますが、売場でも商品を見かけたり、商品を買うことで知名度を稼ぎます。したがって、テレビで知名度を上げ、売場で思い出してもらい、また広告で記憶を稼ぐサイクルができあがります。いわば、記憶のリフレッシュや記憶の累積効果が得られます。

しかし、クラレやカネカのような素材メーカーや建設会社は、一般の人たちの目に触れる機会がほとんどありません。結果、広告だけでは「知名↓理解↓好意」で止まってしまうのです。知名度の累積サイクルがありませんから、一般商品と同額の広告費を使っても、同等水準の知名度は得られません。そのため、建築現場では建設会社のロゴを大きく壁面に書いたりすることで、できる限り社名の露出度を高める工夫を始めていますが、限界があります。

②取り扱う商品の幅が広すぎることで、とりとめがなくなる広告ができあがる傾向が強い

これは、特に素材や部品メーカーのように、さまざまな分野に進出する企業に顕著です。たとえば、繊維は服だけではありません。自動車のエアバッグ、防炎材、人工透析などの医療機器、電池セパレータ、人工衛星部品など、挙げていけばキリがありません。結果、「何を広告対象とするのか」が絞りきれずに、最小公倍数の「人の生活を豊かにします」といったイメージ広告になりがちなのです。

それでは理解度が上がらず、好意すら生まれません。

一方、私が評価しているのが、クラレの「クラレの真ん中（ハート）を知る時が来た」シリーズ広告です。2021年7月現在で第5弾まで製作されており、シャーロット・ケイト・フォックスが中心人物として毎回登場します。内容は「深呼吸できる空気を作りたい（活性炭）」「強い街を作りたい（コンクリート補強材）」と、クラレの研究員に扮したタレントが毎回「熱い想い」を語るものです。1つ1つの素材に焦点を当てることによって具体性が生まれ、生活者の理解と好意が強くなります。一般商品には及びませんが、企業広告の構造的な制限一杯まで広告効果を高めることができます。

さらに、クラレの広告は、特に「メリット」と「素材（規格）」を合わせたことが大きな特徴です。「強い街を作りたい」のメリットだけでは、生活者にとってはなんのことかわからず、「人の生活を豊かにします」レベルのイメージ訴求に終わってしまいます。反面、「コンクリート補強材」の素材（規格）だけの訴求でも、生活者にとって何に使えるのかわかりません。メリットと素材（規格）、2つの要素を結合させることで生活者の理解と好意を効果的に得ることができる、良質な広告だと私は評価しています。

クラレといえば、かつて広告にアルパカを登場させ「ミラバケッソ（未来に化ける新素材）」と、意味不明の言葉を発していた企業ですが、上手に脱皮しました。

COLUMN

企業は広告表現の細部に口をはさんではいけない

時々、企業の広告担当者が広告会社と一体になって制作に関わることがありますが、よほど広告制作に関する自信および広告会社との信頼関係がなければ避けたほうがいいと私は思っています。

広告に限らず、コミュニケーションはおもに「何を伝えるのか（ＷＨＡＴ）」と「どう表現するのか（ＨＯＷ）」の二本柱で構成されます。本来、「何を伝えるのか（ＷＨＡＴ）」は企業の責務、「どう表現するのか（ＨＯＷ）」はプロである広告会社の責務です。したがって、企業は商品カット以外の広告表現の細部に口をはさんではいけないと思っています。

企業がすべき最も重要なことは、「ＨＯＷ（広告表現）」が「ＷＨＡＴ（コンセプト）」に合致しているかどうかをチェックすることです。広告案が複数案あるなら、合致度の基準に達している案をピックアップし、優先順位をつけることです。

その際、合致度の判断や広告表現の細部に口をはさむ権利があるのは生活者だけです。本来は、事前の広告案調査で判断すべきです。もし、調査ができないなら、企業の担当者が生活者の感性を代弁できるように自身を訓練するしか方法はありません。

なぜこのような話をしているのか。企業の担当者の嗜好が生活者とズレていることがよくあるからです。企業の担当者は、マジメな人ほど、担当商品について24時間考えています。一方の生活者は、マニアでもない限り、1日数分考えればいいほうです。そこに「美しきギャップ」が生まれてしまうのです。また、熱心な担当者ほど広告に関与しすぎて、広告会社の目線になってしまうことがよくあります。それでは、チェック機能が働きません。

良い意味で「距離を取る」ことが、成功する広告やコミュニケーションの作り方です。

COLUMN

タレントのプロモーション広告のよりどころはハイダーのバランス理論

　有名タレントが出演する広告が世にあふれています。無名の俳優やモデルより広告の注目率が高くなるので、わからないでもありません。しかし、中には商品の露出が最後の２〜３秒しかなく、「クライアント企業のお金を使った有名タレントのプロモーション広告」と化している広告も未だに多く存在します。また、有名タレントが最後に商品を抱えて「私は○○（商品名）」「○○（商品名）が好き」と言わせて、あたかもそのタレントが対象商品を使っているように見せる演出も数多く残っています。

　こういった広告のよりどころとなるのが、１９５８年に米心理学者フリッツ・ハイダーが提唱したバランス理論と呼ばれる心理学の学説です。私は「坊主憎けりゃ袈裟まで憎い」理論と呼んでいます。

　図１-２-４を見てください。ＡＢＣと３つの要素があり、それぞれの関係がａｂｃで表されています。最終的にａｂｃは「ａ×ｂ×ｃ」とかけ算をするとプラスになるように心理が収れんすると主張するのがバランス理論です。

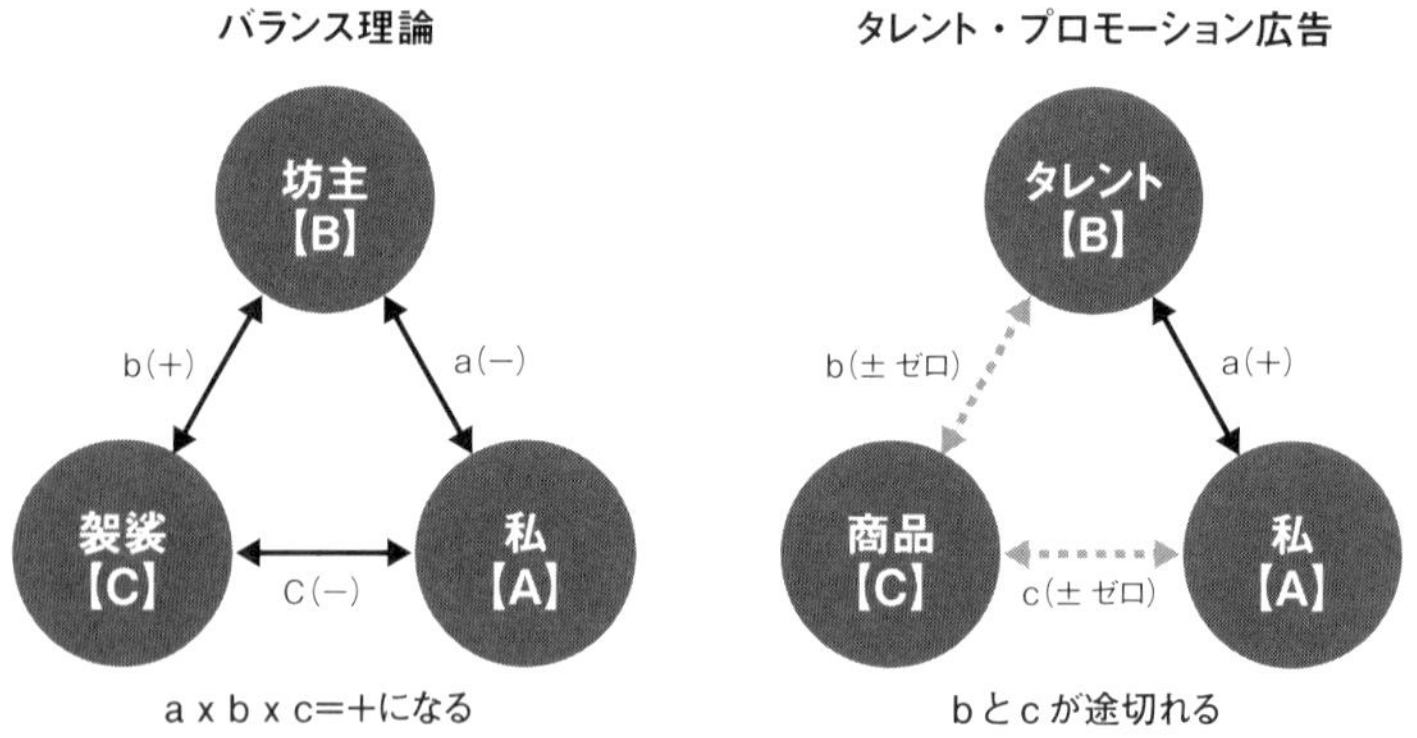

図1-2-4　ハイダーのバランス理論（坊主憎けりゃ袈裟まで憎い理論）

たとえば、Aは私、Bは坊主、Cは袈裟です。私は坊主が憎いので、私と坊主の関係aはマイナス（－）です。坊主はいつも袈裟を着ているので、坊主と袈裟の関係bはプラス（＋）です。残る私と袈裟の関係cは、プラスでもマイナスでもありませんが、a×bがマイナスなので、cもマイナスにならないと3つのかけ算がプラスになりません。したがって、袈裟には罪はなくても「憎く」なるのです。

広告に当てはめると、Aは私、Bは本田翼、Cは商品です。2021年上半期のCM女王・本田翼に対する私の好感度が高いと、AB間はプラスです。そして、本田翼と商品は一緒に広告に登場するので、BC間はプラスです。したがって、私と商品の間がプラスに収れんするとの理屈です。芸能人のブログで紹介する愛用商品がファンに売れるのはこのためです。

バランス理論自体に問題はありません。しかし、ＡＢＣ間の関係性に大きな問題が潜んでいます。本田翼と商品の関係が薄いと、私の商品に対する好意度も高くならないのです。つまり、「私は○○（商品名）」「○○（商品名）が好き」と本田翼が広告で言っても、わざとらしかったり、「本田翼がこんな商品を使うようには見えない」と思われてしまったら、広告商品への好意度が高くなりません。

タレントのプロモーション広告が問題なのはここです。商品が最後の2～3秒しか出てこないのでは、タレントと商品のつながりがなく、途切れてしまいます。すると、私の商品に対する関係性も途切れますから、好意度はいっこうに上がりません。

ましてや、出前館の広告に出演するダウンタウン浜田雅功のように「おれは（デリバリーサービスを）頼まない」とバラエティ番組で公言するようだと、広告効果は知れているというものです。もっとも、その理由が「『浜ちゃん頼んでるやん』と思われるのが恥ずかしい」と取れる発言ですから、彼らしいといえば彼らしい理屈です。しかも、番組で公言することで露出度も上がるので、（直接的ではありませんが）出前館のメリットにもなります。浜ちゃんファンにとっては、かえって出前館の好意度が上がるのかもしれません。

「タレントを使ってはいけない」と主張しているのではありません。タレント「頼み」のインパクトや、イメージ「だけ」しかない広告がいけないと言っているのです。広告のメッセージ内容がきちんと表現できていれば、タレントを使うことのメリットを上手に利用できます。

2

生活者を見誤る

2/1

ヒット商品を最初に買った人たちを捨て置く

イノベーター理論

何十万人、何百万人もの人々がこぞって買い求める商品がヒット商品です。そんなヒット商品をいったいだれが最初に買っているのでしょうか。たまたま売場で新製品を見つけた好奇心が強い学生？　前々から欲しかった仕様の新製品を見つけて大喜びのマニアたち？

「ヒット商品を最初に買う人たち」は、「イノベーター」と呼ばれます。イノベーターの存在を企業があらかじめ知っていれば、商品開発の成功率はグンと上がります。一方で、イノベーターではない人たちに向けた商品を開発すれば、「売れない新製品」と烙印を押されて、発売後数週間でコンビニの棚から外される運命をたどりかねません。

人口の多さに目がくらみ、その他大勢の一般大衆をターゲットにしてしまう

イノベーターに支えられてきたブランドが、競合ブランドにイノベーターを奪取されてしまったあげく、売上が減少した事例を紹介します。かつてのキリンラガーです。キリンがまだビール市場でダントツのトップだった頃の１９９２年から、ラガーの迷走は始まりました。「ラガーのような巨大ブランドは、２つの顔があってもいい」とのキリン幹部の発言をきっかけに、１９９２年に松任谷由実の曲をイメージソングに、小泉今日子を広告タレントとして起用しました。そのわずか半年後、一転して仲代達矢に変更、またその半年後には牧瀬里穂に変更と、タレント戦略が定まらないテレビ広告を出稿し続けました。案の定、月間売上は１９９２年秋から連続で減少し、翌年の１９９３年の売上は前年比７％減となってしまいました。

散々な結果を受けたキリンは、「ラガーの巻き返し」と称して、１９９４年にはハリソン・フォード、菊池桃子、伊東四朗を次々と登場させましたが、タレント戦略がフラフラなのは相変わらずでした。どこが「巻き返し」の策なのか、よくわからない状態が続きま

す。弱体化したラガーを尻目に、遂にアサヒ・スーパードライがトップの座を奪取したのが、5年後の1997年1月でした。

私は、ラガー自滅の例を「ブランドイメージを無闇にいじるな」との主旨で紹介することが多く、1994年の私の著書でも「断言してもよい。『ラガー』は残念ながら今年もうまくいかない」と書いたほどです。しかし、ラガーの例には裏に隠れた存在があります。生活者です。ラガーの失敗はブランドイメージ戦略の失敗ではありますが、その裏にはターゲット設定の失敗がありました。

問題点は2つありました。

1つ目。ラガーは逃げたイノベーターを奪還すべきだったのに、人口の多さに目がくらみ、「フォロワー」と呼ばれる、その他大勢の一般大衆をターゲットにしてしまいました。マーケティングを知っている者の目から見れば、ビールのイノベーターがスーパードライに殺到したのは明らかでした。ラガーからもイノベーターが離反して、スカスカの状態だったのです。生活者調査でも、ラガーの惨状がはっきりと出ていました。

イノベーターが去ったブランドや商品ジャンルの末路は悲惨です。いくら売上が大きくても、活性化できず徐々に衰退し、忘れ去られる運命なのは、ファミレスしかり、キャラメルしかり、ポケベルしかり。過去の歴史が教えてくれます。

一方で、古いブランドであってもイノベーターを取り戻したために再活性化したブランドもあります。代表例は三ツ矢サイダー、そして皮肉にも同じグループ会社の午後の紅茶です。

全方面に媚びを売り、「嫌われるわけではないけれど、だれからも愛されない」中途半端なブランドが完成する

ラガーの生き残る道はイノベーターを呼び戻すことしかありませんでした。それなのに、ラガーは2つ目の問題点を抱える施策を打ちました。広告タレントをひんぱんに変更することで、あちこちの生活者に媚びを売ったのです。

生活者は、「自分向けなのかどうか」を意識的または無意識に感じ取って商品を選びます。中高年男性向けのポロシャツを、若い女性が買うことはほとんどありません。ギャル向けのファッションを、中年女性が着ることは滅多にありません。特に、「人口は多いけれど、従来の慣習や他人の目を重視する保守的な一般大衆」であるフォロワーに強く見られる傾向です。

全方面に媚びを売るとどうなるか。人間でも「八方美人」は嫌われますが、商品も同じ

評価を受けます。「商品は人格と同じだ」と言われますが、まさに人づきあいと同じことがいえます。小泉今日子の出演で自分向けだと思った人でも、伊東四朗が現れた途端、裏切られた気分になる。伊東四朗が自分向けだと感じても、以前、小泉今日子が広告に出ていたブランドだから二の足を踏む。そうこうしているうちに、菊池桃子が現れ、訳がわからなくなって、ラガーを買う気が失せる。

こうやって、「嫌われるわけではないけれど、だれからも愛されない」中途半端なブランドが完成し、キャンペーンやテレビ広告の露出量を増やせば増やすほど逆効果になります。結果、イノベーターはもちろん、今までラガーを支えていた保守的な層すらも離れてしまったのでした。結局のところ、スーパードライが1位を取れたのは、ラガーの自滅が大きな原因でした。

ところで、最近、前年に続き、キリンはヒット商品の本麒麟が２０２１年5月に11億本突破したことを受けて大キャンペーンを実施しました。広告コピーは「11億本突破」「時代はこのうまさを選んでいる」と誇らしげです。しかし、一般的に、「売れています」「大好評」といったコピーは、他人のことなど無関心なイノベーターにはまったく刺さりません。「みんなが買っているから」「遅れたくない」と同調することに価値がある、フォロワー専用のコピーです。

「売れたことを広告コンセプトや広告コピーにすることは厳禁」の企業もあるほどです。実際、市場シェア７割を超えるｉＰｈｏｎｅやマクドナルドは、「○○台突破」や「売上Ｎｏ．１」といったコピーを私が知る限りでは過去に一度も使っていません。フォロワー向けにマーケティング資源を投入しても決して将来的にプラスにならないことを彼らは知っているからです。

せっかくヒットした本麒麟なのに、もったいないことです。

イノベーター理論とは

集団社会に属する人間にとって普遍的なターゲット理論が、イノベーター理論です。今回解説するイノベーター理論と、2-2節のライフサイクル理論さえ押さえておけば、生活者に関するマーケティング理論の７割は習得したと言っても過言ではありません。

私の著書『ヒット商品を最初に買う人たち』（SBクリエイティブ）のタイトルが端的に示すように、イノベーターはヒット商品の「生活者側の育ての親」「ヒットへの導火線」ともいうべき存在です。無料のセールスマンのように、自分が気に入った商品を周囲に広めてくれるからです。

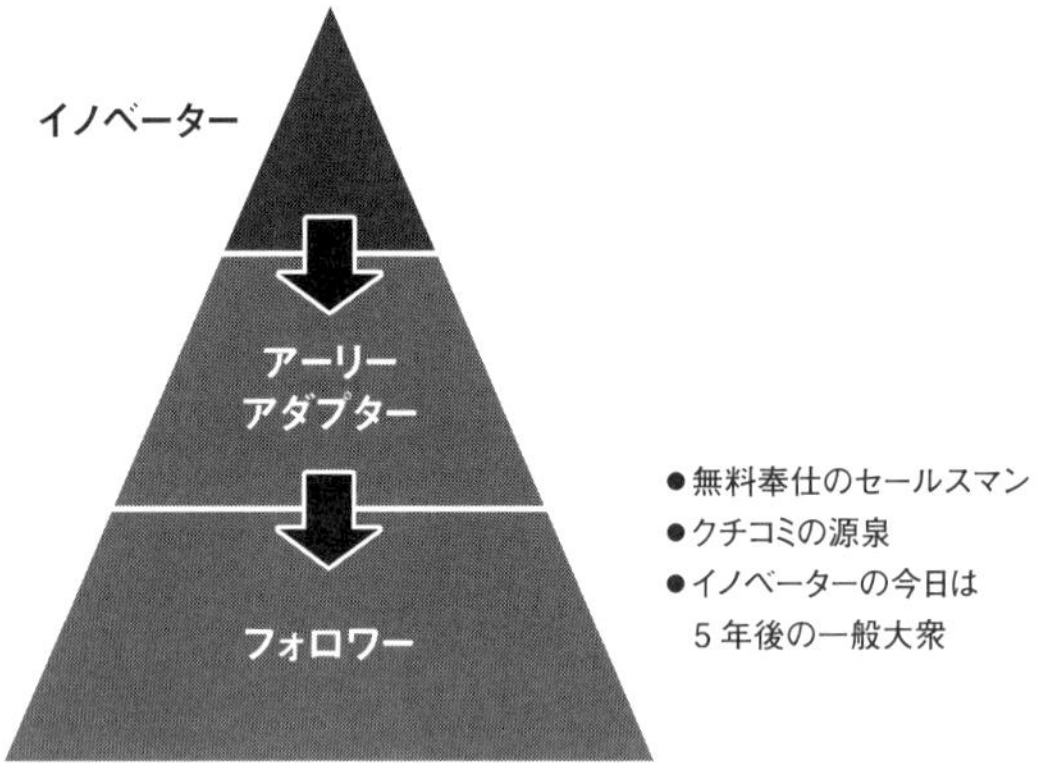

図2-1-1　イノベーター理論

図2-1-1を見てください。イノベーター理論では、生活者を3つのグループに分けます。イノベーター、アーリーアダプター、フォロワーです。人口約10%のイノベーターに売れた商品は約25%のアーリーアダプターに広がり、最後に約70%のフォロワーまで浸透します。

イノベーター理論は、商品ジャンルを問いません。食品、スマートフォン、自動車などなど。はてはセクハラや環境問題、持続可能性などの社会規範にもイノベーターは存在します。企業は、ターゲットをイノベーターに絞って商品開発や販売促進を実施すれば、効率よくヒット商品が生み出せるのです。

イノベーター理論の概要はこれでおしまいです。じつにシンプルな理論です。

キャバクラから火が着いたバージニアスリム

事例を挙げます。時はバブル直前の１９８０年代前半。女性に大ヒットしたたばこがありました。１９８３年に日本で発売された、バージニアスリムライト・メンソールです（以下、バージニアスリム）。歴史は意外に古く、本国アメリカでは１９６８年に発売された、婦人運動を応援する女性ブランドでした。

日本に導入されたバージニアスリムは、東京新宿のキャバクラの女性従業員から人気に火がつき、一般女性にまで一気に広がりました。「キャバクラの女性従業員が発端」というと、奇異な感じがします。現在でこそ、女子高生の「なりたい職業」でキャバクラの女性従業員がトップ10にランクインしましたが、当時は「水商売の女」でした。一般女性が嫌がるイメージの最たるものです。どうやってヒットしたのでしょう。

そもそも、バージニアスリムのメーカー、フィリップモリス社は「夜のたばこ」を作る（専門用語では「位置づける」「ポジショニング」）のに長けている会社です。古くは同社のラークとパーラメントが「夜のたばこ」ブランドでした。長い間「やーさんのラーク、特殊浴場の女性従業員のパーラメント」と言われ続けてきました。これらのイメージは自然発生したものではなく、フィリップモリス社がクラブのママさんたちを相手に地道にプロモーション活動を続けてきた成果です。じつに10年以上、広告もせずにプロモーションだけの販売促進活動を続けてきた記録があります。

ところが、ラークは００７のジェームス・ボンドにイメージチェンジしてブレイク、パーラメントはニューヨーク夜景のテレビ広告で一般向けブランドに昇格しました。そのため、「夜の世界のたばこ」が不在になってしまったのです。そこでフィリップモリス社が目をつけたのが、バージニアスリムでした。そして、人気が出始めたキャバクラに注目。キャバクラは１９８４年開店の新宿歌舞伎町「ＣＡＴ'Ｓ」だと言われていますが、あの業界の常として、真偽のほどは定かではありません。

フィリップモリス社がスナックでもクラブでもなく、キャバクラにターゲットを決めたのは、新しモノ好きの若い女性従業員が多かったからです。細長いたばこは、指がきれいに見えます。また、男性イメージが比較的弱いメンソールたばこは、職業柄、女性を強調するのに適役でしたし、たばこ感が少ないので喫煙初心者でも吸うことができました。バージニアスリムは、見事にキャバクラ女性従業員の間で広まったのです。

そこまでなら、人口の０・１％しかいない彼女たちはイノベーターではなく、マニアです。発信源からイノベーターにつなげる仕組みがありました。

第2段階は、キャバクラ女性従業員と一般女性の接点づくりです。当時のキャバクラ女性従業員の大半は専業ではなく、昼間はＯＬや小売店従業員として働く人たちが大半でした。「(素人女性なので) 3回通えばデートができる」がキャバクラのキャッチフレーズなのも、決してウソではありませんでした。

彼女たちはお金はあるので、ファッションに贅沢できます。時代はＤＣブランド花盛り。お金をかければかけるほど「おしゃれ」といわれた頃です。そんな姿の彼女たちが、キャバクラが休みの日や出勤前に、流行の最先端だった六本木や麻布のカフェバーに1人でお酒を飲みに行きます。一般女性から見た彼女たちは「普通の女性」です。今のようなヘアスタイルを盛った「ひと目でそれとわかる」姿をしていません。彼女たちは、一般女性からはあこがれの存在として映ります。そして、女性が1人でカクテルを飲む指先には、見慣れない細くて長いたばこがありました。それがバージニアスリムでした。

このような経緯で、バージニアスリムは一気に女性イノベーターに広がり、一般女性にも受け入れられました。

イノベーター像はいつも誤解される

イノベーター理論は、シンプルな基本理論であるがゆえに、誤解も多々生まれます。よくある誤解は、イノベーターは「女子高生」「最先端を行く人々」「流行を追いかける飽きっぽい人たち」「有名人や芸能人、専門家」の4つです。

①女子高生

女子高生は好奇心が強く行動力もあり、ファッションや菓子などの「単価が低く、彼女たちが高い関心を持つ商品ジャンル」でイノベーターになることが多いので、完全なまちがいではありません。しかし、女子高生は所得が低いために、自動車のイノベーターにはなりません。また、家事をすることも少ないので、料理や掃除関連の商品のイノベーターにもなりません。「女子高生がイノベーター」なのではなく「女子高生がイノベーターになる商品ジャンルもある」が正解です。

②最先端を行く人々

デザインやファッション業界では、イノベーターには最先端のイメージが根強い傾向にあります。ファッションショーに現れるような奇抜な出で立ちをしたり、服飾学校に在籍するような先端的な人たちが、彼らが想像するイノベーター像です。

それら極少数の人たちを、私は「マニア」と呼びます。イノベーターとは似て非なる人たちです。マニアにヒットしたからといって、一般大衆にヒットするとは限りません。いくらマニアがすーぱーそに子のフィギュアを欲しがっていても、『ゼロから始める異世界生活』のラムがコスプレ女子に人気だったとしても、一般の人には何を言っているのかさっぱりわかりませんから、ヒット商品になりようがありません。

③流行を追いかける飽きっぽい人たち

イノベーターは、自分の興味がある分野には熱心ですから、移り気ではありません。気に入れば、ずっと同じ商品を使い続ける性質を持ちます。

生活者の関心がめまぐるしく移り変わる代表格と思われているキャラクター・ビジネスでさえ、46年の歴史を持つハローキティは今でも1位2位を誇る人気です。ちなみに、サンリオ大賞２０２０年の1位はシナモロールで、20年の歴史があります。2位のポムポムプリンは25年、3位のポチャッコは36年です。これらのキャラクターたちは、イノベーターをきっちりつかんでいるからこそ、上位に君臨し続けることができるのです。むしろ、流行を追いかけるのはアーリーアダプターです。ローストビーフ丼や餃子、パクチーブームの立役者といえばわかりやすいでしょう。

④有名人や芸能人

イノベーターは他人に影響力があるために、有名人や芸能人の印象を持つ人が少なくありません。しかし、彼ら、彼女たちに支持された商品は、短命のブームで終わる傾向が強いのです。

これらの誤解をたどると、イノベーターのイメージがなんとなく浮かんできます。イノベーターは10人に1人ですから、身近な存在です。マニアのように極端な行動や考え方をするのではなく「ちょっと先進的」「知識が豊富」な人物像が浮かびます。

会社の部内を見渡すと、2人~3人はパソコンにくわしい人がいるものです。同僚や後輩、はたまた上司が「森さん、今のパソコンが壊れそうで買い換えたいけど、どれを買えばいいの？」と彼らにアドバイスを求める様子は日常的な光景です。

イノベーターは、「何に使うの？　メールとかネットを見るくらいなのと、動画を自分で編集したいのと、３Ｄアクションゲームをしたいのとでは、選ぶ機種が違うよ」と相手の気持ちに立って提案します。決してマニアのように「パソコン？　そりゃあ、自作に決まってるじゃない。ドライバー１本あれば、組み立てなんてかんたんだから。もしよかったら、来週の日曜日に秋葉原のパーツショップに一緒に行ってあげようか？」と自分の趣味を他人に押しつける人たちではありません。ましてや、機動戦士ガンダムの話を始めると２時間３時間止まらなくなるような人でもありません。

イノベーターを私が「一般人の心を持ったマニア」と呼ぶのも理解できると思います。

イノベーター理論は力の弱い企業にこそメリットがある

企業にとって、イノベーターは「ヒット商品の導火線になってくれる」以外に、大きなメリットが４つあります。

①自力で探して買ってくれる

イノベーターは行動力や熱意があるので、その商品を気に入れば、足を使ってでも探して買ってくれます。取扱店数が多くなくてもいいのです。その分、企業はほかのことにマーケティング資源を回せます。

②ピンとくればすぐ買ってくれる

イノベーターは、瞬時に自分が欲しいものを見分ける力を持っています。したがって、売場でピンとくるものがあれば、すぐに買ってくれます。つまり、企業にとって売上が立つ時間や期間がほかのグループよりも圧倒的に短くて済みます。これは、売上の立ち上がり期間が短く、投資の回収が早いことを意味します。

③大々的なキャンペーンや広告がいらない

イノベーターは、自分から情報を探してくれます。したがって、大々的なキャンペーンや広告は不要です。むしろ、テレビ広告は禁じ手ですらあります。

④体力が弱い下位企業でも採用できる

上記3つのメリットが示すように、マーケティング費用が抑えられるので、体力が弱い下位企業でも採用できます。逆に、今までと同じ費用をかけられるなら、効果が倍増します。

イノベーター理論の4つのデメリット

一方、イノベーター理論にはデメリットもあります。

①イノベーターが気に入るレベルの商品が開発できないといけない

イノベーターが気に入る商品は、高性能、高品質、差別性が強い商品です。したがって、企業に商品開発力がなければいけません。

ただし、商品開発力とは、技術力だけを指しているのではないことに注意する必要があります。シャープの液晶ビューカムは、従来のファインダーを覗いて録画する方式から、小さな液晶に映る被写体を見ながら録画する方式へと、市場の流れを変えてしまいました。液晶ビューカムには高度な技術はありません。発想の転換を含めた力が「商品開発力」です。

イノベーションを語るときに、多くの人は高い技術力に支えられた革新的な商品を思い浮かべます。しかし、イノベーションで崇拝されるスティーブ・ジョブズは、決して新しい技術に頼ったのではありませんでした。ジョブズのイノベーションについての書籍を記したカーマイン・ガロは、「ジョブズのイノベーションとは(既存技術を)組み合わせる力である」と言い切りました。ゲームウォッチやゲームボーイなどを開発し、ソフトの宮本茂と並んで任天堂のハードを牽引した故・横井軍平は、「(イノベーションとは)枯れた技術の水平思考」の名言を残しました。イノベーションの用語を作った経済学者のシュンペーターも、「イノベーションは新結合」の概念で「既存のものの新しい組み合わせ」と定義づけたのです。

②人々を観察する習慣がない人には理解しにくい

表層的で目の前のことしか見えず、ヒットした後の状況しか目に入らないような人には、イノベーター理論は理解しにくい傾向があります。そうした人は、はじめから一般大衆がヒット商品を買っていたと信じて疑いません。ヒット後の主要購入者は、人口的にイノベーターではなく、アーリーアダプター、下手をするとフォロワーです。周囲を観察することができる人なら、人生経験が少ない女子大生でも女子高生でもピンとくる理論ではあるのですが、そうでないとやっかいです。それが会社の上司となると、説得するのは至難の業です。

③イノベーターの人口が少ないことを気にする人に非難される

3つ目のデメリットも社内事情です。ヒット商品は、将来的に一般大衆に浸透するので、イノベーターの人口の多寡は気にする必要はありません。しかし、人口の少なさが社内で大きな壁にぶつかることはよくあります。「たったこれだけの生活者を相手にするのか？もっと大勢を狙え！」と非難されるのです。こういう人に限って、上記2番目の他人を観察する習慣がない人だったりします。

④「売場に立ってみたけど多くの人はこうでした」と言われる

これも社内の問題です。イノベーターの人口が少ないことで、もう1つのデメリットが生じます。「売場に立ってみたけど多くの人はこうでした」と言われることが多いことです。ここでいう「多くの人」はイノベーターではなく、人口の7割を占めるフォロワーなのですが、本人はそのことに気がつかず、彼の言葉が社内で説得力を持ってしまいます。ましてや、企業にとって「現場」は最も強いキーワードの1つですから、破壊力は抜群です。

以上、イノベーター理論の4つのデメリットのうち、3つが社内の問題でした。勝海舟の名言「敵に味方あり味方に敵あり」を地で行くような話です。

「買って失敗した」すら楽しむイノベーター

「どんな商品ジャンルにもイノベーターは存在する」とお話ししましたが、商品ジャンルによって、イノベーターの属性や外見は異なります。菓子なら女子高生、自動車なら「エンスー」と呼ばれるクルマ好き、ネットや電子機器なら30代男性（特に、独身、技術系）、食ならグルメな人たち、健康飲料・健康食品・健康器具なら30代以上の比較的年収が高い人たち、といった具合です。

高度成長期時代では、若者がほとんどの商品ジャンルのイノベーターでした。しかし、商品や情報があふれかえった現在、1人でさまざまな商品ジャンルのイノベーターは存在しません。食のイノベーターは必ずしもスマートフォンのイノベーターではありませんし、電子機器のイノベーターはファッションのイノベーターとは限りません。商品があふれかえり情報が高度化する現在、1日24時間しかない人間ができることが限られているからです。一方で、ほとんどの商品ジャンルでフォロワーの人は存在します。

バラバラな外見のイノベーターですが、共通する内面があります。「知識」「好きであること」「好奇心」「可処分所得」「常識に囚われない」「自己表現」です。紙面の都合上、最も重要な「知識」と「好きであること」について説明します。

イノベーターの最大の特徴は、「その商品ジャンルにくわしくて」「好き」な点です。スマートフォンならＣＰＵ、メモリ、バッテリー容量、搭載カメラの規格にくわしい。はてには、Ｓｎａｐｄｒａｇｏｎ ８９８といったＣＰＵの型番や、カメラセンサーのメーカー名まで知っています。健康飲料や健康食品のイノベーターなら、１日に必要な栄養素はもちろん、ビタミンやミネラルの名称までそらんじることができます。スキンケアのイノベーターなら、肌の組成やシミ、くすみ、シワ、タルミなどのメカニズムも、基礎知識として頭に入っています。

「くわしいだけなら、仕事でやむなく勉強した人もイノベーターか」というと微妙です。イノベーターの条件のもう１つの要素「好き」が欠けているからです。

イノベーターは、その商品ジャンルが好きだからムダをいとわず、買って失敗するリスクも気にしません。むしろ、それらの「ムダや失敗が経験値として蓄積されていくのが楽しい」とまで言い切るのが、イノベーターのイノベーターたるゆえんです。

イノベーターの特徴の１つ「ピンときたらすぐに買う」は、じつは勘でもなく、深い知識と経験が身についているためです。イノベーターは、新製品を見た途端、持ち前の知識と経験を総動員し、頭の中で高速シミュレーションを実施します。その時間があまりにも瞬時なため、周囲だけでなく本人すら「勘で動いている」ように思えるのです。

　クリエイターの分野でも、優秀だと言われている人たちは「瞬時のシミュレーション」をおこなうことが心理学の研究でわかっています。彼らは、膨大な知識と経験を収納する引き出しをたくさん持っており、それらにラベルをつけています。あるテーマが与えられると、近いものやあえて遠いものの引き出しを開けたりと、試行錯誤を繰り返します。その動作があまりにも瞬く間の出来事なので、本人も周囲も「勘」にしか思えません。勘は、知識の蓄積があるからこそ発揮できるのです。

「好き」であることを端的に表すイノベーターから発せられる言葉に、「これ、要る！」があります。一般人なら「欲しい」「買いたい」といったフレーズが使われます。しかし、イノベーターにとって、「欲しい」などといった生やさしい感情ではなく、「買わなくてはいけない」といった義務に似た突き抜けた衝動を「要る！」と表現することが多いのです。

イノベーターが悪魔になると手がつけられない

　ここからは、イノベーター理論の中級編です。

イノベーター理論を知る人でも気をつけなければならない点が2つあります。「イノベーターは天使にも悪魔にもなる」そして「本当に広げるにはアーリーアダプターの存在が必要」です。

「イノベーターは商品を広めてくれる天使のような人たち」と信じるマーケティング関係者が意外に多いことに気がつきます。「気に入れば」の条件が抜けているのです。イノベーターは、あくまでも趣味人です。メーカーに忖度しませんし、低評価の商品は悪評としてイノベーターから広がってしまいます。

アドバイスを求めてきた人が、イノベーターに「あれは買わないほうがいいよ」と言われてしまえばおしまいです。「買ってはいけない商品」は、ヒット商品と同じようにフォロワーに浸透します。いきなり！ステーキやガストなどのように、一時期はヒットしたけれど、その後、潮が引くように評判と業績が悪化したケースは、イノベーターが悪魔になった結果です。

「イノベーターに広がれば、自動的にほかの人たちに広がる」も真実ではありません。「イノベーターは無料のセールスマン」と私はよく言いますが、企業の販売部隊とは違います。好きな商品ジャンルの世界に黙々と浸かっているだけです。イノベーターは人の目を気にしませんし、人がどう思うようが我関せずです。周囲から意見やアドバイスを求められたときには懇切丁寧に自分の意見を説明しますが、決して押しつけることはありません。イノベーターが積極的にほかの人たちに宣伝してくれるわけではないのです。

アーリーアダプターはスピーカーや増幅器のような役目を果たす

そこで、アーリーアダプターの登場です。彼らはイノベーターほどの知識も経験もありません。しかも、本来はその商品を持っていなくてもいっこうにかまいません。彼らの行動原理は、次のようなものです。

「おもしろそうだから人に自慢したい」
「人が知らないことを知っているのは優越感を感じる」
「流行にいち早く乗りたい」

自分で新しいものを発見する力はないけれど、イノベーターが使っている商品ならまちがいがありません。アーリーアダプターは、イノベーターを観察して、おもしろそうだと感じたら自分も買って、周囲にひけらかします。アーリーアダプターはスピーカーや増幅器のような役目を果たすのです。

時々、アーリーアダプターがイノベーターが使う商品を見逃してしまうケースがあります。また、アーリーアダプターが自慢できない、おもしろそうに思えないケースもあります。そうなるとフォロワーに浸透せずに、失速します。私は、この現象を「ブーム」と呼んでいます。「キャズム」と呼ぶ人も多くいます。基本的な考え方は同じなのでまちがいではありませんが、本来のキャズムはＩＴ業界の初期段階の小さな溝を指します。一般商品が対象ではありません。

私は、それぞれのグループを血液型になぞらえて説明することがよくあります。

・イノベーター　　↓　Ｂ型（独立独歩）
・アーリーアダプター　↓　Ｏ型（お山の大将）
・フォロワー　　↓　Ａ型（みんな仲良く）

残念ですが、ＡＢ型はどのグループにも出現しません。厳密にいえば、血液型は性格とは無関係です。かつて私も６０００人を対象に血液型と価値観の相関を調べたことがありましたが、まったく関連性はありませんでした。それでも、推理小説の著者にはA型が、SF作家にはO型が多くいます。人数が多い大企業の販売促進部署にはO型が、調査部署にはA型とB型が多いところを見ると、どこかに相関があると個人的に信じています。

個人世界と社会性が性格を決める

アーリーアダプターについて、もう少し解説します。

「流行に乗り遅れたくない」「優越感を感じたい」といった特徴でわかるように、アーリーアダプターは社会集団を意識した人たちです。「流行」も「優越感」も、他人が存在しなければ成立しないからです。個人世界に没頭するマニア、マニアの性質を持つけれど最低限の社会性を同時に備えるイノベーターと異なり、アーリーアダプターは個人世界が薄い性質を持ちます。

そのため、アーリーアダプターは自己が充分に確立していない若い人たちに多く見られます。学生、特に女子学生、若いOLなどが代表的な属性です。女性全員がそうだとは言いません。「ランチを食べるときに知り合いや同僚と一緒でないと不安」といった傾向が強い女性はアーリーアダプターやフォロワーの素質が強く、「1人で牛丼屋に行くのは当たり前」「趣味に没頭するのは楽しい」女性はイノベーターの素質が強い傾向にあります。マズロー5段階の欲求でいえば、アーリーアダプターは「承認欲求（人から尊敬されたい）」と「社会的欲求（人と一緒でありたい）」を同程度持ちます。

個人世界、社会性の強弱がイノベーターとアーリーアダプターの差だと理解できれば、フォロワーの性質はかんたんにわかります。フォロワーは、個人世界が弱く、社会性がかなり強い存在です。心理学では「親和欲求が強い」と呼ばれ、他人と同じでないと不安になる心理を指します。マーケティングに置き換えると、「みんなが買っている、使っているなら、自分も買わないと恥ずかしい」心理に陥ることを意味します。

フォロワーの心理を利用した販売手法が、スーパー店頭で見られる大量陳列、略して「大陳」です。１９６６年にネスレが日本ではじめて大陳をおこない、当時70％ものシェアを持っていた森永インスタント・コーヒーを駆逐したことで有名です。また「世界中どこでも、ネスカフェ」のコピーでテレビ広告を大量に出稿し、「こんなに宣伝しているなら売れているはずだ」「品質は良いはずだ」と思わせる手法も、フォロワー対策の代表例です。

フォロワーは、規格などの専門的なことはさっぱり知りませんし、知ろうともしません。また購入動機は、その商品の機能や使い勝手よりも「他人に遅れない」です。したがって、彼らに刺さるのは「みんなやっている」「累計1億本突破」「売上No．1」といった、他人の評価をベースにした訴求です。

イノベーターを見つける2つの質問

どうすればイノベーターを見つけられるのか。本来は統計処理が必要ですが、初心者でもかんたんにイノベーターを判別する方法を紹介します。精度は若干落ちるものの、実用に耐えるレベルです。普段実施している調査に2つの質問を加えるだけなので、手軽なのもメリットです。

まず、調査票に次の2つのイノベーター判別用質問を加えます。

・「新製品についての情報を、ほかの人よりも早く収集するほうだ」
・「新製品を、ほかの人よりも早く買うほうだ」

選択肢は「かなりそう思う」「ややそう思う」などの5段階評価に設定します。「早く買うほうだ」の行動に関する質問を加えたのは、かっこいい質問に○をつけるけれどといっこ

		【新製品への情報感度】				
		かなり早く知っているほう	やや早く知っているほう	どちらともいえない	やや遅く知るほう	かなり遅く知るほう
【購買行動の先進性】	かなり早く買うほう	イノベーター				
	やや早く買うほう					
	どちらともいえない	アーリーアダプター				
	やや遅く買うほう				フォロワー	
	かなり遅く買うほう					

		【新製品への情報感度】				
		かなり早く知っているほう	やや早く知っているほう	どちらともいえない	やや遅く知るほう	かなり遅く知るほう
【購買行動の先進性】	かなり早く買うほう	①右に引き延ばす				
	やや早く買うほう	②（それでも足りない場合は）下に引き延ばす				
	どちらともいえない	アーリーアダプター				
	やや遅く買うほう				フォロワー	
	かなり遅く買うほう					

図2-1-2　イノベーター簡易判別法

うに行動しない「なんちゃってイノベーター」を排除するためです。

調査実施後に「情報」と「購入」の回答データをクロス集計すると、図2-1-2のように縦に5個、横に5個の合計25セルが完成します。「かなり早く（新製品の情報を）知っているほう」と「かなり早く（新製品を）買うほう」の両方を回答した左上端のセルが、イノベーター度が最も高い人たちです。

商品ジャンルによっては、左上端のセルが人口比で2%～3%しかいないこともあるので、イノベーターの人口である約10%にできるだけ合わせるように定義を拡張します。

これで完了です。

アンケートのような定量調査なら、上記の方法でイノベーターを定義して、重視点や競合商品の評価やイメージなどの回答をイノベーター、アーリーアダプター、フォロワー別のクロス集計で分析できます。グループインタビューでは、上記の方法で参加依頼をすれば、イノベーターだけのグループができあがります。聞き取り調査では、2つの質問をするだけで、イノベーターかどうかがわかります。ショールームなどの対面接客にも活用可能です。ぜひ、イノベーターのニーズを吸い上げてヒット商品を作ってください。

なお、イノベーターからアーリーアダプターにつなげるには、テレビ広告やキャンペーンなどの販売促進をすればいいので、ターゲットや内容を除けば既存のやり方と変わりません。

COLUMN

フォロワーに浸透する過程で意味が変わってしまう場合がある

商品や社会的意識はイノベーターからフォロワーまで広がりますが、その間に意味合いが変化してしまうことが往々にしてあります。

代表例が、ボディコン・ファッションです。平野ノラや大阪府立登美丘高校ダンス部が2017年の大会で準優勝して話題になったボディコンは、最近でこそ、バブル時代の享楽的な象徴として、六本木マハラジャやジュリアナ東京などのディスコのお立ち台で踊る超ミニスカートの女性たちを思い浮かべる人たちが大半です。しかし、ボディコンの元祖は「ボディ・コンシャスネス（身体を意識すること）」のコンセプトで、フランスのファッション・デザイナー、ジャン・ポール・ゴルティエが世の女性たちに投げかけた、女性の自立のあり方を問うたメッセージでした。

1980年代の日本は、男女雇用均等法が浸透し、女性運動は「ウーマンリブ」

と呼ばれていました。先端をひた走る女性たちは、「男女同権」の言葉どおり、男性と同じ言動、姿勢、出で立ちで奮闘していました。ファッションでは、男性と同じ直線で構成されたデザインのスーツが好まれました。肩パッドが入った女性用スーツは、男性的に見せる威嚇の意味を持った工夫だといわれています。もっとも、当時は男性用スーツにも肩パッドが入っていましたから、ユニセックスだったのかもしれません。

ゴルティエは、そんな女性たちに「もっと肩の力を抜きませんか？　男性に対立するのではなく、女性だけが持つ丸みのある身体に誇りを持って男性社会を生き抜くほうが賢いのではないでしょうか？」と呼びかけたのです。そのコンセプトを具現化したのが、身体のラインがあらわになったボディコンでした。女性だけが持つ差別化です。

日本でも賛同者が次々と現れ、ボディコンを身にまとうイノベーター女性が増えていきました。当時の日本ではとても勇気がいるファッションです。１９８０年代前半といえば、松田聖子、柏原芳恵、河合奈保子が１９８０年に、松本伊代、薬師丸ひろ子が１９８１年にデビューしたことを考えればわかりやすいでしょう。ふわふわっとした「女の子らしい」姿が人気だった時代です。身体にピッタリのファッションが、「頭がおかしい」「色ボケ」「水商売の女」などと陰口をたたかれたのは、当然のことです。

ボディコンがイノベーターに売れると、アーリーアダプターに流れます。そこであることに気がついた女性たちがいました。ボディコンを着るだけで自然と男性が寄ってくるのです。「かんたんにモテる」。男性のみならず、若い女性にとっても魅力的な魔法です。ゴルティエの崇高なコンセプトなんてどこへやら。ボディコンは、本命のみならず「アッシー（クルマで送り迎えをさせるための男性、「足」から来た造語）」、「メッシー（メシを奢らせるだけの男性）」、「ミツグくん（貢がせるだけの男性）」を縦横無尽に駆使して男を振り回す女王さまに変身できる魔法でした。邪な女性のニーズに対して、邪な男性のニーズが合致します。魚心あれば水心です。

かくして、ボディコンは本来の意味が変化してしまい、扇子を持った超ミニスカートの女性たちと群がる男たちの饗宴が夜ごとに繰り広げられることになりました。初期にゴルティエのコンセプトに賛同したイノベーターたちは、「あんなのと一緒にしないでくれ」と早々に逃げ出します。結果、イノベーターを失ったボディコンは、バブル崩壊とともに、泡となって消えていきました。もっとも、女性のあり方がフォークソング『神田川』の「三歩下がって」から「女王さま」に変化したのですから、ボディコンは女性の自立に寄与したと言えないこともないのが皮肉といえば皮肉です。「結果オーライ」です。

同様のことは、パワハラにも見られます。パワハラの場合は、本来の深刻なパワハラが浸透したので、「やりたくないことや不満をなんでもパワハラにしてしまう」悪巧みに利用されるケースです。「『たかが』遅刻で注意されました。これはパワハラではないですか？」と真剣な面持ちで人事部に相談に来た新入社員の笑えない実話もあります。

しまいには、「菓子ハラスメント」「告白ハラスメント」など、「なんでもかんでもハラスメント」が増殖します。中には深刻なものもありますが、多くは「自分の周囲は自分好みの世界で囲まれたい。それ以外のことは拒否したい」が動機です。社会は生い立ちや趣味嗜好が異なる人と人との集まりで成立していることを考えないケースが散見されます。イノベーターから浸透した過程で意味が変化してしまった「なんでもかんでもハラスメント」が乱用されるのでは、深刻なハラスメントを受けている人たちが一番迷惑することにもなりかねません。

2/2 人を属性で表面的に判断してしまう

価値観

「イマドキの若い者は……」や「男のくせに」といった言葉は、元を正せば、人を属性としてひとかたまりにすることで個人の人格を探る手間を省く、人の脳に備わる合理的な機能です。一方で、思考停止状態でもあります。

マーケティングで最も重要なのは、生活者です。外見だけで人を判断する面倒くさがり屋が、生活者に支持されるヒット商品を作ることができるほど、甘くはありません。

2-1節でも触れましたが、イノベーター理論と本節でお話しする価値観を理解するだけで、生活者に関するマーケティング理論の7割は習得したようなものです。

「女性のピンク好き」は70年にも満たない歴史の浅い文化

女性というだけで生活者をグループ化したために、ピント外れの商品開発になってしまった例を紹介します。

男性イメージが強い自動車やパソコンは、女性にターゲットを広げて購買層を厚くしようとすることがよくあります。その際、見かけるのが「女性がターゲットの商品だから、ピンクや花柄のデザインにしました」です。

たとえば、ボディカラーにピンクを採用した女性向けのクルマはホンダ・フィット「She's」、トヨタ・パッソ「MODA 〝Charm〟」（ダイハツ・ブーン「+Hana」）。ガラケー・スマートフォンでは、WILLCOM 9、京セラW61K、富士通「ARROWS Kiss F-03D」、Galaxy S7。パソコンでは、デル「Inspiron Mini 10」、富士通「Floral Kiss」、エイサー「Swift1」。デジカメでは、バンダイ「C@mail」。デジタルメモ帳では、キングジム「ポメラ」。

クロレッツだって負けていません。女性向けと称して、ピンクのパッケージ「ピンクグレープフルーツミント」を開発しました。マンションのリノベーションでも、リヴァックス「Rosa」はキッチン、玄関の壁紙、シャンデリアがすべてピンクです。

花柄も顕在です。スズキ・アルトラパンは花柄シートを採用。マルちゃん女性向けカップ麺「はなうた」は花柄のデザインでした。

これらの大半は、売れ行きが芳しくありませんでした。デルに至っては、女性向けの専用サイトがフェミニストのターゲットになって炎上してしまいました。

男性のみならず、女性本人たちにも「（自分はそんなに好きではないけれど、多くの）女性はピンクが好き」の固定観念がすり込まれています。商品を開発する側は、たとえ女性が開発リーダーであっても「ピンクにすれば女性が買ってくれる」幻想があり、安直にピンクを武器として使いがちです。「ピンクだと上司が納得しやすい」といった社内事情もあります。

生活者調査のデータを見ても、「一番好きな色」では女性のトップがピンクなので、合理的な判断に見えます。しかし、よくよく見ると、ピンクを1番に選ぶ女性はトップではあるものの、どんな調査でも約2割と決して多くありません。残り8割の女性は、ピンク「以外」を選んでいます。2位3位はオレンジや青で、ピンクと並ぶ数値です。第一、すべての女性がピンク好きなら女性ファッション売場はピンクだらけになっていなければならないし、女性向け化粧品売場も桃色づくしになっていなければなりません。

「女性はピンク好き」だと私たちが信じる背景は単純です。男女で好きな色を比較すると、青や白は男女ともにトップ10に入りますが、女性ではピンクがトップなのに対して、男性では圏外なのです。ピンクは「女性が好きな色」というよりも、「男女差がある色」

なのです。

実際、女性がピンク好きになったのは、そう昔ではありません。マリー・アントワネットの肖像絵は、ブルーのドレスでした。オズの魔法使いのドロシーも、不思議の国のアリスも、ブルーのドレスです。和服だって、着物や帯に桃色が多用されているわけではありません。

ピンクが女性らしい色とされるようになったのは、１９５３年に米アイゼンハワー大統領のファーストレディがピンクを好きだったからとされています。それを当時のメディアや小売店が後押しして、流行に仕立て上げました。そして、次のケネディ大統領のファーストレディにもピンクが継承されて、「女性＝ピンク」のイメージが定着したのでした。女性のピンク好きは、70年にも満たない歴史の浅い文化です。

とはいえ、心理学的に見るとまた違った側面があります。ピンクは、見る人の精神を安定させる効果があるのです。１９７９年に、アメリカのアレキサンダー・シャウス博士の研究結果で解明しました。その後、刑務所の独房の壁をピンクに塗り替えたところ囚人たちの攻撃性が減少した実験結果も公表され、スイスやドイツなどでも採用されました。「女性らしい落ち着いた」気持ちにさせるのがピンクだというわけです。

本来、色で女性向けを訴求するより、クルマならスカートで乗車するときに下着が見えないような工夫、雨の日の乗り降りで髪が濡れない工夫をしたほうが、よほどターゲットに刺さります。デジカメやスマートフォン、パソコンなら、ネイルが長くても操作がしやすい工夫や、手が小さい女性でも操作がしやすい工夫をしたほうが、購入を刺激します。かつて、ソニーのガラケーが若い女性に評判が良かったのは、ネイルが長くても引っかからない独自仕様のジョグダイヤルが標準装備されたのが理由です。

商品の基本的な形状を変えたり、ＣＰＵや液晶といった基幹パーツを変更すると製造コストがかかりますが、スマートフォンやパソコンの天板の色を変えた部品を増やすだけなら安上がりです。しかし、そのような安易な変更では、現代の生活者、特にイノベーターには見透かされるだけです。

ステレオタイプで性別を単純に見るだけでヒット商品が生まれるほど、現実は甘くありません。

「男性は料理をしない」と決めつけるのはとても危険

次は男性の例です。ネットで「料理初心者だけど、できるだけ食費を抑えたいので自炊したい。どんな料理や食材がいいか」と相談があると、男性らしき人たちが次々と回答を寄せてきます。「納豆おすすめ」「いや、もやしだろう」「業務スーパーの冷凍鶏肉」といったアドバイスに混じり、「1人分なら外食のほうが安い。あきらめろ」や「作り置きをしてローテーションしないと、かえって高くつく」といった、経験者でないと書けない内容のレスが必ずつきます。

ネットでは小さな波でも大きく見えますが、現実でも男性に料理の経験や知識が深い人たちが増えています。「料理は女性がするもの」のイメージは、今や古い常識です。週3日以上料理する男性は全世代で25%、週1回以上なら40%もいます。年齢別に見ると、独身が多い20代では30%と50%、既婚者が多い40代でも20%と35%です。決して少なくありません。

そんな実態を企業が把握しているのかを探る1つの手段として、主要食品メーカーや家電メーカーのテレビ広告を観察してみました。料理シーンを探して、男女をカウントするだけの作業です。ただし、インスタント食品、お茶漬けの素、卓上用ソースなどの「お湯を注ぐだけ」「かけるだけ」は料理としてカウントしません。広告はそれぞれのメーカーのサイトに掲載されている作品に限定したため、1作品以外、過去の広告は含まれていません。

さて、12社、44作品の結果は「男性が料理をするシーン11作品23・4%」でした。料理をする男性の比率から考えると若干少ない結果ですが、それなりに世相を反映しているといえます。

しかし、メーカー別に見ると様相が変わります。最も男性比率が高い味の素は、7作品中3作品、じつに42・9%が、男性が料理をしていました。続いて、永谷園は10作品中4作品、40%です。一方、キッコーマンは4作品中、男性はゼロ。丸美屋も、3作品中ゼロでした。※エスビー食品は33・3%と中間です。

それ以外の1〜2作品しか広告が掲載されていなかったハウス食品、東洋水産、日本ハム、伊藤ハム、マルハニチロ、マルコメの食品メーカー系は合計9作品で33・3%。平均的です。パナソニック、三菱電機、リンナイの家電やキッチン設備系は合計8作品で37・5%、これも平均的でした。

男性がゼロだったキッコーマンや丸美屋を個別に批判するつもりはありません。観察対象の広告数が少なすぎるからです。

いずれにせよ、「男性は料理をしない」と決めつけるのはとても危険です。料理男子の料理をする理由だってさまざまです。

※丸美屋すし太郎は大人の男女ではなく、キッコーマンうちのごはん出演の松本潤は割烹の職人役なのでカウントしませんでした。

「妻が料理をする時間がないから」
「料理することが好きだから」
「健康に配慮したいから」
「子どもの健康や食育のために」
「家族のコミュニケーションとして」

など、多岐にわたります。男女関係ない価値観もあれば、男性特有の価値観、単身者の価値観などが混在しています。

価値観によって、選ぶ食材や調味料、加工食品、買い物行動がすべて異なります。その結果、男女によるターゲット分類は意味をなさなくなってしまうのです。

他人の常識を知るのはマーケティングより難しい

マーケティングで最も重要なのは生活者を知ることですが、「生活者」ほどやっかいな相手はありません。私はよくこう言います。

「常識さえあれば、マーケティングなんてかんたんだ。ただし、他人の常識を知るのはマーケティングより難しい」

多くの社会人は、学生時代から似た価値観を持つもの同士で友人関係を育みます。社会人になってからも、同じ会社に所属することで、類似の人たちの集まりに囲まれるのが現代人です。そんな状況では、自分の常識と異なる生活者を知るのはとても難しいことです。製造業に携わる社会人は、接客業や輸送業の社会人の事情はよくわかりません。もっといえば、彼らは倉庫で単純作業を繰り返すパートや美容師たちの気持ちはわかりません。

加えて、よく言われるのは「売りの現場にいる従業員だから、お客様のニーズがわかる」です。しかし、これも半分正解で、半分不正解です。たしかに、現場の従業員は本部スタッフよりも顧客に近いので、「比較的」ニーズがわかります。しかし、じつは顧客理解には大きなギャップがあることは決して少なくありません。顧客向けの調査票に「個人の意見ではなく、顧客がどう思うかを推測してください」と現場の従業員に回答してもらうと、両者の結果がまったく異なるのです。今までの経験では、10社中9社で顧客との大きな差が見られ、そのうち3社は本部のマーケティングや企画担当スタッフのほうが、現場スタッフよりも顧客をよく理解していました。

それ以上によくあるのは、「自分と同じ属性ならば、顧客の気持ちがわかる」と思い込んでしまうことです。上司から「同じ女性の代表として意見を聞きたい」などと言われることがありますが、結局のところ、大学卒の女性たちは高卒女性の気持ちが理解できません。大企業に勤務する女性たちは、夜の仕事に従事する女性の気持ちがわかりません。社交的な女性は、内向的で趣味に没頭する女性の気持ちはつゆ知らずです。

ターゲット設定はかんたんではありません。「十人十色」とはいいますが、日本の消費人口９０００万人を９０００万等分してはコストがかかりすぎます。１９８０年代に自動車メーカーのマツダがさまざまなオプションやセット販売をした結果、数千通りの組み合わせができるようになりましたが、代償として１台の利益が１万円にしかならなかった苦い経験があります。

かといって、日本人をすべていっしょくたくにして、同じ商品でまかなおうとしても限界があります。そこで、企業は生活者をいくつかのグループに分けて、それぞれのグループのニーズに合わせて商品を開発します。これがターゲット設定です。

外見で判断するデモグラフィック分類ではターゲットとして機能しない

マーケティングは、アメリカで発達した科学です。国土が広く、さまざまな人種が住むアメリカでは、生活者の購買行動を見るうえで大事なのは「性別」「年齢」「人種」「宗教」「居住地特性（都会か田舎か）」でした。それらの要素で区分された人たちは、似たような購買行動を取っていたのです。したがって、デモグラフィック分類（人口統計学による分類）と呼ばれるグループ分けがターゲット設定に有効でした。

上記のような背景から生まれたマーケティングは、昭和33年（1958年）に日本に導入されました。デモグラフィック分類のターゲット論は、日本でも有効でした。「戦前派」「戦中派」「戦後派」で考え方や購買行動が異なるので、年齢別に分けることになんら不都合がなかったからです。

しかし、時代が進むにつれて、年齢別ではターゲットをまとめることができなくなりました。「草食男子」が増えたと言われますが、まだまだ普通の若い男子は顕在です。一方で、隙があれば女性を口説く「チャラ男」や、強引でグイグイ引っ張る昔ながらの男らしさの「オラオラ系」も存在します。ちなみに、草食男子は10代後半から30代男性の2割しかいません。

女性だって、漫画家の故・中尊寺ゆつこが命名した「おやじギャル」もいれば、ふわふわでガーリーな女性もいます。歌舞伎の観客には、中年女性に混じって若い女性が増えました。数えてみると、2割ほどが若い女性です。

自分の周囲を眺めてみてください。同じ会社に勤務する同僚ならば、似た年齢、収入も同程度です。デモグラフィック分類によるターゲットならば、まったく同じ購買動機や行動でもおかしくないはずです。しかし、実際は異性の趣味が違います。締めるネクタイも、趣味も、好きな食べ物も異なります。

そもそも、「同じ行動をする」「同じ商品やブランドを買う」人たちだからこそターゲットの意味があるのに、単純に「若い男性がターゲット」ではターゲットの体をなしません。ましてや、「チャラ男」と「不良中年」は行動がよく似ています。つまり、年齢を超越した「何か」のくくり方でないと、ターゲットとして機能しないのです。

COLUMN

企業がデモグラフィック分類によるターゲット設定を採用する3つの理由

企業がデモグラフィック分類によるターゲット設定を採用するのには、おもに3つの理由があります。

①社内のだれにもわかりやすい

企画書に「ターゲットは20代女性」と書くだけで、会議に参加する社員たちはなんとなくイメージできてしまいます。個人個人のイメージする「20代女性」が異なることが往々にしてあるにも関わらず、です。取締役は自分の娘をイメージするけれど、部長はキャバクラのお気に入り女性を想像する。係長は恋人をイメージするし、平社員は欅坂48のメンバーを思い浮かべても、です。

②会社の偉い人ほど成功体験が邪魔をする

会社の偉い人は、若いときに成功したからこそ今の地位があります。しかし、当時は性年齢で消費行動がまったく違う時代でした。「性年齢のターゲットで成功したのだから、今回も成功するはずだ」との思い込みから抜け出せません。ましてや、中高年の彼らは現在の若い人たちの変化なんて追いつきませんし、若い女性については知るよしもありません。自分が判断できる唯一の尺度でものを考えようとすると、どうしてもデモグラフィック分類になってしまうのです。

③人を外見・属性で判断する人が多い

「東大卒業だからすごい」
「女子高生は考え方が幼稚である」
「田園調布に住んでいるからお嬢さん」
「風俗嬢だから生活がだらしない」

ただのステレオタイプですが、普段の生活や人との付き合いが表層的な判断基準で成り立っていれば、仕事でも同じように他人（生活者）を見てしまいます。

40代男性と20代女性の類似点は？——価値観ターゲット

そこで出現したのが、価値観による生活者のグループ分けです。「年代が同じでも、趣味嗜好が異なればニーズが異なるなら、その趣味嗜好をグループ化してしまえ」そんな発想が、価値観分類の原点です。

たとえば、20代男性ではなく、「草食男子のニーズ」「チャラ男のニーズ」によってグループを分けます。10代や30代も同じグループに属するようになりますが、従来の常識を無視することで、効率的、効果的なターゲット設定が可能になるのです。こういった分類は、「デモグラフィック（人口統計学）分類」に対して「サイコグラフィック（心理的）分類」と呼ばれます。

図2-2-1には3人のプロフィールがあります。AさんとBさんは20代後半で会社員、年収も似たようなものです。しかし、AさんとBさんでは、クルマもファッションも恋人の人数も違います。しかし、BさんとCさんはよく似ています。この違いが生まれた要因が価値観です。

	Aさん	Bさん	Cさん
性別	男性	男性	男性
年齢	27才	27才	43才
職業	会社員	会社員	経営者
年収	500万円	480万円	1,500万円
クルマ	マークII	BMW318i	BMW318i
恋人 たばこ	1人	3人	5人
好きなファッション	ユニクロ	プラダ	アルマーニ
ひと言	真面目	遊び人	不良中年

図2-2-1　価値観ABCさん

価値観分類では考え方が似ているもの同士をグループ化しますから、購入動機も購入行動も似てきます。性年齢は関係ないし、地域やライフサイクルも関係ありません。

たとえば、日本のロックバンドＢＵＭＰ　ＯＦ　ＣＨＩＣＫＥＮはファン層の年代が広く、メインの20代～30代に混じって、その上の40代～50代までファンがいるのが特徴です。ライブ会場に行くと、40代～50代が３分の１もいます。高齢の女性を見かけたので、失礼ながら年齢を尋ねると72歳でした。お孫さんに連れられてファンになったとのことでした。

２００３年に発売された花王ヘルシア緑茶は、その年に２００億円を売り上げる大ヒットになりました。花王が発表したデータによると、当初は中年男性が購入者の大半を占めていました。しかし、翌年には女性の比率が逆転し、しかも30代後半と20代前半の女性が最も多い購入者でした。

デモグラフィック分類では、購入者が「変化した」と分析されます。しかし、価値観分類では安易にそう考えません。もともと健康を気にする中年男性と健康を気にする若い女性が存在し、同じ価値観を持つグループに含まれます。その人たちがヘルシア緑茶を買ったと考えるのです。

デモグラフィック分類に慣れている人たちは、一斉に拒否反応を示します。

「そんなバカなことがあるか。若い女性はオヤジを嫌うし、中年男性は若い女性の感性など理解できないはずだ」

これが代表的な意見です。ところが、ある調査では「女性の約半数が『自分はオトコ化している』と感じている」との結果が出ています。いわく、こんな理由です。

「メイクするのが面倒。忙しくなると会社にもすっぴんで行ってしまう」

「彼氏がウジウジ落ち込んでいる時に『いつまでもウザい！』と思う」

オヤジギャルの現代版といってもいい現象です。

よくよく観察していると、40代男性と20代女性には共通点が多いのです。グループインタビュー（座談会形式の調査）では、2つのグループが同じ嗜好を持っているのをしばしば目撃します。同じコンセプトや広告に反応するし、好きな理由も似ています。調査現場を長年見てきている私からいえば、40代男性と20代女性の不倫は至極当たり前の結果です。

ちなみに、30代同士は単なる浮気です。

価値観が決まれば好みが決まる、好みが決まれば行動も決まる

価値観分類を最初に提唱したのは、アメリカの心理学者ヤンケロビッチ博士です。彼は図2-2-2のように三角形を5つに分類し、次のように定義しました。

①Source（ソース）：持って生まれた性格
②Value（ヴァリュー）：価値観
③Criteria（クライテリア）：生活基準
④Taste（テイスト）：生活の志向、好み、感性

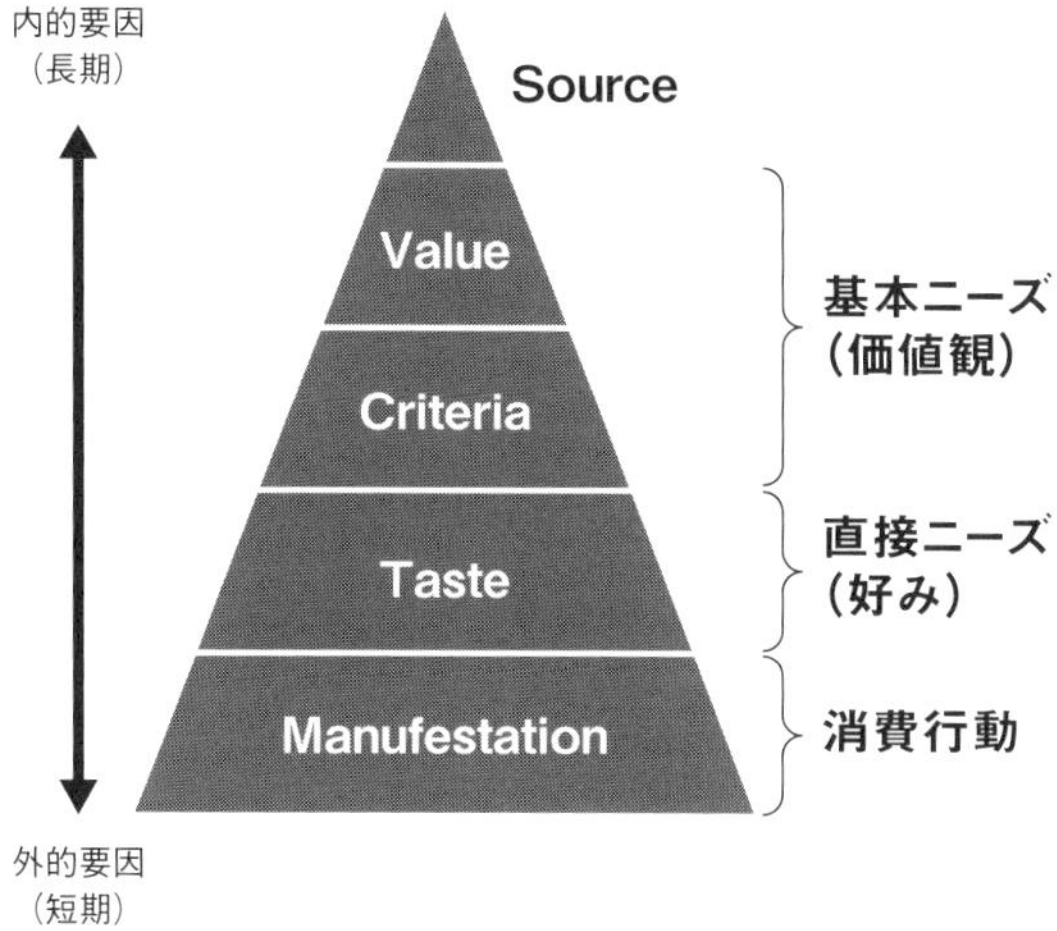

図2-2-2　ヤンケロビッチの価値観ヒエラルキー

⑤Manufestation（マニュフェステーション）：生活行動

ヤンケロビッチ博士は、上位の意識が下位の意識に影響を与えると主張しました。持って生まれた性格が価値観に影響を与え、価値観は生活基準や好みを左右します。そして、最後に好みに従って行動が決まります。

マーケティング現場で使うには5つは煩雑なので、②価値観と③生活基準をまとめて「価値観」と私は呼んでいます。また、①持って生まれた性格は変えようがないために無視します。

価値観は「その人の理想像」です。

「幸せな家庭を築きたい」
「世界を股にかけるビジネスパーソンになりたい」
「男をあごで使うキャリアウーマンになりたい」

などです。ソフトバンクの孫会長は学生時代、学生寮の自室に「目標1兆円企業」と書かれたのぼりを飾っており、友人たちから気持ち悪がられたエピソードを持っています。まさにこれが彼の価値観です。理想像ですから、1人で何枚も持っている人もいます。まだはっきりと理想像が完成しておらず、自分探しの最中の人もいます。いずれにしても、「こうありたい」と願う姿が価値観です。

価値観が決まれば、好みも決まります。「幸せな家庭を築きたい」が価値観なら、彼女の好みはパステルカラーのカーテンや木製の家具、やさしい肌触りの服などが浮かび上がります。まちがっても、バリバリのビジネススーツを好んで着るような人ではありません。好みが決まれば、行動も決まります。「幸せな家庭を築きたい」人が家具を探すなら、イケアなのかニトリなのか、はたまた東急ハンズやロフトに探しに行きます。まちがっても、昔の大塚家具や百貨店の家具売り場には足を踏み入れません。

価値観の考え方をベースに、業界別の価値観グループを作る

ヤンケロビッチ博士の学説では人生の価値観をベースに理論構築しましたが、マーケティングに応用するには範囲が広すぎます。人生で前向きな人が飲料、食品、情報機器、外食、アルコールなどすべての分野で前向きとは限りません。

そこで、私は価値観の考え方をベースに、業界別の価値観グループを作ることにしています。「健康」を例に挙げます。図2-2-3を見ながら聞いてください。

健康には、大きく２つの価値観があります。

①自分自身の努力で健康になりたい
②外部の力を借りてかんたんに健康になりたい

前者は自助努力、後者は他力本願と名づけます。

自助努力派は、さらに２つに分かれます。

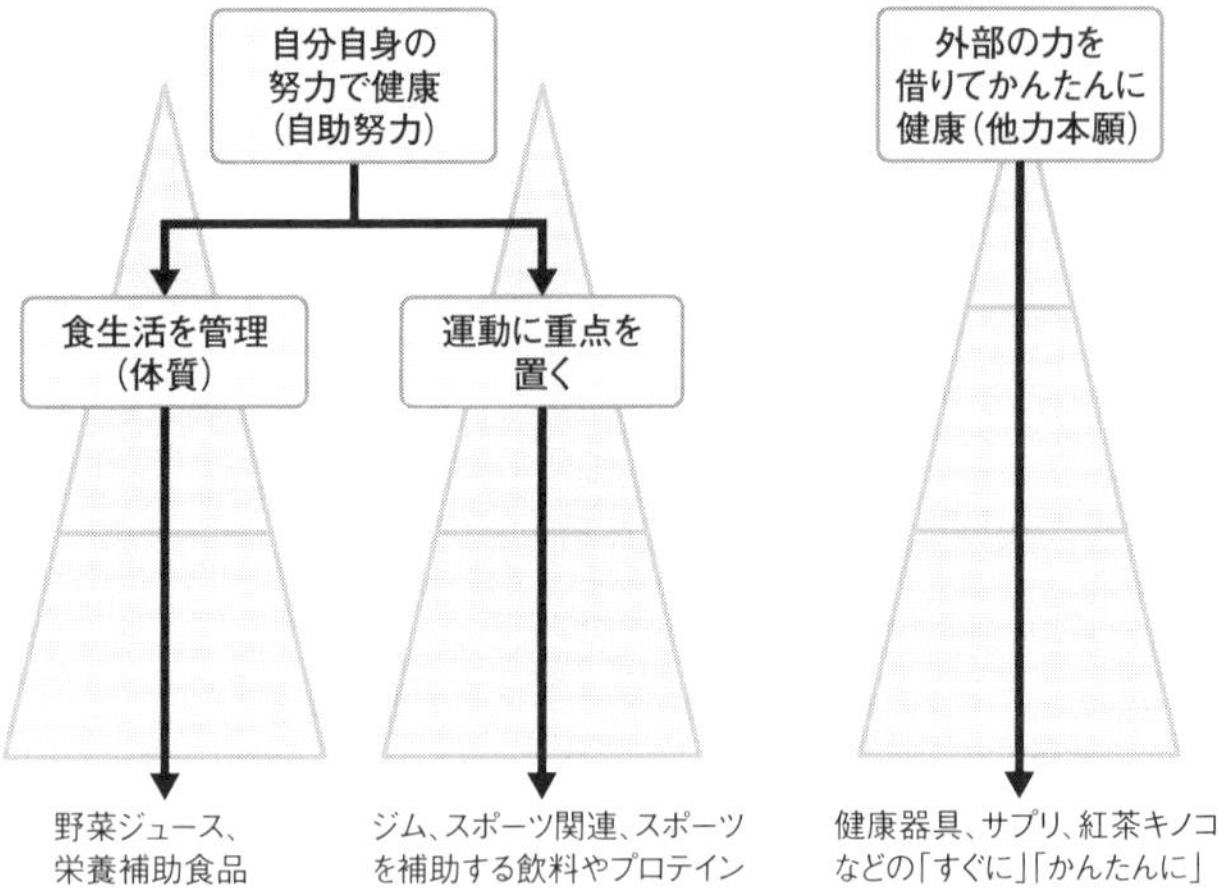

図2-2-3　健康の価値観

①食生活を管理することで体質を変えることに重点を置く人たち
②運動に重点を置く人たち

上記3種類の人たちによって、市場が3つに分かれます。

①自助努力＋体質派

食や栄養に関する知識が豊富です。バランスのよい食事を常に心がけ、崩れたと思ったら補助食品などで補おうとします。野菜ジュース、栄養補助食品などが対応商品です。

②自助努力＋運動派

ジムやスポーツによって体調を整えることを重視します。栄養バランスにも気を使いますが、自助努力＋体質派ほどの知識はありません。ジム、スポーツ関連、スポーツを補助する飲料やプロテインなどが彼らの市場です。

この人たちは健康が目的で運動するので、スポーツ市場と重なるところがあります。しかし、スポーツの市場はあくまでも

「スポーツが楽しい」
「記録を伸ばしたい」
「汗を流すのは気持ちがいい」
「身体を動かさないとむずむずして気持ちが悪い」

など、運動が最優先の動機です。したがって、選ぶ商品も選択基準も自助努力＋運動派とは異なります。

③他力本願派

今までの生活をできるだけ変えずに、他者の力を借りようとします。栄養についての知識取得も運動も真剣には取り組みません。健康器具、サプリ、紅茶キノコなどの「すぐ

に」「かんたんに」と訴求する商品に弱いのが特徴です。また「これさえ食べておけば安心」と、1つのことだけにしか目に入らない人たちでもあります。テレビの健康特集で納豆やさば缶などが紹介されるとスーパーの売り場から消える原因を作ったのはこの人たちです。

それぞれに市場がありますから、それぞれにイノベーターからアーリーアダプターに続く構造が別々に存在します。自助努力+体質イノベーター、同アーリーアダプター、同フォロワーといった具合です。

これらの価値観グループは、企業が適当に決めるのではなく、生活者調査を元に数値処理をして作成します。

価値観分類はイノベーター理論と組み合わせて使うのが最適

価値観によるグループは、「20代独身女性」といったターゲット設定ほどのわかりやすさはありませんが、「小説の人物像」的なわかりやすさはほかの理論を大きく上回ります。企画部署はもちろん、研究部門や営業部門、広告部門の人たちにもターゲットの人物像が想像しやすいのが利点です。

価値観分類の考え方は、健康のほかに、外食価値観、情報機器価値観、スキンケア価値観など、ほとんどすべての業界に応用できます。

価値観分類のもう1つの大きなメリットは、2-1節のイノベーター理論と組み合わせることが可能な点です。イノベーター理論では「ヒット商品を最初に買う人たち」がいることはわかりましたが、「どんな人たちなのか」「どんなニーズがあるのか」がわかりません。そこで、イノベーターの中身を定義づけるのが、価値観分類によるグループ設定なのです。価値観分類のデータを元に、どう戦略を立てれば自社ブランドを購入してくれるのかを探ることで、最も効率的、効果的なマーケティング戦略が完成します。

COLUMN

ペルソナと価値観分類の違い

価値観分類と似た手法「ペルソナ」が流行っています。ペルソナでは、価値観と類似のアウトプットを生成します。しかし、両者の根本的な違いは、価値観分類は統計手法で区分けするのに対して、ペルソナは担当者が会議室でブレーンストーミングをしながら作成する点です。したがって、ペルソナには数値的な裏づけはありません。ミーティング参加者の生活者に対する観察力がすべての結果を左右する、不安定な手法です。あえていえば、ペルソナは価値観分類の調査前に仮説を作る段階の手法です。

ペルソナのメリットは、生活者調査を実施する手間やコストを省くことができる点です。また、価値観分類は調査票の質問を作るためのノウハウが必要ですが、ペルソナには熟練した調査マンは必要ありません。

COLUMN

ターゲット設定とは「買ってほしくない人を決めること」

ターゲット設定は、いまや多くの企業で採用された概念です。表立って「ターゲットなんか決めていません」と宣言する大企業はユニクロくらいです。

しかし、概念が浸透するに従って、誤解や誤用も目立ちます。最も多いのが「結局、全部じゃないか」のターゲット設定です。ある企画書には、ターゲットの項目にこう書いてあります。

［主ターゲット］20代〜30代女性
［第1サブ・ターゲット］30代男性、40代以上女性
［第2サブ・ターゲット］10代男女、40代以上男性

一見、生活者を細分化してターゲットを決めているように見えます。しかし、注意深く見ると、すべての性年代をカバーしており、ターゲットの体を成していません。

私も若い頃はメーカーで商品開発に携わってきたので、彼らの気持ちは大変よくわかります。せっかく数年かけて苦労して作った商品ですから、「いろいろな人に使ってもらいたい」「多くの人に満足してもらいたい」と思う気持ちが強いのが商品開発部の人間の偽らざる本音です。しかし、冷静に考えれば、ターゲットをすべての性年代に設定しては、売れるはずの商品も売れません。

そこで私がアドバイスをするのが、「買ってほしくない人を決めよう」です。

「そんな人はいません。全部のお客さんが貴重なユーザーです」

と最初は口を揃えてみな言います。

「『やりたいこと』と『やれること』は違います。いくら『絶世の美女を恋人にしたい』と思っていても、『自分にできることなのか』を自問してみることも必要ですよね」

と粘り強く諭すと、ようやく「こういう人には遠慮してほしいかも」と渋々であっても発言してくれるようになります。

結局のところ、マーケティングでは、理論より「思い切りの良さ」が必要な場面もあるのです。

COLUMN

Z世代の真実

アメリカのマーケティング業界で盛んに使われ、日本でも普及した「ミレニアル世代（2000年以降に成人を迎えた世代）」は、単なる年代別ターゲットです。そんなにありがたがるものではありません。第一、ミレニアル世代は、2020年時点でアメリカの人口の53％も占めています。「すべての男性をターゲット」と同じくらい、大ざっぱな分け方です。

その反省からか、今度は「Z世代（1995年以降に生まれた世代）」なるものが登場して、ミレニアル世代を細分化し始めました。Z世代によって、ようやくアメリカの全人口の20・3％に縮まりました。しかし、どうせなら小難しい用語を使わずに「ターゲットは25歳以下」のほうが数段わかりやすいというものです。

だれもが若い頃に世代名をつけられた記憶があります。「団塊の世代」「しらけ世代」「新人類」「バブル世代」「ロスジェネ」「団塊ジュニア」「ゆとり世代」「さとり世代」。そして、多くの人たちが「そんな名称でひとくくりにしないでほしい。私はほかの人と違う」と思ったことがあります。ミレニアル世代やZ世代、年齢によるターゲットなんて、そんなものだと思えばいいのです。

もっとも、年を取ると、自分のことは棚に上げて「イマドキの若いもんは……」と言い始めるのもまた人間というものですが。

2/3

ゲームのルールが変わったことに気づかない

ダブルイノベーター理論

イノベーターは、基本的に各商品ジャンルで１グループしか存在しません。しかし、ごくまれに別種のイノベーターが突然現れて、異例の大ヒット商品が生まれることがあります。トップや上位を占めていた企業が大ダメージを受け、下位企業や他業界から参入した新規参入企業がトップ企業の仲間入りを果たすのです。

こうした現象を読み解くうえで役立つのが、イノベーター理論の発展系であるダブルイノベーター理論です。

トップシェアを握っていた企業の対応が遅れたあげく、転げ落ちる

ダブルイノベーター理論の代表例はｉＰｏｄです。２００１年に発売されたデジタル携

帯音楽プレーヤーのｉＰｏｄは、ソニーのウォークマンに対抗した新製品でした。５ＧＢの容量で４７８００円です。それまでの携帯音楽プレーヤーといえば、オーディオテープを音源に使うウォークマン、ＭＤ（ミニディスク）を利用するＭＤウォークマン、そしてＣＤを直接音源として使用するＣＤウォークマンと進化し続けてきました。

当時の主流は、ＣＤやＭＤを搭載した機種でした。どちらも、最長80分の音楽が収納できます。ＣＤウォークマンは、いったんダビング（コピー）したテープ音源ではなく、ＣＤから直接聞くわけですから、音質の点では文句なしの高機能を備えていました。それもそのはず。ソニーは「高音質」を軸にウォークマンを改良していったからです。

欠点は、１枚のＣＤやＭＤを聞き終わると入れ替えなければならないことです。電車内ではバッグにＣＤを数枚入れておき、揺れる車内でＣＤを入れ替える姿をよく見かけたものです。猛者ともなると、朝の満員電車内で、あの大きなＣＤを臆面もなく入れ替える人もいたほどです。落としてＣＤケースが割れたり、床に落ちたＣＤをほかの乗客に踏まれるのは日常茶飯事でした。

当時の携帯音楽プレーヤーのルールは２つありました。１つは

「記録媒体を使って音楽を聞くものだ」

です。そして、もう１つは

「高音質が音楽プレーヤーの命だ」

でした。

携帯音楽プレーヤーはソニーがトップでしたが、パナソニック、ケンウッド、アイワ、カシオ、ＮＥＣなども参入し、盛況を博していました。

そこにｉＰｏｄが登場しました。アップルの商品です。パソコン市場シェア３％しかないマッキントッシュのメーカーです。アップルにとってはじめての音響機器商品です。業界ではバカにされまくっていました。なにせ、アップルに対する一般生活者のイメージの筆頭が「二流」の頃です。マッキントッシュのファン以外にとって中小企業にしか見えない、吹けば飛ぶような企業です。そんなアップルが、長年の音響研究や技術を蓄積した音響機器メーカーの魔窟に飛び込んできたのです。「売れるはずがない」。企業のみならず、音響機器のイノベーターも一般生活者も、だれもが考えていました。

実際、発売当初はほとんど売れませんでした。買ったのはマッキントッシュ・ファンの一部だけ。市場シェア３％しかありませんから、購買人口もたかが知れています。

「それみたことか」と既存の音響機器メーカーが安心しきったのが敗因でした。

ｉＰｏｄはパソコンがないと使えませんが、翌年ウィンドウズにも対応して火が着きました。あれよあれよという間に、ｉＰｏｄは販売台数を伸ばします。２００４年に４４０万台だった販売台数が、翌年には5倍の２３００万台、その翌年には2倍近い３９００万台に達し、２００８年には５５００万台と国民２人に１人はｉＰｏｄを持っているほどの販売台数になったのです。

ｉＰｏｄはなぜ売れたのか。ｉＰｏｄの最初のテレビ広告のコピーが疑問を解く鍵です。「Goodby MD」です。１０００曲収納できるｉＰｏｄは、ＣＤやＭＤを入れ替える必要がなく、１日中、好きな音楽に囲まれることができるのが最大の特徴でした。対するＣＤやＭＤは90分程度。勝負になりません。音楽流通を改革したｉＴｕｎｅの存在もｉＰｏｄが売れた要因の1つですが、ここではくわしく説明しません。

いったい、だれが買ったのか。前述のように初年度はマッキントッシュのユーザーですが、ｉＰｏｄの躍進を支えたのは人口が少ない彼らではありません。従来の音響機器イノベーターでもありませんでした。彼らは、音響機器メーカーと一緒に、アップルやｉＰｏｄを「音質が劣る」とバカにしていたほどです。

ｉＰｏｄに最初に飛びついたのは「普通の人たち」でした。ただし、「無類の音楽好き」

です。彼らは、音響機器のハードには興味がありません。音質が劣ると言われるオーディオテープでも、それこそＦＭラジオでも、いっこうに気にしません。高価なアンプやスピーカーを揃えて、密室で生の音に近い高音質を楽しむ従来のイノベーターとはまったく異なる人種でした。その代わり、「無音の時間はいらない。絶え間なく好きな音楽に囲まれていたい」音楽ソフトのイノベーターでした。自宅に帰るやいなや、テレビをつけるまでもなく雑誌を読むまでもなく、ＦＭラジオやステレオに電源を入れて好きな音楽を聴きながら、着替えてリラックスする。それがたとえハードロックだったとしても、好きな人には「心地よい」音なのです。

　そんな彼らです。どうせ電車内で走行音に囲まれているのだから、音質なんて気にしてもしょうがない。街を歩いていて自動車やほかの雑音が満載する中で、「生の音に近い」高音質なんてどうでもいい。ただただ、ＣＤを入れ替える間の無音時間がないｉＰｏｄは、音楽イノベーターにとって至高の商品でした。

　ｉＰｏｄが変えた新ルールはこうでした。

「音楽は、無音の時間が一瞬たりともないまま聞くものだ」

じつは、ソニーはｉＰｏｄよりも先に、フラッシュ・メモリを使ったウォークマンを開発していました。しかし、容量は64ＭＢ、再生時間80分。しかも、著作権保護の観点から使いにくく、とても売れたとはいえない状態でした。一方のｉＰｏｄ初代機の容量は、80倍の５ＧＢ。ソニーとて太刀打ちできる容量ではありません。ようやく20ＧＢのＨＤＤ搭載のウォークマンが開発されたのが２００５年。ｉＰｏｄが２０００万台を販売していた年です。ちなみに、ｉＰｏｄは同年にはすでに30ＧＢのＨＤＤを搭載していました。ソニーは市場参入が遅れただけでなく、規格負けもしていたことになります。

ソニーには「ウォークマンを開発したのは自分だ」との驕りがあったのでしょうか。また「音響についてのノウハウは圧倒的に上だ」との自信もあったのでしょうか。はたまた、ｉＰｏｄが開発される直前に、アップルのジョブズが提案した大容量携帯音楽プレーヤー企画を「フラッシュ・メモリが売れなくなる」との理由で拒否した過去があったからでしょうか。結局、ソニーはデジタル携帯音楽プレーヤー市場で贈答需要が盛んな年末商戦以外、ｉＰｏｄに勝つことはありませんでした。

そのうち、音楽をスマートフォンで聴く文化が根づき、アップルは引き続きｉＰｈｏｎｅで音楽プレーヤーのトップを走り、一方のソニーは世界で数％しかシェアを持たないＡｎｄｒｏｉｄ機Ｘｐｅｒｉａしか対応商品がなくなってしまったのでした。かくして、

１９７９年の登場から40年間続いた「携帯する音楽再生機器」で40％の市場シェアを誇っていたソニーは、見る影もなくなってしまいました。

　このように、従来の基準ではイノベーターでもなんでもなく、むしろアーリーアダプターやフォロワーに分類される人たちが、ひと晩明けたら別種のイノベーターに変貌し、業界の地図を塗り替えることがあります。多くの場合、トップシェアを握っていた企業の対応が遅れたあげく、転げ落ちるのです。

　余談ですが、初代ｉＰｏｄに搭載された１・８インチ超ミニ・ハードディスクは、東芝の独自開発パーツです。東芝が開発に成功したとの情報をキャッチしたアップルが東芝に乗り込み、「生産した全数を買い取るので、契約してくれ」と迫ったのでした。開発はしたものの何に使えばいいのかわからなかった東芝は、この提案にゴーサインを出しました。その結果、競合企業がハードディスク内蔵型を商品化するのが遅れたとも言われています。

新たなニーズを顕在化することでルールが変わる

　機械系の商品以外にも、革新型イノベーターが市場のルールを変えたケースがあります。ドッグフードです。ドッグフードの第1号は１８８５年のイギリスで生まれた犬用のビスケットだと言われていますが、ビスケットでは本格的な食事にはなりません。第一次世界大戦が終わり、アメリカやヨーロッパではトラクターなどの自動車が普及すると、軍馬や運搬用の馬が余ります。そこで、馬肉を缶詰に詰めてドッグフードとして開発したのが１９９２年。アメリカの企業です。テレビ広告やラジオ広告で大ヒットしました。

国産初のドッグフードは１９６０年に発売されたビタワンで、乾燥したカリカリ食べるドライ・ドッグフードです。家畜用飼料メーカー協同飼料が開発し、１９６４年に専門の子会社日本ペットフードが設立されました。協同飼料が穀物関連会社だけあって、主要な販売店は米屋でした。スーパーが普及したのは１９６０年代に入ってからのことなので、当時、全国に店舗ネットワークがあったのは米屋だけでした。

ちなみに、日本のキャットフード第１号はまぐろの缶詰を製造していた企業で、１９６９年のことでした。１９７７年には大洋漁業が参入しました。犬は穀物が余っていたので流用、猫は魚が余ったために流用と、起源が違うのに経路は同じなのが興味深い史実です。

当時の人たちにとっては、

犬のエサといえば、「残飯」「冷や飯にみそ汁をぶっかけて、焼き魚の残りを乗せたもの」

が常識、つまり「ルール」でした。

日本最古のドッグフードのビタワンは、伝統型イノベーターに売れて、トップシェアを独占します。それまで伝統型イノベーターは、犬用の食事をわざわざ別に用意しました。たとえば、家族用のカレーの肉や野菜を煮込んでおき、犬用にはカレー・ルウを入れる前に取り置きして塩分を避けるといった具合です。彼らは、ビタワンにそれらの肉や野菜を混ぜることもありました。

そこに、いきなりアメリカからやってきたのが、缶詰タイプ（ウェット・タイプと呼ばれます）のペディグリー・チャム（現ペディグリー）です。ペディグリー・チャムは、みるみるうちにドッグフードのトップシェアを獲得しました。１９８０年代後半から大量の広告を出稿し、「ドッグ・ブリーダーが推奨する」のコピーで一躍、一般家庭での知名度が上がりました。

同時に、ペディグリー・チャムは、スーパーマーケットを主軸に、取扱店を拡大しました。当時のスーパーマーケットは、成長商材を求めてペットフードを重点的に取り扱うようになったのも追い風でした。従来のペットフードとともに、小鳥や金魚のエサなどが売られていたスペースを拡充し、売場も顧客に目立つ1階に移動するなど、スーパー側の支援もペットフード市場を大きく後押ししました。ペットフードの売上が前年比で数十％も上がったため、雑貨を扱う部署と加工食品を扱う部署が社内で取り合いを始めた例もめずらしくありませんでした。中には、加工食品部署の1階売場と雑貨部署の2階にもペットフード売場を設置した店もあったほどです。

しかも、ペディグリー・チャムの缶の裏には「米国の小動物の栄養基準を満たした完全栄養食」と書かれていました。ここではじめて、人間と犬の必要な栄養が異なることを知ったドッグ・オーナーたちも多かったものでした。ペディグリー・チャムを製造するエッフェム（現マーズ）は、世界で最大の小動物栄養研究所、ウォルサム研究所をイギリスに設立しており、米国栄養基準のデータのほとんどがウォルサム研究所から提供されたものでした。

日本ペットフードは、それまでも子犬用の離乳食やキャットフードなどを開発していましたが、ペディグリー・チャムの投資額には到底勝てません。なにせ、日本企業の広告予算は売上に対して3％から6％なのに対して、ペディグリー・チャムは20％も広告に投資したのですから、敵うわけがありません。

かくして、ドッグフードの「ルール」が変わります。

犬の「食事」といえば、「人間が食べるようなしっとりとしたコーンビーフのような食べもの」です。同時に、犬の健康のための栄養基準を満たした「完全栄養食」が当たり前になり、「エサ」から「食事（またはフード）」へと格が上がって、市民権を得るようになりました。ドッグフードの普及率は7割に届き、犬用に特別に作った家庭料理を除くと、残飯はほぼ1割と激減したのです。

そこには、乾燥したビスケットやおかきのような「食事には見えない」ドライタイプのドッグフードに飼い主の多くが拒否感を持ったせいもあります。当時から「そんな食事ではかわいそうだから」と、ドライ・ドッグフードをお湯でふやかして、おかゆのような見た目にしてから犬に与える家庭もあったほどです。そこにウェット・タイプが受け入れられやすかった事情が背景にありました。そんな飼い主が新たなイノベーターとなって、缶ドッグフードに殺到したのです。

もう少し説明すると、「ペットは家族」と言いながらも、犬の飼い主にはいくつかのタイプがいます。

①昔ながらの番犬として扱うタイプ
②溺愛するタイプ（犬用に料理をするタイプも、じつはここに入ります）
③ごくごく普通のタイプ（フォロワーの人々）
④犬固有の栄養バランスを意識して健康を気にするタイプ

②の溺愛タイプが感情で動くのに対して、④のタイプは冷静かつ論理的に動きます。全部ウェット・タイプにする人もいれば、時々、犬専用に調理した食事を与える人もいますが、大きく分ければ同じタイプに属します。そして、栄養バランスタイプがウェットタイプを躍進させた革新型イノベーターだったのです。

余談ですが、当時ブリーダーは、一般の人たちには無名の存在でした。したがって、当初のテレビ広告には、チャンピオン犬の賞を取った証としてトロフィーを写したショットを必ず挿入して、ブリーダー自体の存在を知らしめました。ドッグショーやブリーダーが一般に知れ渡ると、ブランドとして強くなります。ほかのブランドがブリーダーを使うことができなくなり、ブランドとして重要な「唯一性」が強固になるからです。

結局、日本ペットフードは、ドライタイプのドッグフードだけが強みの会社になりました。その後、ドライタイプのペディグリー・チャムが市場を席巻し、とうとう日本ペットフードはどこにも強みがなくなってしまったのです。

ドッグフードの逆転劇は一見、海外の大資本マーズが物量にものを言わせて、弱小の日本ペットフードをねじ伏せたように見えます。しかし、ことの本質はそこではありません。実際、ペディグリー・チャムは、トップブリーダー・キャンペーンを実施する前は、テレビ広告をしていたものの、ほとんど売れなかったのです。真相は、新たなイノベーターを掘り起こして「ゲームのルールを変えた」マーズに、日本ペットフードが対応できなかったことでした。隠れたニーズ

「偏った栄養の残飯より、完全栄養食のほうが愛犬の寿命が伸びる」

「ドライタイプより人間の食事に近くて、わざわざ犬用に食事を用意するよりかんたん」

「チャンピオン犬を育てたプロが認める」


の3点で顕在化した革新型イノベーターを味方にできなかったのです。

ちなみに、アメリカでは最初のドッグフードがビスケットだったことと、最大手ピュリナが市場シェアトップを持っているため、ドライ・タイプが「アメリカのルール」です。

一方のヨーロッパでは、最大手がマーズ（イギリスではペディグリー・ペットフード社）なので、

ウェット・タイプが「ヨーロッパのルール」です。

ゲームのルールを変える革新型イノベーター

時折2種類のイノベーターが存在することに、私は30年前から気がついていました。まだ若かったので「勉強不足なのか」とさまざまな文献を探したものの見つからず、自ら理論化したのがダブルイノベーター理論です。

図2-3-1を見てください。従来から存在したイノベーター（伝統型イノベーターと呼びます）に、新たに2つ目のイノベーター（革新型イノベーターと名づけました、ダブルミーニングには目をつぶります）が現れ、従来の価値観や常識を変えてしまうことです。これを「ゲームのルールを変える」と呼びます。

元来アメリカのビジネス界では、「Change the Rules of the Game（ゲームのルールを変えてしまえ）」のフレーズがあり、「従来の常識を変えれば強い企業になる」の意味で使われてきました。馬から自動車、ランタンから電気などの技術革新を含めた、「常識や慣例の変化」を指す言葉です。事例として挙げた携帯音楽プレーヤーやドッグフードがそれに当たります。

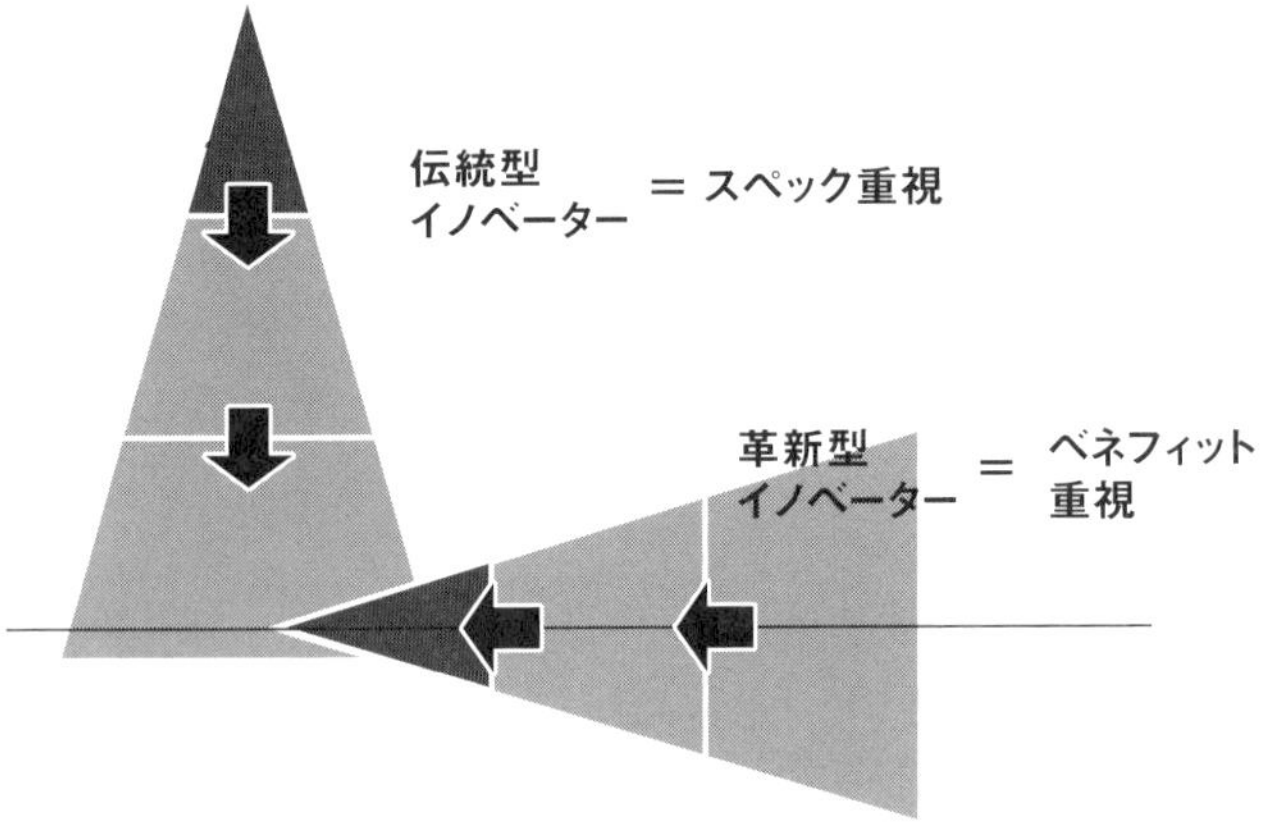

図2-3-1　ダブルイノベーター構造

「ゲームのルール」は、他業界にもたくさんあります。

・ペンは細長いものだ
・CDは丸く、文庫本は四角いものだ
・キャラクターはかわいいものだ
・チョコは甘いものだ
・たばこは細長く、火をつけるものだ
・写真はきれいに撮れなければならない
・音楽は生の音に近くなければならない

このうち「音楽」はｉＰｏｄの例で、「写真」はレンズ付きフィルムによってダブルイノベーターが出現しています。

革新的イノベーターは、従来の枠組みでいうアーリーアダプターやフォロワーですが、別領域でのイノベーターです。１９９８年に登場したボンダイブルーｉＭａｃの例でいえば、伝統型イノベーターは「パソコン・ハードのイノベーター」、革新的イノベーターは「デザインのイノベーター」です。革新的イノベーターは、パソコンの機械自体にはくわしくありません。ＣＰＵの構造も知らなければ、下手をすると使っているパソコンがメモリを何メガ積んでいるのかも知らない。従来の枠組みでは完全なフォロワーです。

しかし、彼らはデザインのイノベーターです。パソコンのデザインにはこだわりがあります。一方で、一般的なパソコンはデザインに無頓着な伝統型イノベーターに合わせて開発されていたので、革新的イノベーターは黙って見ているしかありませんでした。表面上は隠れていた存在です。

そこに、ボンダイブルーｉＭａｃが開発されました。革新的イノベーターは、「はじめてリビング・ルームに置いてもいいと思えるパソコンが出た」と喜び、美容院は「はじめてお客さんにお尻を見せられるパソコンが出た。これで堂々と受付カウンターにパソコンが置ける」と大歓迎したのでした。

ちなみに、ジョブズが巧妙だったのは、ボンダイブルーｉＭａｃの中身を高級機を含めたほかのＭａｃシリーズよりも高性能にしたことです。ボンダイブルーｉＭａｃを超えたほかのＭａｃ機種は、半年ほど出現しませんでした。そのため、ボンダイブルーｉＭａｃ

は、伝統型イノベーターにも支持されたのです。

革新型イノベーターが発生しやすい3つの条件

ダブルイノベーターは、企業側が仕掛けようとして発生するものではありません。ある商品を市場に投入したところ、当の開発企業すら気がつかなかった場面で革新的イノベーターが突然反応し、ダブルイノベーター構造ができあがることがほとんどです。

それではまったく無策かというと、ヒントはあります。ダブルイノベーターが発生しやすい業界には、いくつかの特徴があるからです。

①革新的イノベーターからフォロワーへの流れが確立している「生活者のルール／マナー／方向性」が強固な業界や産業
②成熟期にある業界や産業
③規格よりベネフィット志向

特に、1番目の「ルールが強固な業界や産業」がダブルイノベーターが発生する業界の大きな特徴です。

①「生活者のルール／マナー／方向性」が強固な業界や産業

「写真は、きれいであるべき（ボケたり、ピントがずれる写真は『失敗』なのが常識）」
「音は、高音質であるべき（音が割れたり、こもるのは低品質なのは常識）」
「スポーツ大会では、得点が高くあるべき（最下位や低得点は恥ずべきなのは常識）」

といった「べき論／常識論」が生活者に深く浸透している状態です。そのような業界や産業では往々にして伝統型イノベーターが強大な影響力を持ちます。「べき論」のお手本だからです。写真ではプロカメラマンが頂点であり、程度の差こそあれハイアマチュアや一般大衆はプロやプロの技術を尊敬し、極力近づこうとします。料理ではプロの料理人、スポーツでは大会優勝者やプロが手本です。「すごい人」と「そうでない人」が存在するのです。ルールから外れると「外道」「邪道」「非常識」などと呼ばれ、ヒエラルキーに組み込まれないといけない雰囲気を作ってしまいます。

業界や産業は、その構造を強固にして定着させ、ヒエラルキーを維持しようとします。典型的なのは、ボウリングなどのスポーツ競技です。さまざまなルールやマナーでがんじ

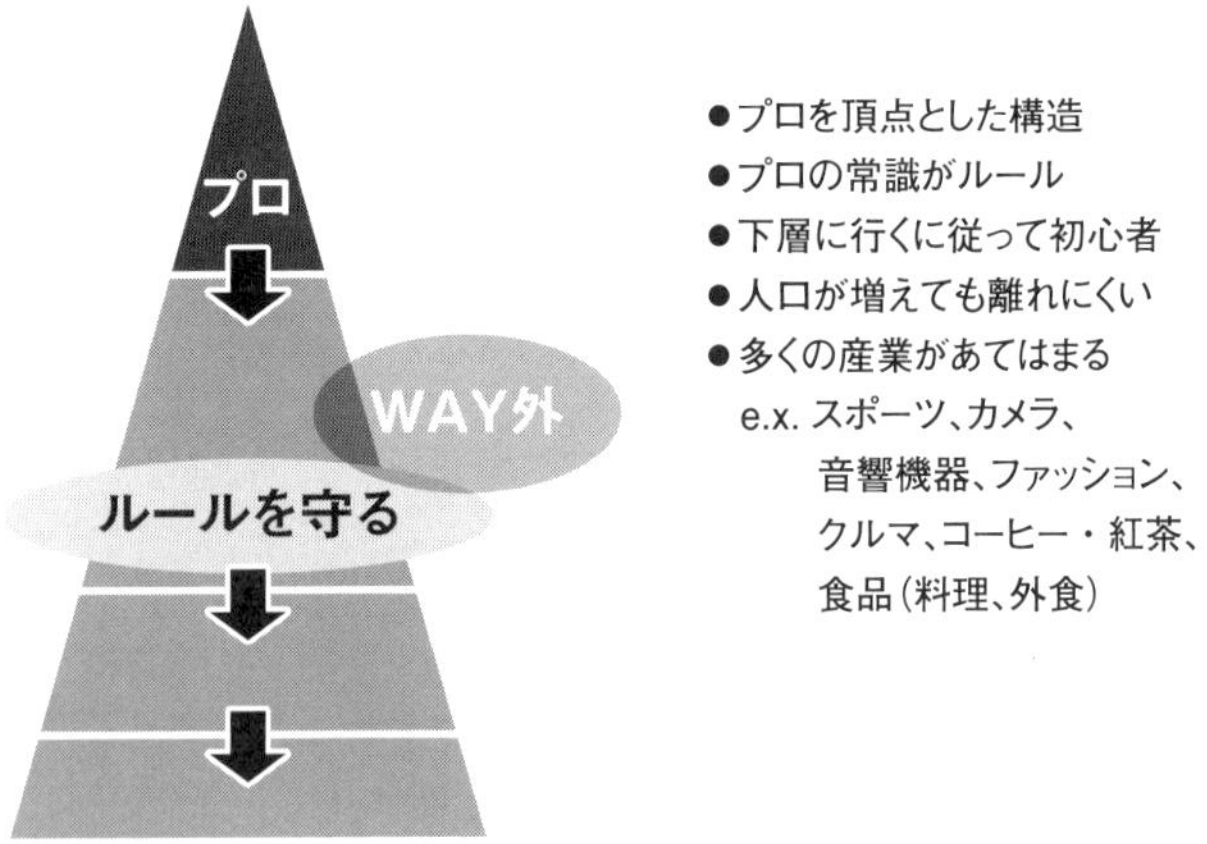

図2-3-2　ダブルイノベーターが発生しやすい構造

がらめです。図図2-3-2を見てください。

・プロボウラーの常識がルール。競技中だけでなく、待機中などもルールに従うべき。レーンを歩いたり、ファールラインより奥に踏み込んでボールを投げてはいけない

・隣の人との同時投球はマナー違反。ボールをドスンと投げる行為は禁止

・得点が高い人が偉い

などです。

業界は競技会を作って頂点を育成／頂点をあがめる構造を作り、ルールを浸透させる活動を実施します。しかし、下位に降りれば降りるほど、ルールの強制力や信奉力が薄れま

す。そんな中からアウトローが出現して、革新型イノベーターに変貌を遂げます。「ボウリングはおもしろそうだけど、ルールやマナーを覚えなければ叱られるのでハードルが高い」という人たちがいるとしましょう。彼らは仕方なくマナーを守るか、ボウリング自体を諦めます。しかし、一部はルールがもっとゆるいボウリングが出現するまで待ちます。そこから、革新的イノベーターの芽が生まれます。

革新型イノベーターが出る可能性がある業界は、いくらでも見つかります。スポーツ用品ではスポーツ選手、ファッションではデザイナーやモデル、クルマではレーサー、アルコールでは醸造家・杜氏・ソムリエ、コーヒー・紅茶ではバリスタやマイスター、料理ではシェフや調理人、ケーキではパティシエなど、プロが頂点に存在しており、強固なヒエラルキーを作っています。一方、ヒエラルキーがゆるい業界や業種、産業もあります。牛丼をはじめとするファストフードには、尊敬されるプロや著名なグルメ評論家は存在しません。ボールペンやホッチキスにはヒエラルキーがありません。耳かきやゴミ箱にもありません。ヒエラルキーが存在しない、または弱い業界には、革新型イノベーターは現れにくいのです。

②成熟期にある業界や産業

ダブルイノベーターの2つ目の特徴は、成長期後期や成熟期に差しかかった産業で発生しやすいことです。くわしくは第3章で解説しますが、かんたんに説明します。

導入期や成長期は、生活者が同じ方向に向きます。生まれてから間もない産業ですから、ルールも強固ではないし、浸透していません。第一、まだフォロワーにも浸透していない時期です。企業側も主流ニーズに対応する商品を作るのに精一杯ですから、革新型イノベーターを刺激するような商品を作る余裕がありません。

成長期後期から成熟期になると、状況は安定します。売れ筋が固定化され、ルールが作られて浸透します。イノベーターから始まった市場は、アーリーアダプターから、ようやくフォロワーに移行します。つまり、成長期後期から成熟期になってはじめて、革新型イノベーターが出現する条件である「ルール」が生まれるのです。

③規格よりベネフィット志向

3つ目の特徴は、革新型イノベーターが反応する商品は規格ではなく、ベネフィット志向であることです。アーリーアダプターである革新型イノベーターは、規格には興味がありません。それよりも、「自分にとってのメリットは何か」を軸としたベネフィットに反応する人たちです。

一方で、革新型イノベーターは、ほかの業界でのイノベーターです。そもそも他人に「非常識」と言われようが、気にしない性格です。そのため、自分が気に入った商品が開発されると、「従来のルールを無視」することになっても躊躇しません。

今度は、企業側の対応です。規格訴求型ではなく、ベネフィット訴求型の商品が革新型イノベーターを呼び覚ますことは大前提です。その中でも、ハイブリッド型商品または減産価値商品が革新型イノベーターに響くことが多いことがわかっています。なお、減産価値商品とは、付加価値の逆で「不要な価値を削り取る」を指す私の造語です。いくつか例を挙げます。

・ボンダイブルーのｉＭａｃ → パソコンの性能は高く、デザイン性も持ち合わせたハイブリッド
・花王ヘルシア緑茶 → 伝統のお茶と健康のハイブリッド
・脳トレ → ゲームと教育のハイブリッド
・写ルンです → 「きれいに写らない」けれどどこでも手に入る減産価値
・ｉＰｏｄ → 「最高の音質ではない」けれどＣＤが３００枚分入る減産価値

「スキンケア」と「競馬」の組み合わせで商品アイデアを考えるのが、革新型イノベーターを発見する手段

革新型イノベーターに対処するには、競合他社が気づく前に革新型イノベーターの芽を発見したらすぐに対応商品を開発することです。ところが、これがかんたんではありません。技術的な問題ではありません。企業、特に上位の企業ほど、頭が固いからです。従来のルールを守れば守るほど、上位企業が有利になるので、そこから抜け出せないのです。

革新型イノベーターに出会うにはさまざまな手法がありますが、現在の主流商品とほかの分野との組み合わせの新製品アイデアをできるだけ多く考えてみるのが有効です。ビールとしょうゆ、ボールペンとカレー、スキンケアと競馬など、通常なら「ネタ」「ふざけている」と思われるもので大いにけっこうです。アイデア数は、10案や20案では足りません。最低でも３００案は作ってみないといけません。その中に１つでも２つでも光るものがあれば成功なのですから。大半はどうにもならないダメ企画ですが、柔軟な発想からでないと革新型イノベーターに出会うことができません。

いまでこそ当たり前の機能性メガネやレンズ付きフィルムですが、発売当時は「メガネ

は視力が弱い人が使う物」「レンズはカメラに装着するモノ」がルールでした。富士フイルムがレンズ付きフィルムの企画を社内でプレゼンしたところ、賛否両論がわき起こり収拾がつかなかったため、専門の開発チームを作らざるをえなかったほどでした。革新型イノベーターに対応するには、企業の頭の柔らかさがものをいいます。

不幸にして、競合他社が革新型イノベーターを掘り起こす商品を世に出してしまったらどうするか。革新型イノベーターが創出した市場は、新たな分野として導入期から成長期に移行するので、第3章で紹介するプロダクトライフサイクル理論がそのまま使えます。間髪を入れず、類似商品でもかまわないので、即座に対応商品を投入してぶつけるのが正解です。下手に差別化することを考えて商品化が遅くなるのは悪手です。むしろ、差別化は不要です。相手に猶予を与えて失敗したケースは、枚挙にいとまがありません。本書でも、ビール、スマートフォン、スティック型サイクロン掃除機などを紹介しています。

革新型イノベーターはブルーオーシャン戦略の立役者

２００５年に日本で発刊されて企業に注目されたマーケティング戦略に「ブルーオーシャン戦略」があります。フランス欧州経営大学院教授Ｗ・チャン・キム氏とレネ・モボルニュ氏が提唱者です。ブルーオーシャン戦略とは、競合が激しく革新的な商品が出にくい旧来の市場を「レッドオーシャン」と呼び、競合がまだいない未開拓な市場を「ブルーオーシャン」と名づけることで、後者の市場を切り開くことが必要だと論じる戦略です。ダブルイノベーター理論は、ブルーオーシャン戦略とはまったく関係なく理論化したものですが、「競合がまだいない未開拓な市場」という点で、ブルーオーシャン戦略と重なります。

ブルーオーシャン戦略の代表例としてよく上げられるＱＢハウスは、従来の理容室の単なる値下げとは異なるコスト構造で１０００円カットを実現したために、革新型イノベーターが火付け役でした。メガネのＪＩＮＳも、従来になかったメガネにブルーライトカットや花粉症対策の機能を付加して、視力とは関係のない革新型イノベーターを取り込んだ例です。

　一方、同様の代表例のヒートテックは「従来より格段に暖かくて軽い・薄い」ことがヒットの要因でしたから、伝統型イノベーターの範疇です。しかも、ヒートテックはマリンスポーツや登山用の本格的な保温インナーが手本としてあり、それを改良することで価格を下げて日常着として開発したものです。任天堂のゲーム機のＷｉｉも、「競合がまだいない未開拓な市場」ではありましたが、伝統型イノベーターが牽引してヒットした事例です。

　こうやって見ると、ダブルイノベーター理論はブルーオーシャン戦略の一要素として扱われるものといってもいいのでしょう。特に、ブルーオーシャン戦略では生活者についてはほとんど触れておらず、「バリューイノベーション（価格低下と価値向上を同時に実現すること）」を確立することに重点が置かれています。これはすなわち、企業側の視点だけで実現するのがブルーオーシャン戦略だということです。それに対して、ダブルイノベーター理論は正反対の方向からの理論であり、企業が発見することはできても操作・創造できないものとして扱う点も異なります。

2/4 事実は事実であることに疑いを持たない

認知ベースの行動理論

人は五感、すなわち視覚、聴覚、触覚、味覚、嗅覚の5つを通じて情報を取得することはよく知られています。一方で、人の行動は知識、経験で決定されます。つまり、人の行動は五感、知識や経験の組み合わせで決まります。

たとえば、薄い肉が焼ける姿と「ジュージュー」と焼ける音を聞くと、焼肉のおいしさを想像します。視覚と聴覚がトリガーになって、経験（記憶）を呼び起こすからです。

五感が働かなくても、知識だけで判断できるケースがあります。ビタミンC剤やビタミンCのサプリがドラッグストアなどの棚に大量に陳列されていますが、黄色いパッケージデザインや粒がほとんどです。わざわざ「レモン味」と書かれていることもあります。

私たちは、ビタミンC「自体」を見たことも触ったこともありません。あえていえば、「レモンを彷彿とさせる黄色の粒や液体だからビタミンが入っているのだろう」と想像します。結果、日常の栄養バランスを整えたり、バランスが崩れたと思ったらビタミンC剤を買ってしまいますし、「ビタミンＣ１０００ｍｇ配合」とうたった飲料を選びがちです。この例では、視覚（色）と嗅覚（香り）をベースに、知識と経験で判断しています。

ところが、「ビタミンＣは黄色」「ビタミンＣはレモン」「ビタミンＣは酸っぱい香り」は事実ではありません。赤ピーマンのビタミンＣの含有量はレモンの１・７倍、ブロッコリーは１・２倍、菜の花は１・１倍あるのに、黄色くもないし、酸っぱい香りもしません。反対に、レモンの仲間の柑橘系ネーブルに含まれるビタミンＣはレモンの７割、赤ピーマンの３割しかありません。

じつは、ビタミンＣ「自体」は白色だし、酸味はあっても匂いがありません。私たちの「知識」は、「レモンがビタミンＣの代表格」だと信じていた「誤認」の結果だったというわけです。

人は、事実ではなくても、「認知・信じる・思い込み」をベースに行動することがあります。この現象を私は「認知ベースの行動」と呼び、事実ベースの行動と分けています。

客観的な事実があったとしても「知らない」「知ろうとしない」「信じようとしない」

認知ベースの行動で失敗したケースを紹介します。ノンシリコンシャンプーのヒットで被害を受けた、資生堂と花王です。

「１・５秒に1本売れているノンシリコンシャンプー」の広告コピーを覚えている人も多いことでしょう。２０１０年に発売したレヴールが、ノンシリコンシャンプー・ブームの火付け役でした。従来のシャンプーは、手触りをよくしたり、光沢を出すためにシリコンを配合したものが主流でした。対してレヴールは、「本来のシャンプーの機能である『汚れを落とす』ことを目的に、髪に負担をかけるシリコンを配合しないシャンプー」としてヒットしました。

発売元のジャパンゲートウェイは、決して大きな会社ではありません。２０１１年に年間売上61億円でしたが、レヴールのヒットで翌年には１３５億円、翌々年の２０１３年には２１７億円と、３倍以上に急成長を遂げた企業です。

ジャパンゲートウェイはヒットに気を良くして、若い女性をターゲットにしたテレビ広告を大量に出稿し、倍々ゲームで売上を伸ばしました。出演タレントは石原さとみ、長澤まさみ、戸田恵梨香、きゃりーぱみゅぱみゅ、土屋アンナ、本仮屋ユイカなど、そうそうたる顔ぶれです。

ノンシリコンシャンプーがヒットした大きな原因の1つは、シリコンを悪者にしたことです。ジャパンゲートウェイは公式サイトで「シリコンはトリートメントの成分の浸透を妨げる」「ノンシリコンだから美髪成分（保湿成分）が浸透しやすい」などとうたっていました。そのため、シリコンは「地肌の毛穴に詰まる」「抜け毛やダメージの原因になる」との悪評が立ってしまったのです。

結果、雪崩を打つように花王や資生堂のユーザーがレヴールに移動してしまいました。

通常、一企業が1つの成分を悪者にしても、生活者の意識が大きく変わるものではありません。しかし、ノンシリコンシャンプーの場合は、そもそもの素地がありました。キーワードは「無添加」「スカルプケア」「非主流」です。

1つ目の「無添加」は、シャンプーに限らず、飲料、食品など身体に触れるもののほとんどで「安心・安全だ」と長年思われています。そのため、「汚れを落とす際に『不必要な物質』を取り除いた」のコンセプトが、「安心・安全」を強く連想させました。

2つ目の「スカルプケア」は、髪の大元となる頭皮に対する生活者の関心が強くなったことです。髪そのものに栄養を与えたり保湿成分を補給するよりも、髪の親分である頭皮をケアしたほうが効果的だとの考え方です。これは頭皮独自の思想ではなく、スキンケアの考え方が背景にありました。肌の調子を良くするために、さまざまな成分を「添加」するのではなく、肌そのものの健康を取り戻して肌の持つ「再生のチカラ」を信じるとの考え方が賛同を集めて、大きな勢力となっていたのです。

３つ目の「非主流」は、大企業に対する理由なき不信感です。ノンシリコンシャンプーの黎明期には、レヴールをはじめ、ほとんどが中小メーカーの商品でした。「大企業よりも小さい企業のほうが信用できる、あるいは質が良いものを提供する」といった考え方は、外食、教育（英会話教室など）、小売業、サービス業界などで強く見られる傾向ですが、美容業界も含まれます。そのため、「大企業は悪」と暗に訴求すれば納得する人たちが相当数存在したのです。

以上３つの素地が生活者認識の潮流にあったために、一中小企業のブランド、レヴールが躍進できたのです。

しかし、「シリコンが頭髪に悪い」には何の根拠もありません。第一、事実ではありませんでした。学会では、「シリコンは無害」とされています。シリコンが毛穴を塞ぐ論文もありませんから、シリコン成分が頭皮に浸透するのを妨げることもありません。

「無添加、自然は安心・安全」は、現在の潮流ではあります。しかし、毒性でいえば、自然素材のほうが圧倒的に強いのです。たとえばフグ毒の致死量は０・００２ｇで、青酸カリの８５０倍の毒性を持ちます。ソウシハギというハギの仲間の毒性は、フグの10倍です。世界で最も危険なキノコと呼ばれるカエンタケは致死量３ｇ、しかも触ることすら危険だといわれています。

実際、花王も資生堂も、シリコンの危険性については完全否定しました。「シリコンは毛穴に詰まることも、成分の浸透を妨げることもないことを確認しています」「シリコン配合したシャンプーも配合しないシャンプーも、毛髪や地肌に悪い影響を及ぼすことはありません」と宣言したのです。

しかし、危険否定宣言は悪手です。大きな潮流が「ノンシリコンは危険」であれば、たとえ誤認であっても、真っ向から否定して効果はありません。結局、花王と資生堂の主張は生活者には届かず、ノンシリコンシャンプーは市場をかき回し続けて、両社は売上を奪われてしまいました。

資生堂はともかく、花王は極めて技術志向の企業です。花王ほど研究所が社内でチカラを持った企業は、精密機械やＩＴ企業を除き、そうそう見かけるものではありません。こういった生マジメな企業ほど、「事実」を重視する傾向が強いのです。事実重視は、平時ならば武器になります。しかし、今回の例のように守備に立つと途端に弱くなる、諸刃の剣です。相手の主張を否定したり、相手の主張に乗らずに放置することで、競合企業が成長する隙を与えてしまうのです。

なぜなら人間は、「自分が認知したもの」に基づいて行動するからです。美容経済新聞の調査によると、「ノンシリコンシャンプーのイメージが良い」と回答した人は７割にも登るのに、「シリコンとノンシリコンシャンプーの違いがわかる」と回答した人は７％しかいませんでした。

人にとって、自分の頭の中にあるもの（認知）が事実です。客観的な事実があったとしても、「知らない」「知ろうとしない」「信じようとしない」のどれかです。「だったら教えてあげればいい」と単純に考えてしまうと、花王や資生堂の悲劇が繰り返されるのです。特に「知ろうとしない」「信じようとしない」は「認知バイアス」と呼ばれ、「自分が信じるものを強化する情報にしか目がいかない」心理的現象を指します。

後日談です。レヴールの販売元ジャパンゲートウェイは、２０１３年に売上の頂点に達した後、資生堂や花王からもノンシリコンシャンプー製品が発売されたこともあり、売上が急減。２０１７年に倒産し、ライザップに事業を売り渡すことで、ノンシリコンシャンプー騒動は一応の決着を見ました。結局、資生堂や花王は生活者の認識に乗り、自社もノンシリコンシャンプーを開発することでしか事態を沈静化することができませんでした。

資生堂と花王の次の試練は、「ボタニカル（植物の）」シャンプーのブームです。両企業はどのような対処をするのでしょうか。期待しています。

生活者の認知に対して無策だと、悪いイメージはもとに戻らない

認知ベースの行動を、企業がそのままにしておくとどうなるか。代表例は味の素です。


「石油から作られているから危険」

「脳への悪影響がある」

「舌がピリピリする」

「味覚が鈍くなる」


はては大正時代には「味の素の原料はヘビだ」などと、散々な言われようの味の素です。

特に、大人気マンガ『美味しんぼ』で、名前こそ出さなかったものの、味の素を中心とし

た化学調味料批判が頻繁に出てからというもの、もともと良くなかった味の素のイメージがさらに悪化した感すらあります。

味の素は、１９０８年に昆布のうまみがグルタミン酸であることが発見され、事業化されたものです。味の素は、さまざまな国の公的機関で安全性が認められています。日本の食品衛生法をはじめ、国連、ヨーロッパ、アメリカ、オーストラリア、ニュージーランドなどです。

いつ頃から、味の素のイメージが悪くなったのでしょうか。「化学調味料」の総称が使われたのは、昭和30年代のＮＨＫの料理番組からです。ＮＨＫは商品名を出せないので、代わりとして作られた名称でした。

昭和30年代といえば、戦後10年しか経っておらず、渋谷交差点では負傷兵たちが手回しオルガンなどを弾き、善意の通行人たちから小銭をもらっていた姿を私も覚えています。生活物資がようやく行き渡るようになったものの、チクロは当たり前に使われ、合成着色料や合成甘味料なんて気にもしない。そんな当時、「化学」の単語は最先端イメージがあり、ＮＨＫはむしろほめ言葉として命名したのだと容易に想像できます。ましてや、だしの素やだしパックはまだ登場しておらず、かつお節を削ったり、昆布や煮干しからだしを毎日とるのが家庭での日常でした。そんな中で、手間もコストも省ける味の素は、まさに

「革命的」「最先端」の商品だったのです。

しかし、昭和も後期に差しかかるつれ、健康を意識する人たちが増えたために、化学調味料のイメージが低下してしまいました。加えて、１９６０年代にアメリカで騒動になった「グルタミン酸ナトリウム症候群」が、味の素のイメージ悪化に追い打ちをかけます。

また、同時期の１９６９年、「マウスにグルタミン酸ナトリウムを溶かしたものを注射したら脳に損傷ができた」との結果が科学誌に掲載され、大騒ぎになったことがありました。しかし、真相は体重60ｋｇの大人に換算すると約２００ｇものグルタミン酸ナトリウム溶液を一気に体内に注入したのと同じ、無茶な実験です。しょうゆだって、１升を一気飲みして死亡した例があるくらいです。マウスだって、ひとたまりもありません。実験から20年経ってようやく、グルタミン酸ナトリウムと健康被害の因果関係が否定されました。

このように、事実を見ると、味の素は危険でも健康に害があるわけでもないことがわかります。しかし、２０２０年の化学調味料イメージ調査では、45％の人たちが「化学調味料は健康上問題が起きる可能性がある」と考えており、「そう思わない」25％の２倍近いのです。

それにしても、ここまでイメージが悪化した理由はなんでしょうか。トップ企業の味の素が１９６０年代から約60年間、多少の広告以外、ほとんど情報発信をしてこなかったからです。一方、『美味しんぼ』をはじめとして、ネガティブな情報は豊富に出回りました。現在に至るまで、味の素が命名した「うまみ調味料」よりも、「化学調味料」が言葉として生きています。実際、Ｇｏｏｇｌｅの検索結果は、「うまみ調味料」は29万件に対して、「化学調味料」は４５０万件と15倍もあります。結局、調味料としての味の素は、生活者の認知に対して無策を選び、事実と異なった認知ベースの行動の失敗例の代表になったのでした。

余談ですが、味の素はほかの事例とは異なる側面がありました。うまみ調味料としての味の素は、飲食店やコンビニ、スーパーなどの総菜や弁当、他社の加工食品には依然として使用されるので、売上面での大きな打撃はありません。味の素は長年、真っ向から悪イメージ対策をしませんでしたが、その分の資金を味の素を原料としてふんだんに使った商品ジャンルの事業拡大に投資したのです。まずは味の素のイメージに近い、ほんだし、中華・西洋調味料、マヨネーズ・ドレッシングといった周辺分野に進出。その後、ＣｏｏｋＤｏなどの合わせ調味料やパスタソース、スープなどの加工食品に進出して成功を収めました。いまや、企業としての味の素は、食品企業でトップ３に入る高い好感度を獲得しています。真っ向からマイナスイメージにぶつかるよりも、空手の受けのように角度をつけて交わした認知ベースの行動に対抗する味の素の戦略は成功例ですが、非常にめずらしいケースです。

味の素は、2019年から味の素のイメージ向上のための活動を開始。アメリカで研究者や調理人、メディアを集めてセミナーを開催するなどの活動を始めました。3年間で11億円の予算です。しかし、60年以上放っておいたツケがわずか11億円程度で押し戻せるものではないのは、学究肌が強い社員がひしめく味の素が一番よく知っていることでしょう。

認知ベースの行動の基本：「回ってる扇風機の羽根を触ってみたかった」

人間は、あらゆる情報を受け取ったうえで、行動を決定します。古くから、心理学では行動意思決定論として、さまざまな研究がおこなわれてきました。

生活者は、五感から得た情報を、知識、経験を駆使して、商品を評価します。最も単純なのは、五感からの情報です。

見る、聞く、触る。

明るい日差しはまぶしい。

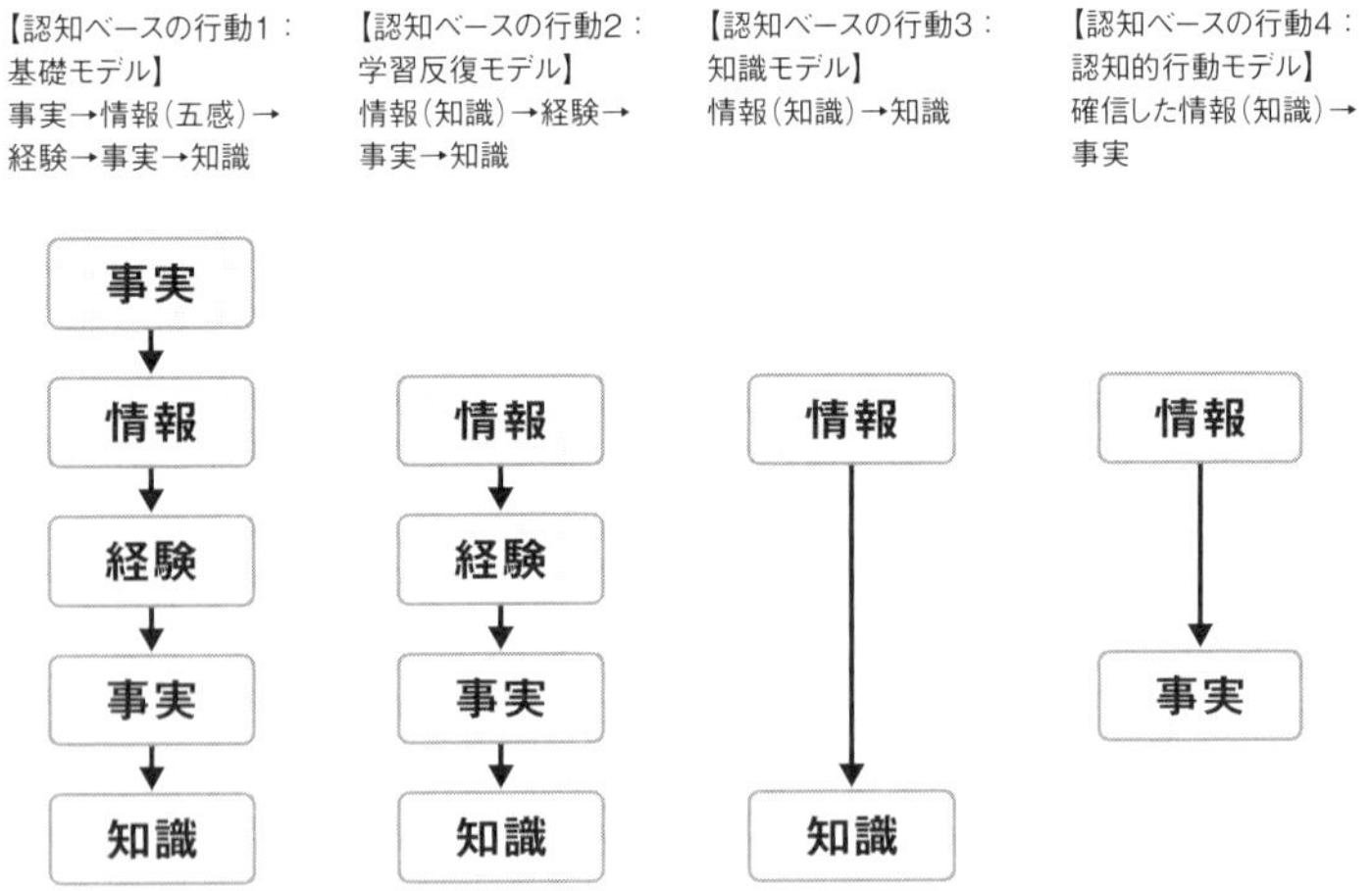

図2-4-1　認知ベースの行動モデル

甘い香りは柔和な気分にさせる。
柔らかくて、もふもふしたものを触ると、気持ちが和らぐ。

五感からの情報による体験は、「事実」として脳に刻み込まれ、「知識」として蓄積し、次の体験の予測として使われます。

上記の例は、認知ベースの行動の基本です。図2-4-1を見てください。

［認知ベースの行動1：基礎モデル］事実→情報（五感）→経験→事実→知識

子犬や小熊が手当たり次第に周辺のものを舐めるのは、経験による情報を取得しようとするからです。人間の子どもも同じです。「子どもは死にに行く」と、小さな子どもを持つ親はよく言います。

「走っている車に触りたかった」
「熱いアイロンのつるつるしてる面に触ってみたかった」
「回ってる扇風機の羽根を触ってみたかった」

大人の常識からいえば危険なことこの上ありませんが、子どもたちは経験がないために結果の予測ができません。

［認知ベースの行動2：学習反復モデル］情報（知識）→経験→事実→知識

少年少女期以降の大人は、より高度な意思決定の過程を踏みます。体験以外からであっても、人間は「知識」として脳に情報を蓄えることができます。飲み物や食べ物に砂糖を入れたら甘くなると教えられ（知識）、やってみたら（経験）本当だった（事実）ことを覚えます（知識）。

［認知ベースの行動3：知識モデル］情報（知識）↓知識

第3段階では、「五感から情報」を得られないために「経験」できないけれど、「知識」として蓄積されるものがあります。冒頭で説明したビタミンCが一例です。ビタミンCはたしかに「存在」しますが、ビタミンC自体は見たことがない（体験なし）。けれど、健康に良いことは知っています（知識）。

ここまではイントロです。

同じハンバーグなのに、2種類のハンバーグが生まれる日常

次の認知ベースの行動モデルが、今回の主役です。

［認知ベースの行動4：認知ベースの行動モデル］確信した情報（知識）↓事実

［認知ベースの行動1：基礎モデル］と比較してかなりシンプルになりました。知識と経験を積むことによって脳の情報処理が高度になり、モデルが簡略化されることで大量の情報を処理できるように進化するからです。もっとも、これが「年齢を重ねることで頭が

固くなる」現象として現れることもあるのは皮肉なものです。

人間にとって、時に「確信した情報（知識）」は「事実」と同程度の重みを持ち、それに従って生活者は行動します。マーケティングでは、商品を買うか買わないかを決めます。これを、私は認知ベースの行動と呼びます。

「事実」は絶対的なものと捉えられがちです。しかし、「同じはずの事実」を見ても、異なる「別の事実」として認識されることが往々にしてあります。

例を挙げます。生活者に同じハンバーグを２つ試食してもらいます。１つは、何も説明がないもの。もう１つには、「但馬牛を使い、手でていねいにこねて、じっくりと炭火で焼き上げました」と説明書きがついています。試食後に評価を聞くと、後者のほうが「コクがある」「甘みがある」「柔らかい」と、味に対して高い評価を受けるのです。

別の実験があります。同じハンバーグ２つを別々の箱に入れます。１つはグレー無地の箱、もう１つは原色を使ったデザインの箱です。それぞれの箱からハンバーグを取り出す様子を被験者に見せたうえで食べてもらいます。すると、グレー無地の箱から出したハンバーグは「あっさり」「軽い」といったイメージが強く、原色デザインの箱に入っていたハンバーグは「こってり」「コクがある」の評価が高かったのです。

繰り返しますが、２つのハンバーグは同じものです。しかし、「同じハンバーグに別々の事実」が発生してしまいました。「知識や情報は事実を変化させることがある」のです。

これは、じつは決して特別なことではありません。各地の名産品には説明書きの紙が箱に入れられていることがよくあります。歴史や作るうえでのこだわり、原料や製法の特徴などが書かれています。購入者に競合商品とは違う特別感を持たせるのが狙いです。

また、私たちは日常生活でも、料理の盛りつけや色合いに気を配ります。「料理は目と舌で楽しむ」文化は、「知識や情報は事実を変化させることがある」をはるか昔から実践していたことにほかなりません。

このように、知識や情報が事実を変化させる心理メカニズムは、人生を楽しむ前向きな工夫としても常用されています。

「我々はいかにしてだまされるのか」

事実は、知識の提示の仕方によっても変化します。おもしろい例を挙げます。

「ＤＨＭＯ（Dihydrogen Monoxide：一酸化二水素）」と呼ばれるジョークです。

ＤＨＭＯは水素と酸素の化合物で、

・酸性雨の主成分である。
・地球温暖化を引き起こす「温室効果」の原因物質である。
・この物質によって重度の火傷症状が起きることがある。
・自然の景観を侵食・破壊する原因となる。
・金属を腐食、錆を加速させる。
・電気事故の原因となり、自動車のブレーキの機能を低下させる。
・末期癌の腫瘍細胞中から発見されている。

その危険性に反して、DHMOは頻繁に用いられている。

・工業用の溶媒、冷媒として。
・原子力発電所で。
・発泡スチロールの製造に。
・防火剤として。
・各種の動物実験に。
・防虫剤の散布に。洗浄した後も農産物はDHMOによる汚染状態のままである。

・各種ジャンクフードに。食品添加物として。

ウソ偽りは一切書かれていません。

ＤＨＭＯの危険性を読むと、とんでもない物質です。しかも、名称が「一酸化二水素」。いかにも化学合成されたものです。もしＤＨＭＯの危険性が日本で公表されたら「政府はなにをしているのだ。早く規制しろ！」「厚生労働省は怠慢だ！」「企業は信用ならない。消費者をバカにしているのか！」といったテレビニュースやコメンテーターが騒ぎ出し、世論ができあがることでしょう。

実際、２００４年にジョークを真に受けたアメリカ・カリフォルニア州アリソン・ヴィエホ市で、ＤＨＭＯを禁止する条例案が可決寸前まで至ったことがありました（幸いなことに、途中でジョークだと判明し、条例案は廃棄されました）。

ＤＨＭＯジョークのオリジナルは１９８０年にすでに存在していましたが、１９９７年にアメリカの14歳ネイサン・ゾナー少年のレポートがきっかけで、世界中に広がりました。ネイサン少年がＤＨＭＯの危険性リストを見せて同級生50人に尋ねたところ、43名がＤＨＭＯの使用規制に賛同しました。

ネイサン少年のレポートはアイダホ州科学フェアで入賞し、全米のマスコミで評判になりました。レポートのタイトルは「我々はいかにしてだまされるのか」です。

じつは、一酸化二水素とは「普通の水（H_2O）」の別名です。水は私たちの生活に欠かせない存在ではありますが、同時に危険性も持ち合わせています。その危険性だけを列記すると「『事実』であっても『認知』は異なる」のです。

ひと晩明けたら、悪者が正義の味方になる

ややこしいのが、「事実」は往々にして、時代によって否定されたり、肯定されたりすることです。

ひと昔前まではコレステロール悪者説がはびこっていましたから、卵は「１日１個までが限度」説が「事実」でした。しかし、近年の研究で、食物のコレステロール含有量と、体内のコレステロールの量に相関関係がないことが明らかになりました。つまり、いくらコレステロールが高い食べ物を食べても、身体に悪影響がないことがわかったのです。その結果、「卵はいくつ食べてもいい」と言われるようになりました。

ところが、人間の知識が更新されるには時間がかかります。厚生労働省が２０１５年にコレステロールの摂取基準を削除したものの、６年経った今でも、「卵は１日１個まで」

と信じて疑わない生活者が半数以上残っています。

こんな例は、いくらでも見つかります。

食物繊維は、１９８０年代まで「野菜のクズ」だと思われていました。「単なる嗜好品」だと思われていたコーヒーにポリフェノールの一種クロロゲン酸が含まれていたことがわかり、「老化防止に役立つ」「交感神経が脳に脂肪代謝を促すためにダイエットになる」「脳を活性化させる」など、さまざまな効果があることが判明しました。

ナッツ類は、脂質が多いのでダイエットの敵だと長年思われていましたが、不飽和脂肪酸が含まれていることや、噛むことで脳を活性化させたり、満腹中枢が刺激されるためにダイエットに効果的、食物繊維が多いので身体に良いことがわかりました。

このように、「事実」がコロコロと変わるために「知識」が追いつかない現象が多発しています。特に、目に見えない存在を扱う「栄養、健康、美容」の分野でよく見られる傾向ですが、電子レンジの電磁波や放射線もその仲間です。

知識から事実・真実へとこじらせると、認知バイアスがより強固になってしまう

認知ベースの行動は、決して悪いものではありません。前述したように、人間の思考が高度になるにつれて、認知ベースの行動モデル1から行動モデル4までの過程で脳の処理がシンプルになり、より多くの情報を処理することが可能になるからです。

ところが、「認知ベースの行動4：認知ベースの行動モデル」「確信した情報（知識）→事実」をこじらせると、冒頭のノンシリコンシャンプーや味の素の事例のように、企業にとってやっかいなことになりかねません。

「こじらせ」の過程を記したのが図2-4-2です。モデル3の知識モデルの段階で、さまざまな情報を比較検討することで自分の意見を定めるなら問題ありません。新情報に出会ったら意見を変更する可能性もあります。

しかし、特定の情報に触れて「これに違いない」「本当はこうだったのか」と信じてしまうと、面倒なことになります。「本当の事実、科学的な事実」を含めたほかの情報が、「認知バイアス（人は信じたいモノだけを信じて、他の情報は目に入らない心理）」に邪魔をされて、

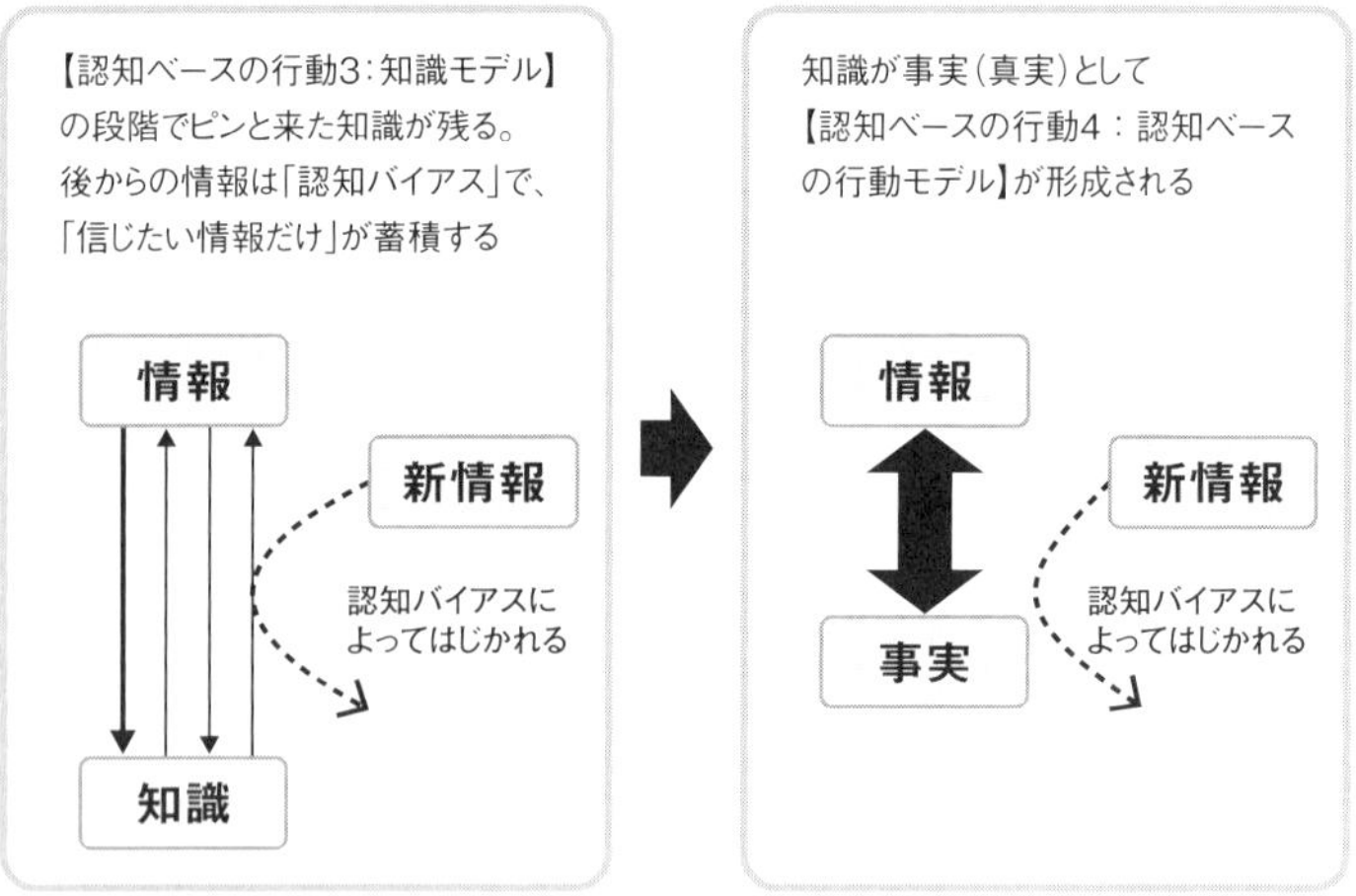

図2-4-2　知識から事実・真実への昇華（こじらせ現象）

拒絶されてしまうからです。

時が経てば経つほど「信じたい情報」が蓄積されて、そのうちに知識は「事実」として昇華してしまい、「真実」に変化します。「真実」にまで昇華するとかなり頑固です。コレステロールの例のように、情報が更新されてもなかなか浸透しないのは、時間だけが原因ではありません。「こじらせ」による真実化まで到達すると、認知バイアスがより強固になり、コレステロールの新情報がはじかれてしまうからです。

冒頭のノンシリコンシャンプーの事例では、背景に「無添加」「スカルプケア」「非主流」の3点がすでに生活者の知識として存在していました。そこに「シリコンは悪だ」の情報に触れると、瞬時に3つの背景とリンクしてしまう心理が発生し、花王や資生堂の反論が耳に入らないのは、この「こじらせ」現象が原因でした。

「何を当たり前のことを延々と」と言うなかれ。マーケティングを実践するうえで問題なのは、「誤認だ」「まちがいだ」「事実ではない」と企業が片づけてしまうことなのです。

「まちがいだから、うちは正しいから、わかってくれるハズだ」
「まちがいだから、いつか誤解が解けるだろう」
「まちがいだから、正さないといけない／正すことができる」

そう企業が考えてしまうと、迅速な判断ができない、まちがった対処や非効率な対処をしてしまう、競合相手に時間稼ぎの猶予を与えてしまう。これが危険です。

「ノンシリコンシャンプーが頭皮に悪いのは事実でないから、否定すれば生活者は納得してくれるだろう」と静観しているうちにシェアを奪われていきました。

スーパードライがヒットした直後、競合のビールメーカーは「うちにも似たような味（酵母）の商品があるから、しばらくすれば落ち着くだろう」と考えて、対抗商品を開発しないまま1年が過ぎ、ドライ戦争に敗退しました。

「サイクロン式掃除機と従来の紙パック式とでは、吸引力はそんなに変わらない」とのデータがあるので静観していたら、ダイソンがどんどん売れ始めました。

よく見かけるのは、食品や飲料で「目隠しテストをしたけれど、生活者の大半は味の差がわからなかった」というデータを見て「生活者は価値がわからない」「どうせ味がわからない素人だから」と決めてかかることです。ある意味、真実ではあります。プロの舌と一般人の舌では研ぎ澄まされ方が違います。だから、プロならわかる小さな差は、一般人には感知できないのは当然です。だからといって「プロが正しい」ことを意味するものではありません。生活者は「客観的」や「プロが言う」正しいことをベースに行動しているのではないことを肝に銘じることが必要です。

不利な状況に追い込まれた時の3つの対抗手段

認知ベースの行動で自社に不利な状況に追い込まれた場合、対抗には3つの手段があります。図2-4-3を見てください。

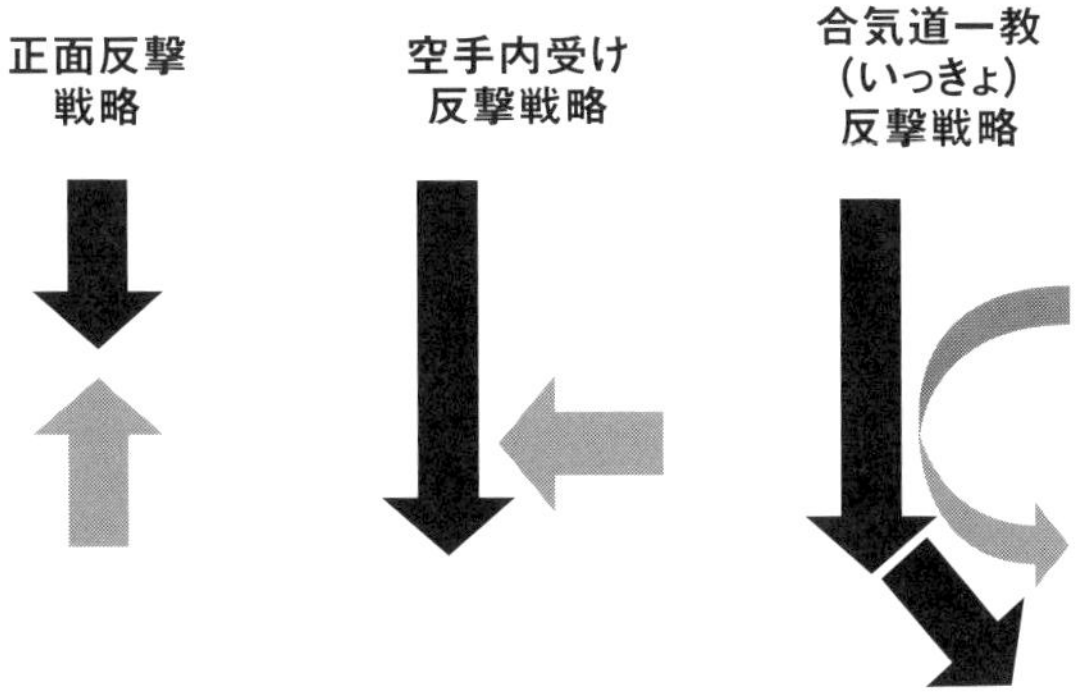

図2-4-3　認知ベースの行動で自社に不利な状況に追い込まれた場合の対抗手段

①正面反撃戦略

1つ目は、認知ベースの行動に真っ向から反論することです。「正面反撃戦略」と私は呼んでいます。成功すれば効果は大きいのが利点です。しかし、相手の攻撃に対してまともに受けますから、最も衝撃や打撃が大きい方法です。生活者の認知の勢いが強ければ強いほど反論がかき消される傾向が強くなるし、場合によっては言い訳をしているように見えて損な立場に追いやられることもあります。

反論の強さも重要です。反論は、相手の声よりも大きくなければいけません。忘れがちですが、生活者の認知ベースの行動が強いということは、メディアの応援もあるのです。反論の強さは、メディアの出稿量も計算に入れないといけません。テレビ番組で1時間の特集が組まれたら、15秒の反論テレビ広告を２４０本出稿しないといけない計算です。

正確にいえば、「ランチェスターの射程距離」で計算するとシェアの二乗比ですから、ネガティブな情報量の二乗の量を企業の反論の露出量の目標にしないといけません。とてもではありませんが、認知ベースの行動が生活者に浸透したら、一企業では太刀打ちできない活動資金が必要です。ノンシリコンシャンプーやサイクロン掃除機のケースで、各企業が反論しても生活者の意識の流れが止まらなかったのは、このためです。

②空手内受け反撃戦略

２つ目は、空手の受けのように、攻撃の方向に角度をつけて攻撃を受ける方法です。真っ向から反論するのではなく、生活者の関心をそらします。「空手内受け反撃戦略」と呼びます。

たとえば、アメリカのＭ＆Ｍ'sチョコレートが１９８７年に日本市場に本格参入しました。「お口でとけて、手にとけない（後に『お口にとろけて……』に変更）」のコピーで大量のテレビ広告を出稿し、大ヒットしました。なにせＭ＆Ｍ'sは、本国アメリカの売上だけで日本の全チョコレート市場と同じ金額を売る巨大ブランドです。朝食はＭ＆Ｍ'sを牛乳と一緒に口に流し込むアメリカ人が多かった時代でした。

すでに市場に存在していた粒チョコ、明治マーブルチョコレートやフルタ・ハイエイトチョコレート、森永チョコボールをはじめとして、他社からも競合商品が続々と投入されましたが、M&M'sの勢いは止まりません。そこで投入されたのが、1988年のロッテV.I.P.チョコレートでした。大ヒットし、生活者の関心が粒チョコから一気に生チョコタイプに移りました。生チョコのラインナップを持たず、M&M'sとスニッカーズしか日本に導入できなかったエッフェム・ジャパン（現マーズ）の躍進は、結果的に止まりました。

③合気道一教反撃戦略

3つ目は、合気道のように相手側に回り込み、相手の攻撃の力に自分の力を添えて振り回す方法です。「合気道一教（いっきょ）反撃戦略」と呼びます。「生活者の認知ベースの行動が事実と異なるのであれば、それに乗ってしまえ」という戦略です。生活者の認知ベースの行動が「自然がすべて安心・安全」ならば「自然由来の原料を使った」「人工着色料不使用、人工甘味料不使用」、ノンシリコンが良いのなら自社でも「ノンシリコン商品を開発」のように、あえて波に乗ります。

「生活者の頭の中を覗くこと」で商品開発を再考する

防戦ではなく、認知ベースの行動を能動的にマーケティングに生かすことも可能です。生活者が考える事実によって行動するのですから、その事実を知ることは、商品開発や戦略立案の大きな手がかりになります。

また、例として挙げた特産品の説明書きや盛りつけ文化が示すように、コンセプト・メイキングやポジショニング作成は、情報をどのように生活者に提示して企業が望ましい認知ベースの行動を促すのかを決めて、商品の情報を取捨選択することにほかなりません。

商品には言えること、訴求できることがたくさんあります。原材料、製法、デザイン、使い勝手、効果などなど、数十、数百項目を生活者に提示しようと思えば可能です。しかし、物理的に広告や売場で伝えられる項目数には限りがあります。しかも、生活者は全部覚えることなどできません。そこで、「たくさんある事実のどれとどれを組み合わせれば、効果的、効率的に商品の魅力を最大限に見せることができるのか?」を探索するのが、コンセプト・メイキングやポジショニング作成なのです。

取捨選択の作業が必要であることを知る人は数多くいます。しかし、生活者は頭の中の認知事実で行動することや、それらの事実の構造まで把握したうえでコンセプトを作成する企業は、思いのほか多くはありません。ましてや、ノンシリコンシャンプーのように危機的な状況に陥ったときは、そのことをすっかり忘れて、客観的事実に頼る失策を犯してしまうのです。

COLUMN

認知ベースの行動と社会的責任

マーケティングは、企業や商品だけのものではありません。さまざまな社会的責任や社会倫理にも応用されます。環境問題やセクハラ問題などが代表例で、「ソーシャル・マーケティング」と呼ばれます。その観点から、認知ベースの行動の失敗例として風変わりなケースをご紹介します。極度のヴィーガン（極端な菜食主義者）です。菜食主義者（ベジタリアン）は肉や魚は食べませんが、卵やチーズなどは食べます。ヴィーガンは、乳製品すらも食べません。「完全菜食主義者」と呼ばれるゆえんです。

ベジタリアンは、昔から宗教、文化、環境などによって、かなりの人口が菜食を実践していました。インドは約3割がベジタリアンだといわれています。約8割を占めるヒンドゥー教徒が牛肉を、15%を占めるイスラム教徒が豚肉を食べません。したがって、インドではあまり肉を売っていないことから、結果的にベジタリアンが多くなった国です。ベジタリアンが25%と2番目に多いインドネシアも、宗教的背景が原因です。

日本の精進料理は、各説あるものの、基本的には穀物や野菜がおもな食材です。もっとも、江戸時代には、海沿いに住んでいた一般人たちは当たり前のように魚を食べていました。たとえば、静岡県清水港では、イワシが現在の価値で1匹5円〜15円の大衆価格でした。

宗教や環境ではなく、思想としてのベジタリアンは、欧米で普及します。スイス、ドイツ、イギリスなどのヨーロッパでのベジタリアンは人口の10%前後で、第3章で解説するクープマンの目標値の認知シェアに達しています。アメリカ東海岸では6%で、存在シェアです。ヴィーガンとなると2%程度しかおらず、クープマンの目標値の田岡数値です。

思想としてのヴィーガンのおもな理由は、「健康のため」と「動物愛護」です。こうなると、話はやっかいです。認知ベースの行動が「肉由来の食材は食べるべきではない」からです。他人が何を食べようが、口を挟むべきではありません。それこそ、趣味嗜好の問題です。しかし、こと幼児やペットとなると、話は変わります。認知ベースの行動では済まされないからです。

実際、極端なヴィーガンによる悲劇が相次ぎました。2019年、アメリカ・フロリダ州で幼児虐待の事件が起きました。30代のヴィーガン夫婦は、1歳6ヶ月になる息子に果物と野菜しか与えておらず、検死結果は餓死。児童虐待および殺人罪で起訴されました。体重は約8kg、生後7ヶ月ほどの重さしかありませんでした。この夫婦には、ほかに3歳、5歳、11歳の子どもがいましたが、3人とも栄養失調状態で保護されました。

2016年、アメリカ・ペンシルベニア州で、11ヶ月の子どもが、果物とナッツ類だけを与えられて育てられたため、栄養不足による「成長障害」を患ってしまいました。母親は、幼児虐待の罪で逮捕されました。

オーストラリアでも、同様の事件が発生しています。2019年、1歳7ヶ月の女児が、オーツ麦やじゃがいも、トースト、米しか与えられておらず、歯すら生えていなかったことが発覚。極端な栄養失調状態でした。

2020年にはロシアでも同様の事件が発生し、1歳半の子どもは体重6・

３ｋｇしかありませんでした。

２０１９年、スウェーデンでは、１歳半の女児が母乳、米、果物、野菜だけしか与えられず、意識不明となり、栄養失調と脳出血が発見されました。

２０１７年、ベルギーでは、米、そば、キノアやオーツ麦のミルクで育てられた７ヶ月の男児が死亡。

２０１６年、ドイツでは、ココナッツミルクだけを与えられていた15ヶ月の子どもがなくなる悲劇がありました。

そのほか、２０１８年、フランスで個人経営の精肉店が過激ヴィーガン団体から襲撃され、店舗を破壊されたり、店主が骨折の被害に遭った事件が数十件発生し、大きな話題になりました。「ヴィーガンは動物は殺さないが人を殺す」といった皮肉を言う者も現れる始末です。

幸い、日本ではそのような事件は発生していませんが、今のところ思想的なヴィーガンが少ないだけですから、時間の問題との見方もあります。

ペットでも、雑食動物の犬はまだしも、肉食動物の猫となると、ヴィーガン食は幼児以上の危険性があります。肉食動物は肉や魚を好みで食べているのではなく、肉や魚からしか栄養素を摂ることができない生体構造だからです。猫が体内で育成できない必須アミノ酸は11種類、そのうち、猫に特徴的なのはタウリンとアルギニンです。タウリンは肉にしか含まれないので、ヴィーガン食にすると栄養失調になり、最悪の場合は死亡します。

市販のベジタリアン・キャットフードにはタウリンが添加されていますが、動物性のものを使用しないキャットフードは、塩化エチレンから化学合成したタウリンしか添加できません。それこそ、ヴィーガンが嫌う存在ですし、日本では合成タウリンは医薬品用であり、食品添加物として認められていません。

「人間やペットでもヴィーガン食が安全だ、栄養に問題がない」とする研究結果もあり、それが過激ヴィーガンのよりどころになっているところがあります。しかし、現代医学で主流の栄養学に沿っていれば、上記のような悲劇は生まれなかったといえます。

事件を起こす過激ヴィーガンはひと握りです。しかし、親の「認知ベースの行動」によって、自分で食事を選べない幼児やペットにまでヴィーガン食を強要する過激ヴィーガンは、まさに虐待の悲劇を生むことがあるのです。

一番の被害者は、そんな過激な親に育てられた子どもや猫たちです。一方、一般の人たちの認知ベースの行動が「ヴィーガンは危険な人たち」になってしまったら、今度は普通のヴィーガンたちが迷惑を被ることになりかねません。

【追記】本コラムはショッキングな内容なので、一度はボツにしました。しかし、編集者の傳さんと相談のうえ、復活することにしました。本人たちはよかれと思っていただけなのに社会を悪い方向に導いてしまうのは、かなりありうる大きな失敗です。それを防ぐことができる一助になればとの願いが、復活の理由です。

3

市場を見ずに突っ走る

3/1

「時代に早すぎた」は「単なる戦略ミス」

プロダクトライフサイクル理論：差別化

「あの商品はこうしたからヒットした。だから今回も売れるだろう」と、経験からしかものを見ない企業が多いのは既知のとおりです。

それに反発する人たちは、「失敗は成功の母」をもじって、「成功は失敗の父」などと揶揄します。

どちらも正しくて、まちがっています。

マーケティング理論では、「この条件の場合は過去と同じでいい」「この条件では別のやり方をしないと成功しない」といったように、失敗・成功のルール化があります。過去をただ闇雲に肯定するのも、否定するのも、まちがいです。

今回は「普及率によって変化するマーケティング戦略」をまちがって失敗したケースと、どのようにすればよかったのかを解説します。

性能を上げず、差別化して失敗

２０１０年代に急激に普及した商品といえば、スマートフォンを置いてほかにありません。２０１０年にたった３・６％だった個人普及率が、２０１８年には72・６％と、テレビ、デジカメ、パソコンの世帯普及率とほぼ同じ水準にまで到達しました。しかし、多くが外国メーカー製です。ガラケー時代に国内市場を席巻した国産メーカーのＮＥＣ、パナソニック、東芝は撤退。現在残っている国産メーカーは、ソニー、シャープ、富士通、京セラの4社のみです。

技術力に定評があった国産メーカーなのに、いったいどうしたのでしょうか。

最大の失敗理由は、「成長期に差別化してしまった」ことです。

日本におけるスマートフォンの最初は、２００８年のｉＰｈｏｎｅ ３Ｇです。翌年の２００９年にはＡｎｄｒｏｉｄ機、ドコモのＨＴ-０３Ａ（台湾ＨＴＣ製）が発売され、役者が揃いました。

その後、次々とスマートフォンの新製品が発売されましたが、買う人はマニアだけでした。なにせ、当時のｉＰｈｏｎｅはコピー＆ペーストすらできなかったのですから、ガラケーとの2台持ちでないと用を足さないレベルの性能でした。スマートフォンの普及率は、ｉＰｈｏｎｅ　３Ｇが発売されてから2年経過した２０１０年でも３・６％しかありませんでした。

市場が急拡大したのは、２０１１年にドコモから発売されたＧａｌａｘｙ　ＳⅡがきっかけです。当時の一般的スマートフォンの2倍の速度、メモリは16倍、バッテリー容量は１・５倍。それでいて、価格は同じ。Ｇａｌａｘｙ　ＳⅡはすぐに売上ランキングトップになり、スマートフォン普及の立役者になりました。当時の家電量販店の携帯販売スタッフからは、一様にこう言われていたほどです。

「とりあえず客にはＧａｌａｘｙ　ＳⅡを薦めておけばまちがいない。性能がダントツだし、価格に差がなく、『今一番売れていますよ』が決めゼリフになるから、売るのが楽。しかも、故障も問題も発生しないから、後からクレームが来ることもない」

その後の普及率は、２０１１年に９・８％、２０１２年に22・０％、２０１３年に35・９％と、倍々ゲームで市場が拡大したのはご存じのとおりです。

国産メーカーのＡｎｄｒｏｉｄ機への参入は、決して遅くありませんでした。２０１０

年にソニー、シャープ、東芝が参入。サムスンも同年。２０１１年に富士通、ＮＥＣ、京セラが参入。パナソニックは最も遅く、２０１２年です。

市場が急拡大した後、トップのサムスンはＧａｌａｘｙ Ｓ3で性能をさらに上げた機種を発売します。国産メーカーは、Ｇａｌａｘｙ ＳⅡと同等の性能に追いつくまでに6ヶ月から1年遅れ。その頃には、サムスンはさらに上の性能の新機種を発売し、Ｇａｌａｘｙはトップ性能をひた走り続けました。

当時の半年や1年遅れは致命的です。たとえば、２０１２年夏モデルはドコモだけで17機種、冬モデルは10機種も市場に投入しています。ただでさえ競争が激しいところに、技術は光のように進化する。その中で、半年も性能が低い機種は置いてけぼりです。

さらに、その後がいけません。国産メーカーは、性能を上げる代わりに、差別化に走ったのです。ＮＥＣは薄型に力を入れ、最後発のパナソニックは女性向けにターゲットを絞った機種を投入し、東芝に至ってはＡｎｄｒｏｉｄではなくＷｉｎｄｏｗｓ Ｐｈｏｎｅに舵を切りました。もちろん、売れません。

そうこうしているうちに、ドコモは２０１３年に2社を前面に売り出すツートップ戦略なる施策を実施します。採用されたのは、販売実績もありトラブルが少なく品質が安定していたサムスンとソニーです。不採用になったメーカーにとって、ただでさえ売上が伸びず苦しかったところに、ツートップ戦略は致命傷になりました。スマートフォン開発費だけでなく、売上が減少したガラケーの開発費も重荷になり、ついに力尽きたＮＥＣやパナソニックはスマートフォン事業から撤退を表明します。

小手先の差別化をせず、愚直に性能向上を追いかけた富士通やシャープは、苦しいながらも生き残り、シャープに至っては現在（２０２０年）アップルに続き２位のメーカーに上り詰めています。

余談ですが、最後に市場に参入したパナソニックは、ガラケーの名機Ｐシリーズのメーカーだけあって、スマートフォン・ファンからの期待感がとても高く、「ラスボス登場」などと呼ばれていました。しかし、フタを開けてみたら、性能は９ヶ月前のＧａｌａｘｙ ＳⅡと同じで、みな落胆したものです。しかも、私がフェアで実機を触ったところ、操作感はもっさり。まったくチューニングができていないのが明白でした。説明員に指摘したところ、耳を疑う言葉が出てきたのです。

「うち（パナソニック）の最初のスマートフォンなので、大目に見てやってください」

パナソニックがスマートフォンに真剣に取り組んでいなかったのが手に取るようにわか

る発言でした。

トップシェアだったのに撤退への道をたどってしまう

同じ失敗パターンに陥ったケースに、デジカメ市場でのカシオの例があります。

日本のデジカメ市場は、1995年3月に発売された家庭用デジカメ、カシオＱＶ-10から始まります。この機種が、ホームページを趣味で作っていた人たちに大受け。鮮烈なデビューを果たしました。プリクラ並の画質は印刷するとみすぼらしいけれど、ホームページではそこまでの解像度は必要でなかったため、25万画素のハンデが目立ちません。しかも、当時はまだ電話回線でネットにつないでいたので、低解像度でファイル容量が小さい写真は電話代（通信費）が安くて済むメリットもありました。

そこからは、一気に各社入り乱れての混戦状態に突入します。パソコンメーカーからは、エプソン、ＮＥＣ。家電メーカーからは、ソニー、三洋電機、パナソニック、日立、東芝。カメラメーカーからは、オリンパス、ニコン、キヤノン、リコー、ミノルタ、京セラ、ペンタックス。写真フィルムメーカーからは、富士フイルム、コニカ、コダック。じつに18社です。

しばらくは、解像度がすべての決め手でした。解像度が高ければ高いほど、綺麗な写真が撮れるからです。25万画素では、ホームページの需要しかありません。年賀状のハガキ大の大きさすら耐えられないレベルの画質です。それが60万画素、85万画素、１２０万画素、２００万画素と、次々と綺麗な写真が撮れる機種が人気を博します。乱暴に言ってしまえば、その時々の人気モデルのカギは、進化したＣＣＤ（カメラの中枢部品）を搭載した機種をどれだけ早く発売できるか、ただ1点だけでした。

デジカメの世帯普及率は急激に上がり、１９９５年にはほぼゼロ％だったのが、２０００年に11・４％と10％の大台に乗り、２００７年には58・９％と成熟期に入ったのです。

ところが、デジカメの立役者のカシオは、画素数競争には参戦しませんでした。その代わり、デジカメで撮った写真をセピア色にしたり、文字を書いて遊ぶ提案をしました。差別化に走ったのです。その結果、カシオは70％のシェアを占めていたにも関わらず、２０００年には２・７％にまで急降下してしまいました。とうとうカシオは、急激にしぼみゆくデジカメ市場から２０１８年に撤退しました。

時代で見極めるプロダクトライフサイクル理論

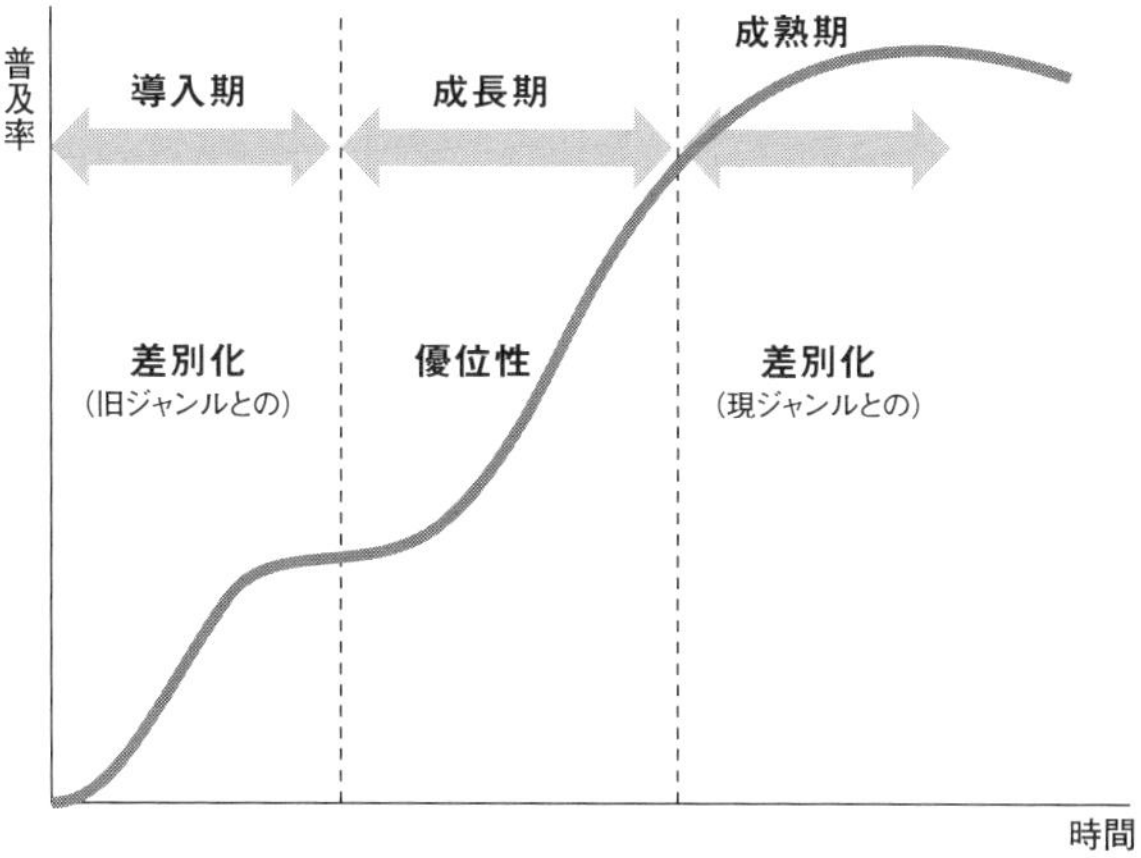

図3-1-1　プロダクトライフサイクル理論

「普及率によって戦略が変わる」肝となるのが、プロダクトライフサイクル理論です。プロダクトライフサイクル理論では、製品が生まれてから消滅するまでを4段階に分割します。［導入期］［成長期］［成熟期］［衰退期］です。

図3-1-1を見ると、曲線が山型になっていることがわかります。縦軸は「普及率」です。

［導入期］

その商品ジャンルが世に出て一部の生活者に普及する期間です。まだまだ独り立ちできず、風が吹けば倒れてしまう。そんな脆弱な状態です。

具体的には、住宅用太陽電池、プロテイン、ウェアラブル端末、スマートスピーカー、家庭用ゴミ処理機、デビッドカード、オンライン診療などが挙げられます。

導入期に失速した例は、スーパーフード、ＤＡＴ（デジタル・オーディオ・テープ）、インターネットテレビ、音楽、ファッション・若者文化などの流行り物などなど、枚挙にいとまがありません。

［成長期］

この段階になると、一気に市場が広がります。普及率60％になるまで止まりません。ここまで来ると、ほとんどの人が名称を知っているし、多くの人が一度は買ったことや使ったことがあります。

具体的には、４Ｋや８Ｋテレビ、ドライブレコーダー、格安ＳＩＭなどです。

［成熟期］

成長期がすぎると、市場成長が停滞します。

具体的には、ファミレス、スマートフォン、インターネット、クレジットカード、温水洗浄便座、ネット通販など、挙げればキリがありません。日本では、ほとんどの商品ジャンルが成熟期に突入しています。よく言えば安定、悪く言えば停滞です。

プロダクトライフサイクルの4つの段階それぞれで、売れる商品タイプが異なります。

［導入期］（旧ジャンルとの）差別化のある商品が成功する
［成長期］（現ジャンルでの）優位性のある商品が成功する
［成熟期］（現ジャンルでの）差別化のある商品が成功する
［衰退期］（現ジャンルでの）差別化のある商品が成功する

もっともよく見かける失敗は、成長期では優位性が成功する商品の条件なのに、差別化商品を投入してしまうケースです。冒頭の国産スマートフォンやカシオのデジカメが該当します。

成長期では、いくら差別化しても生活者の関心は向いてくれません。売れるのは、主流に乗った商品群、つまり優位性の高い商品だけです。スマートフォンでいえば、性能がより高い商品群だけ。デジカメでいえば、画素数が多い商品群だけです。

成長期では「イノベーターの選択基準の延長線上」を翻訳したベネフィットが成功のキーとなる

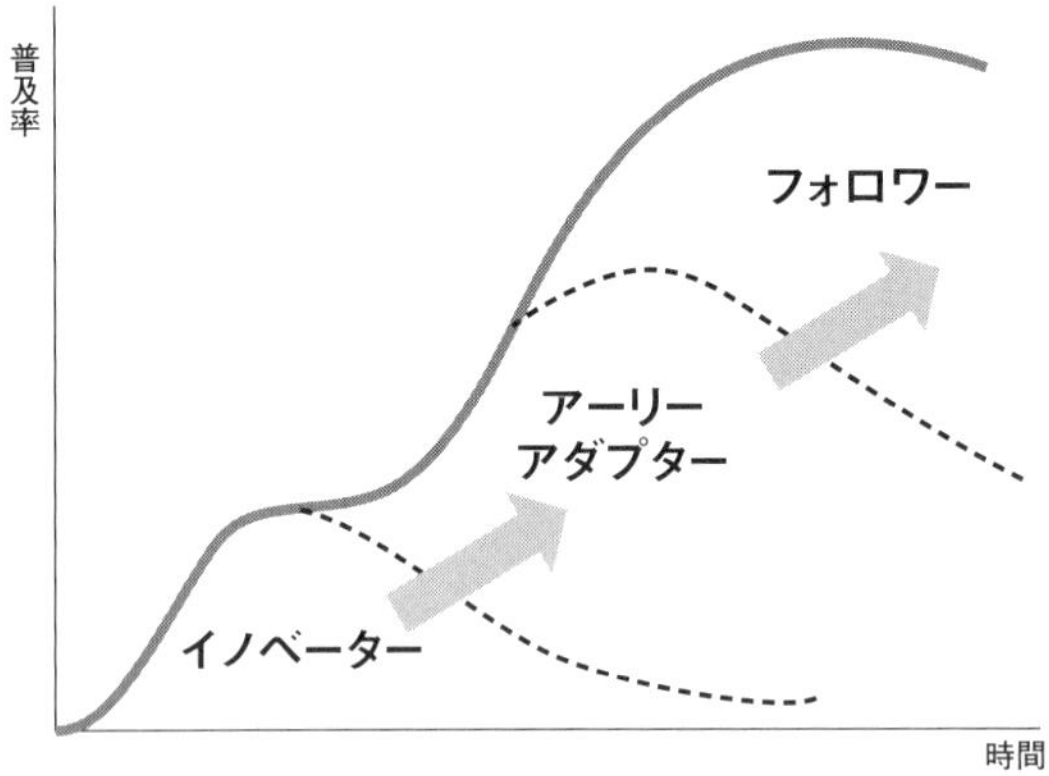

図3-1-2　イノベーターとプロダクトライフサイクル

なぜ上記のように売れ筋商品が変化するのかは、生活者を見れば理解できます。

図3-1-2は、プロダクトライフサイクル理論とイノベーター理論を重ね合わせたものです。導入期の市場は、イノベーターが支えます。一般人の商品ジャンル・イメージは、「物好きやマニアが買っている／使っている／利用している」です。イノベーターは、第2章で解説したように、その商品ジャンルが好きで、かつくわしいため、躊躇することなく新製品に飛びつきます。失敗なんて気にしていません。価格も気にしない。ただただ「おもしろいから／楽しいから／好きだから買う」

が動機です。

成長期前期になるとアーリーアダプターが成長を押し上げ、後期になるとフォロワーの一部が加わり、成熟期にはフォロワーまで普及します。

成長期にはアーリーアダプターがイノベーターが使っている商品を見て、「おもしろそうだ」と自分も買い始めます。ただ、アーリーアダプターはイノベーターほど商品にくわしくありません。そのため、メーカーはアーリーアダプターがわかるような「ベネフィット」に変換して訴求しないと売れません。

ただし、大きな注意点があります。成長期では、アーリーアダプターの選択基準は「イノベーターの選択基準の延長線上」を翻訳したベネフィット、つまり「優位性に基づくベネフィットであること」がミソです。スマートフォンでは、イノベーターが選択基準として重視する「高性能CPUだからこそ実現できるメリット」を翻訳したベネフィットでなくてはいけません。イノベーターは「薄型だから」や「女性向けだから」では選んでいないのに、そのベネフィットをアーリーアダプターに向けて伝えても、彼らは無反応です。

なぜなら、アーリーアダプターはスマートフォン機種を選ぶとき、すでに使っている人（イノベーター）の影を追いかけているからです。たとえば、イノベーターにオススメ機種をアドバイスしてもらうときに薦められる商品は、イノベーターの選択基準に合格したもの、つまり「高性能な機種」です。決して「薄型」や「女性向け」ではありません。

また、アーリーアダプターは、量販店などの店員から「売れ筋です」とアドバイスされる機種を選びがちです。売れ筋とは、「直近の過去に多くのイノベーターが買った」機種、つまりイノベーターの後ろ姿なのです。いまでこそ、スマートフォンでは薄型も選択基準になりますが、性能が満足レベルに達したからです。

「時代が早すぎた」とは商品開発で失敗したときによく言われるセリフですが、ほとんどの場合はプロダクトライフサイクル理論を見誤ったことから起きた悲劇です。

COLUMN

プロダクトライフサイクルが「長い」のと「ない」のとでは大きな違いがある

成熟期が長い商品ジャンルを見て、「プロダクトライフサイクル理論は使えない」と誤解する人がいます。たとえば、ジーンズは1970年代に日本で普及し、一般化しました。今日に至るまでの約60年間にほとんど市場規模が減少していないのを見て、彼らはプロダクトライフサイクル理論を否定します。

ジーンズは、単にプロダクトライフサイクルが長いだけです。プロダクトライフサイクルの長さは、商品によってまちまちです。短いもので数年、長いもので数十年の幅があります。

なぜプロダクトライフサイクルが長いのか。2つ大きなポイントがあります。

1つは、代替品が出現しない、平穏な市場であることです。多くの商品ジャンルは、進化形の新ジャンルが出ることによって衰退します。ろうそくやあんどんが電球に取って代わられ、電球がLEDに取って代わられたようにです。しかし、代替品が出現しない市場は息がとても長いのが特徴です。

2つめの理由は、ミニ・プロダクトライフサイクルによって、市場が常に活性化・延命化している場合です。ミニ・プロダクトライフサイクルは私独自の理論で、成熟期に新しい導入期が加わり、ミニチュア版のライフサイクルができあがる現象です。4-1節でも説明します。

音楽用記録媒体市場では、カセットテープがMDに進化し、MDがiPodに、iPodがスマートフォンに、そしてクラウドに進化する。

カメラ市場では、二眼レフカメラから一眼レフ、コンパクトカメラ、レンズ付きフィルムと進化を続け、現在のスマートフォン搭載カメラ機能まで進化する。

　このような場合は、商品ジャンルとしてプロダクトライフサイクルが長く続きます。

プロダクトライフサイクルは、商品ではなく「商品ジャンル」

　これまで、私は「商品ジャンル」の呼び名を何回も使ってきました。プロダクトライフサイクルは「商品ジャンル」であって、「個々の商品やブランド」のための理論ではないからです。

　しかし、ネットなどでは、プロダクトライフサイクル理論を説明するにあたって、ブランドの事例を挙げて説明するページが散見されます。明確なまちがいです。1ブランドの売上が下がったからといって成熟期でもないし、成熟期の特徴が現れるわけではありません。

　プロダクトライフサイクル理論を個々のブランドに当てはめようとしても、理論どおりになりません。おもしろいことに、こういう場合は「理論がまちがっている」「使えない理論だ」と人のせいにすることが往々にしてあります。もっとも、「レシピ本のとおりに料理を作ったのにマズかった。あの料理本は使えない」と他人のせいにする人たちが一定数いるのが人間というものですが。

さて、そうすると湧いてくる疑問が、「商品ジャンルをどう決めるのか」です。

ひと言で言えば、「生活者がどちらにしようかと迷うかどうか」です。迷うなら「競合関係」にありますし、「同じジャンル」です。迷わないなら「競合ではない」し、「別ジャンル」です。

たとえば、果汁30％ジュースと60％ジュースは同じジャンルです。しかし、果汁30％と100％は別ジャンルです。前者は「のどの渇きを癒やす」「気分転換」といった清涼飲料水のベネフィットが共通しています。しかし、果汁100％は「健康にいい」「身体に悪くない」といった健康ベネフィットで飲まれることが多いので、果汁30％とは異なります。

３／２

生活者の変化に気づかない

プロダクトライフサイクル理論：ベネフィット訴求

３‐１節では「成長期には差別化をしてはいけない」と説明しましたが、成長期にはもう１つ大切なことがあります。それは、ベネフィット訴求です。

成長期にも規格訴求を続けてしまう

スマートフォン導入期から成長期にかけて大成功したサムスンのシェアは、２０１１年6月の発売直後に28％の市場シェアを占め、ｉＰｈｏｎｅを抜いてトップでした。スマートフォン満足度調査でも、Ｇａｌａｘｙ ＳⅡはｉＰｈｏｎｅを抜いて1位に君臨しました。

しかし、その後がいけません。２０１２年に９・３％、２０１３年に６・６％、２０１２年は４・７％。２０１５年にはとうとう圏外。２０１６年には３・４％まで落ち込んだのです。

この頃は、iPhoneが勢いを得て市場シェアを伸ばしたのは確かです。アップルは、じつに2012年から現在に至るまで、シェア1位を握っています。しかし、サムスンの不調はiPhoneが原因ではありません。ソニー、シャープなどほかのAndroidスマートフォンのメーカーにも太刀打ちできず大失速したのですから、サムスン自身に原因があるのは明白です。

サムスンは3つ失敗を犯しました。そのうち2つは、失敗パターンに当たる「よくある失敗」です。

1つ目。サムスンは成長期に差別化してしまいました。国産メーカーとまったく同じまちがいを、サムスンも犯したのです。Galaxy SIIでせっかく成功を収めた、たった1年後の2012年4月に発売されたGalaxy Noteは、差別化商品です。Galaxy Noteは、大画面でペンを使って操作するスマートフォンです。写真に絵や注釈を描いたり、手書きのメモをしたためたりすることがかんたんにできるのが特徴でした。市場の波が性能向上に進んでいるのに、まったく別の提案の製品を提案しても、売れるはずはありません。サムスンは、毎年6月は高性能機のGalaxy Sシリーズ、12月はGalaxy Noteシリーズと、1年の半分のパワーを差別化商品に当てる失策をずっと犯し続けてしまいます。

２つ目。サムスンは、普及価格帯・普及性能商品を投入しませんでした。この点については後述します。

３つ目。今回の失敗の主要テーマです。サムスンは、成長期にも規格訴求を続けてしまったのです。導入期から成長期に差しかかる頃まで、サムスンはダントツの性能でスマートフォン市場の覇権を握りました。しかし、サムスンは普及率が上がっても、Ｇａｌａｘｙ　Ｓシリーズでそのまま高性能路線を突き進みました。成長期に入ると、規格訴求ではなくベネフィット訴求に転換すべきなのです。同時に、ターゲットはイノベーターから人口が多い次のグループ、アーリーアダプターに移す必要があります。しかし、サムスンは成長期の最中でもハイスペック訴求にこだわって、シェアを落としてしまったのでした。

成長期に規格訴求で失敗した、もう１つの例を紹介します。再びデジカメの登場です。

３-１節で解説したように、デジカメは画素数競争で市場規模を急速に拡大しました。大ヒットとなったカシオＱＶ-10は、今では考えられないほど画素数が少ない、25万画素。たった５年後の２０００年には、各社から３００万画素の新製品が出そろいます。

しかし、画素数競争はここでストップします。技術が追いつかなかったからではありません。新技術４００万画素の新製品が売れなかったからです。来店客が買うのは、旧式の３００万画素、２００万画素の商品ばかり。画素数だけでは生活者は踊らなくなってしまったのでした。２００１年のデジカメ普及率は約15%。すでに導入期を終えて、成長期に入った頃です。

結局、再び市場を賑わすようになったのは、笑顔シャッター（相手が笑顔になると自動的にシャッターが切れる）、ペットデジカメ（動いているペットでもピントが合う）、小型・軽量などの機種でした。最後の「小型・軽量」は一見、規格訴求ですが、じつは3つともに共通しているのは「大切な瞬間を逃さない／失敗しない」アーリーアダプターが理解できるベネフィットです。

成長期はベネフィット訴求に切り替えよ、ただし需要の大きいベネフィットに限る

図3-2-1を見てください。導入期のマーケティング戦略は、ある種メーカーにとってやりやすいものです。なぜなら、購入者の大半がイノベーターで、専門用語を理解しているからです。技術者が使う用語をそのまま伝えれば、イノベーターは商品の良さをわかっ

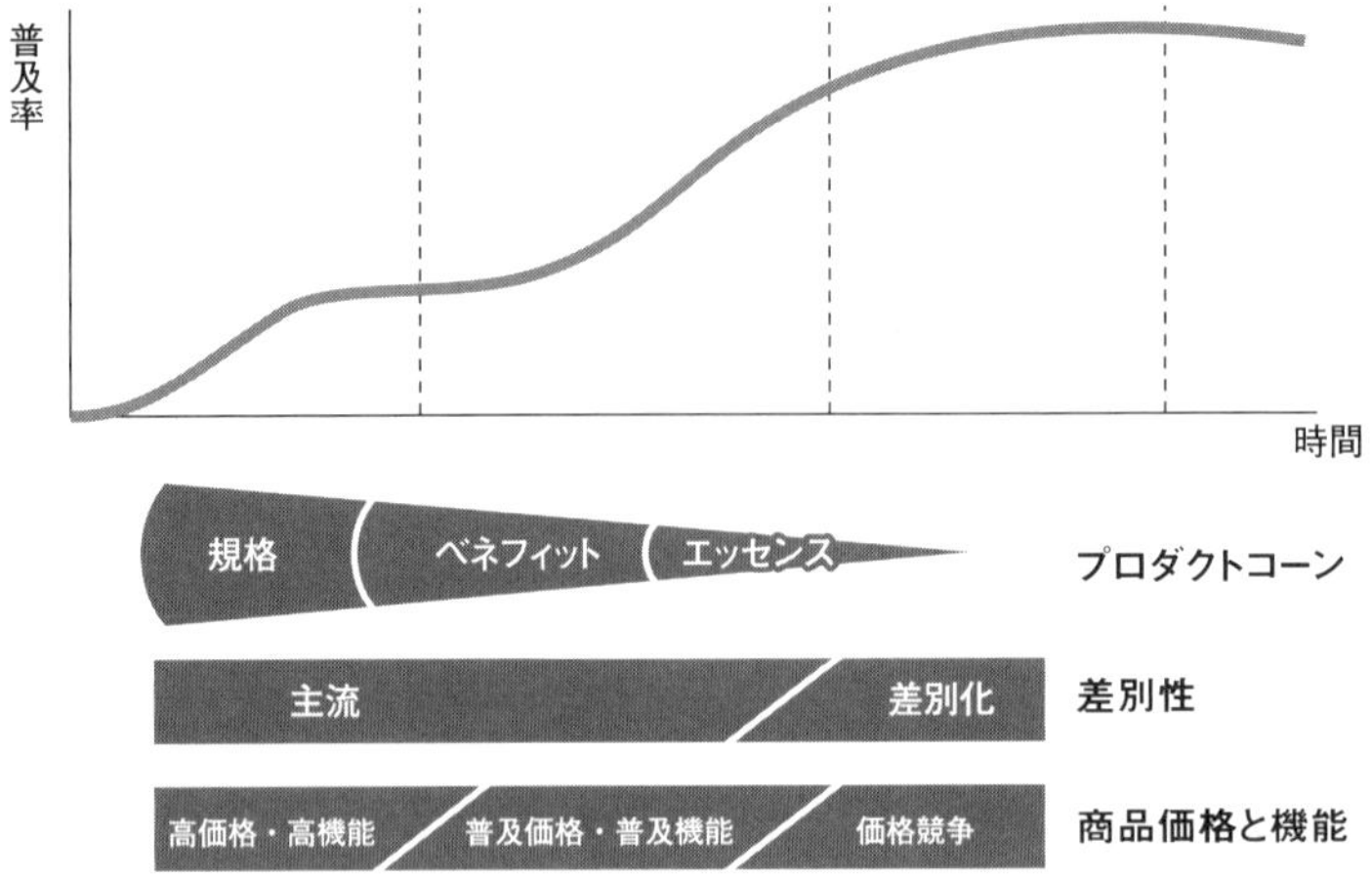

図3-2-1　プロダクトライフサイクルと戦略

てくれます。スマートフォンでいえばＣＰＵ、ＲＡＭ、ＲＯＭはもちろん、ＣＰＵの型番であるＳｎａｐｄｒａｇｏｎ８８８、電池の容量単位である５０００ｍＡｈをそのままキャッチコピーにするだけでいいのです。

　しかし、商品ジャンルが成長期に入ると、市場は一気に広がる反面、イノベーターが主役だったユーザーは、もっと人口が多いアーリーアダプターに移ります。これが、メーカーにとっては難問です。アーリーアダプターは専門用語を理解できないので、彼らがわかりやすい言葉（ベネフィット）を使わないと買ってくれないからです。スマートフォンでいえば、次のような訴求です。

「サクサク動きます」
「サイトが一瞬で表示されます」
「何百曲もの音楽が収納できます」

ただし、ベネフィットならなんでもいいかというと、また違います。いくつもあるベネフィットの中でも、需要の大きいベネフィットでなければなりません。

ベネフィットへの移行は、一見かんたんなようですが、困難な点が３つあります。

１つ目。導入期は技術競争でしたから、技術部門の意見が大きく通ります。また、マーケティング部門や広告部門も技術者脳です。社内では専門用語が普通に通用しますし、専門用語のほうが社内コミュニケーションが楽です。そのため、市場が成長期に移行しても、大きな声が社内で通用してしまうのです。規格訴求で売上が伸びたのを、急に変更する勇気がないからです。前例主義です。

２つ目。企業がいつベネフィット訴求に切り替えていいのかのタイミングがわからないからです。

３つ目。企業がユーザーを見ていないからです。どんなベネフィットが最もアーリーアダプターを買う気にさせるのかがわからない。「サクサク動く」ほうが大事なのか、「音楽を聴ける」ほうがより買いたい気にさせるのか。ユーザーに向き合っていないからこその現象です。

　サムスンのＧａｌａｘｙは、そもそも「その時点での最高峰、最高性能を目指す」がコンセプトです。したがって、性能（規格）で市場を拡大したＧａｌａｘｙ（正確にはＧａｌａｘｙ Ｓシリーズ）が成長期に入ってからも、そのスタンスを持ち続けてきました。しかし、それがアダになりました。成長期の主役であるアーリーアダプターには、規格訴求ではサムスンＧａｌａｘｙの良さである高性能のメリットが伝わりません。その結果、ｉＰｈｏｎｅをはじめとして、シャープ、ＡＳＵＳ、ファーウェイなどの競合メーカーの後塵を拝することになってしまったのでした。

　もっと重要なことは、成長期に入ると他社製品の性能も及第点になることです。メールやＳＮＳ、マップなどの普段使いなら、サムスンＧａｌａｘｙでなければこなせないものがなく、旧機種の「20本しかアプリが入らない」ような不満点もなくなります。品質も安定します。ＮＥＣや富士通の機種のように熱暴走で電話中にいきなり電源が切れて、冷却しないと充電すらできないような製品も少なくなります。アーリーアダプターでもそこそこ満足がいく買い物ができるのです。

　冒頭のように、サムスンの市場シェアが２０１６年には３・８％にまで落ち込んだのは、そのせいでした。

普及性能・普及価格帯の商品を投入する

加えて成長期における重要な戦略は、普及価格帯の商品を揃えることです。競合状況に従って、売れ筋の価格帯も変化します。


［導入期］売上が少ないのに事前投資が大きいので、高価格になる。

［成長期］量産効果で徐々に価格が下がる。そのわりに性能や機能が上がるので、コストパフォーマンスは高くなる。高性能商品も出現するが、導入期の価格で買える。

［成熟期］技術が飽和し、生活者にとってもメリットの上昇が少なくなる。その結果、似たような性能の商品ばかりになるので、勢い価格競争が始まり、体力のない企業は撤退する。

［衰退期］残った企業は市場を独占できるので、過剰な低価格商品はなくなる。

アーリーアダプターは、イノベーターほど「好きなものにはお金を惜しまない」人たちではありません。彼らの要求価値に対して価格が高すぎると感じると、買いません。したがって、成長期に普及性能・普及価格帯の商品を投入し、高性能・高価格機種との２本柱で市場規模と市場シェア、そしてブランドイメージを確立するのが定石です。

たとえば、ｉＰｏｄは５万円のｉＰｏｄ ｃｌａｓｓｉｃがヒットしてから、ｉＰｏｄ ｍｉｎｉ（２万７０００円）、ｉＰｏｄ ｎａｎｏ（１万７０００円）とラインナップを揃えました。このような例は、パソコン、テレビ、ＡＶ機器、自動車の安全装備などでも見られます。

アップルはｉＰｈｏｎｅでは高性能・高価格機種しか発売していませんでしたが、メモリ容量の多寡によって、高価格から普及価格までのラインナップを揃えていました。また、アップルとの契約で一定数量の販売ノルマを課せられたソフトバンクやａｕは、最低容量メモリのｉＰｈｏｎｅをゼロ円でばらまきます。上記２つの施策で、擬似的に高価格帯から普及価格帯のラインナップが揃うようになります。

Ａｎｄｒｏｉｄ機種の雄であるドコモも、高価格帯から普及価格帯までのラインナップがありました。新製品の価格は高級機と普及機で１割程度の差しかありませんでしたが、前の季節で余った在庫はゼロ円でばらまきました。しかし、ゼロ円スマートフォンは、シャープやNECなど他社の型落ちスマートフォンです。人気だったサムスン製ではありませんん。同じゼロ円スマートフォンでも、iPhoneはブランド統一、ドコモはバラバラ。サムスンにとって不利なのは明白です。

「(差別化せずに)優位性を向上させる」
「需要が大きいベネフィットを訴求する」
「普及価格帯商品を用意する」

これが、成長期に成功する3点セットです。
このように、プロダクトライフサイクル理論をきちんと理解していれば、避けられた失敗をなくし、成功確率を高めることができるのです。

成長期の戦略3点セットを忠実に実行して成功したアップル

それでは、どうしたら成長期に成功するのか。アップルが典型的な成功教材です。
常勝イメージがあるiPhoneですが、一度シェアを落としたことがあります。

2011年にスマートフォン内で59・7％もあったシェアが、2012年には33・1％と急落しました。iPhoneよりもAndroid機のほうが売れたからです。普通ならアップルはそのまま失速して、海外のように2番手3番手のスマートフォンメーカーに没落しても不思議はありませんでした。しかし、翌年の2013年は46・0％に上昇。2014年には50％台のシェアに戻りました。

この間になにがあったのか。

ドコモがiPhoneの取り扱いを始めたのも1つの原因です。しかし、ドコモが販売開始したからといって、たとえば米モトローラのスマートフォンが売れるわけではありません。アップルは、成長期に必要な性能向上、アーリーアダプターにもわかりやすく需要が大きいベネフィット訴求、買いやすい普及価格帯を揃えたのです。

普及価格帯についてはすでに言及しました。特筆すべきはベネフィットです。iPhoneの大きなベネフィットは、音楽とゲームです。

音楽については、アップルのiPodが2009年から急激に普及します。iPhoneは、iPodから顧客を奪うように、音楽再生機として利用されました。アップルの音楽配信サービスiTunesの成長とともに、iPhoneで音楽を聴くことが一般的になったのです。せっかく売れていたiPodを惜しむことなくiPhoneに吸収させたアップルは、じつに素晴らしいと思います。なにせ、今まで売れていたものをわざわざ新製品で潰すことを嫌い、結局他社にお株を取られてしまうケースはどこにでも転がっているからです。

もう1つのベネフィットは、ゲームです。アップルは、アプリ配信サービスのＡｐｐＳｔｏｒｅで２００８年からゲーム市場に進出します。当初、新しい携帯ゲーム機は、ニンテンドーＤＳやＰＳ Ｖｉｔａにはとうてい勝てないと言われてきました。しかし、腰を据えてプレイする国産携帯ゲーム機と異なり、短時間で電車内でも遊べて、いつ電源を切っても続きから遊べるアップルのゲームは、ゲーム好きとはまったく異なる人たちを取り込みました。しかも、ガラケー時代からゲームで盛況を博していたＧＲＥＥやモバゲーがＡｐｐＳｔｏｒｅに移動。ゲーム市場は、２０２０年に約５０００万人がプレイする、１兆２０００億円の市場規模に成長しました。

いわゆるガチャ課金が伴うゲームアプリの２０２０年の売上1位は、モンスターストライクの８７２億円。２位はＦＧＯの６２９億円と、とんでもない金額です。２０２１年にはウマ娘が大ヒット、月間売上１３０億円を上げており、このままいけば年間１５００億円にも達する勢いです。例えていえば、家庭用ゲーム機向けのドラゴンクエストの新作が毎年コンスタントに１０００万本（ドラクエ11の約3倍）売り上げているような状態です。

ここまでなら、ｉＰｈｏｎｅは有利でもなんでもありません。ＡｐｐＳｔｏｒｅから多少遅れましたが、グーグルもＡｎｄｒｏｉｄ機向けにＧｏｏｇｌｅ Ｐｌａｙを構築していたからです。しかし、ゲーム開発現場では様相が異なります。ｉＰｈｏｎｅでは、ｉＯＳ専用の言語で組んだプログラム（アプリ）がそのまま動作します。一方のＡｎｄｒｏｉｄの場合は、さまざまなスマホメーカーが異なる仕様のＡｎｄｒｏｉｄ機を開発できるように、アプリはすべてプログラミング言語Ｊａｖａで書かれます。ところが、ＪａｖａはＡｎｄｒｏｉｄ専用の言語ではないため、最適化されていません。ｉＰｈｏｎｅのアプリとくらべて、無駄な動作が多いのです。その結果、ｉＰｈｏｎｅでプレイするゲームは速く動くのに、Ａｎｄｒｏｉｄ機ではワンテンポ遅れます。アクションゲームでは、一瞬の遅れは命取りです。スコアが伸びなかったり、ほかの人に勝てないのでは、おもしろくもなんともありません。すると「ゲームを遊びたいならｉＰｈｏｎｅしか選択の余地がない」「ちょっと強いキャラを引くために何万円もガチャにつぎ込むくらいなら、ｉＰｈｏｎｅに買い換えたほうがずっと安上がりだよ（微課金ユーザーでもガチャに月数万円を使うゲームも多い）」などのクチコミが広がるようになります。

　音楽とゲームのベネフィットが広く伝わったのと同時期に、ほかのベネフィットである「使いやすい」が加わり、若い人たちに浸透しているから、「わからないときは聞ける人が多い」ベネフィットで仕上げる。ｉＰｈｏｎｅは、需要が大きいベネフィットにきれいに的を絞ったことがわかります。

ちなみに、「ｉＰｈｏｎｅはおしゃれだから普及した」と主張する人たちも多いのですが、「おしゃれ」程度で何万円もするスマートフォンを買うほど現代の若者の多くはバカではありません。結局ｉＰｈｏｎｅは、成長期に必要な

・性能革新
・アーリーアダプターに理解できるベネフィット訴求
・普及価格・普及機能機種のラインナップ（ゼロ円での配布を含む）

の３点セットを忠実に実施し、失敗パターンを避けてきたからこそ成功したのです。

Ａｎｄｒｏｉｄだって、Ｔｗｉｔｔｅｒをはじめとする ＳＮＳや位置情報に従って案内してくれる地図活用など、スマートフォン利用の上位を占める利用法をベネフィットとしてもっと訴求してもよかったはずです。第一、地図はしばらくＧｏｏｇｌｅ Ｍａｐ（Ａｎｄｒｏｉｄ）の天下だったではないですか。しかし、利用シーンやアプリのベネフィット訴求を実施したＡｎｄｒｏｉｄ機メーカーはありませんでした。また、Ａｎｄｒｏｉｄ

機を束ねるドコモも、ベネフィット訴求には無関心。結局、iPhoneは敵がいない中での一人勝ちだったのでした。

もっとも、最近はiPhoneの戦略も迷走しています。くわしくは別の機会に譲ります。

成長期の始まりは普及率16%では遅すぎる

ネットをながめていると、プロダクトライフサイクル理論とイノベーター理論、そしてキャズム理論を組み合わせて説明しているサイトが多く見つかります。次のような主旨です。

・導入期はイノベーターとアーリーアダプターが中心。両者合わせて16%の人口比なので、成長期はそれ以降となる。

・キャズム理論によると、導入期から成長期には溝ができるので、キャズムから抜け出せないと普及率16%で成長が止まることがある。

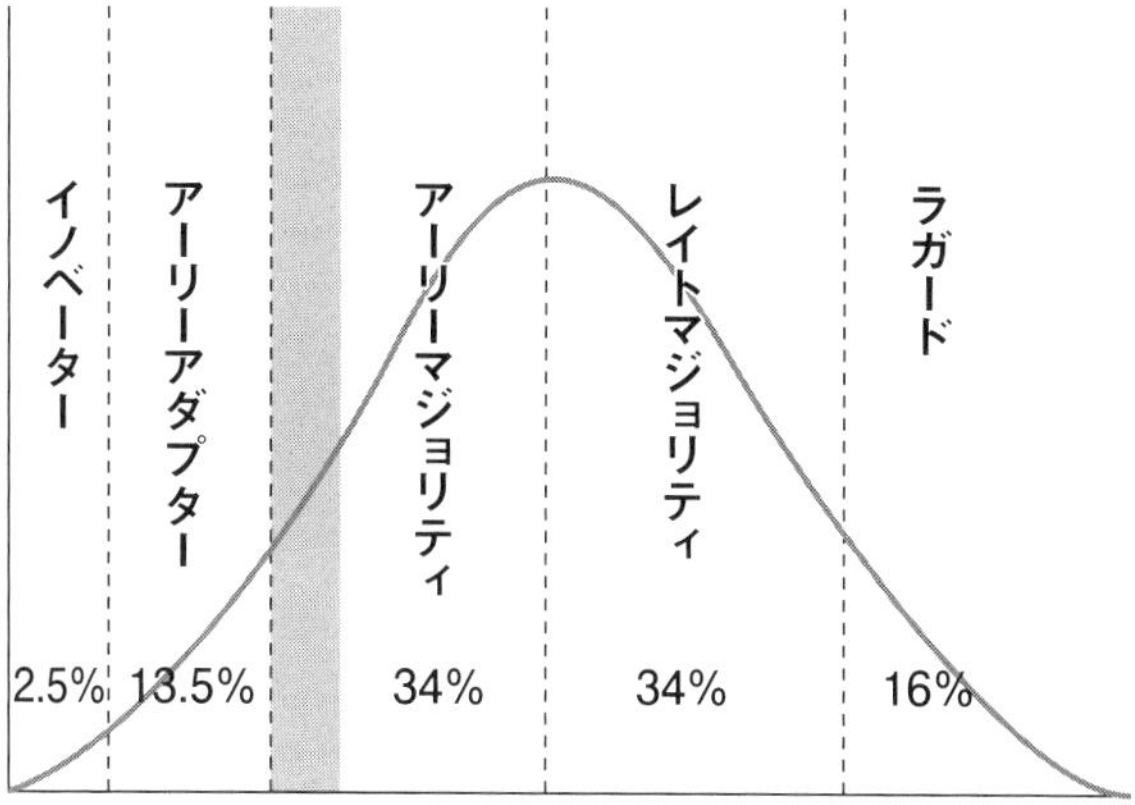

図3-2-2　キャズムとイノベーター理論のよくある図

ほとんどが、図3-2-2のようにイノベーター理論にキャズム（溝）ということで縦に大きな溝が描かれます。これらはすべてまちがいです。

プロダクトライフサイクル理論にイノベーター理論を組み合わせたのは、私がはじめてです。26年前の1994年に刊行された『ランチェスター戦略を超えて』（ジャパンミックス）で公開した理論で、後の『シンプルマーケティング』（翔泳社）にも掲載しています。

第2章でも解説したように、私はイノベーター理論の元祖「ロジャーズのイノベーター理論」の考え方はそのままに、改変を加えてイノベーター理論としました。

まず、5段階だったグループを、シンプルに3段階にまとめました。ロジャーズの理論では、イノベーターは人口比で2・5%と定義づけます。しかし、実務では2・5%をイノベーターとすると、次のような問題が出てきます。

・(少なくとも日本では) 2・5%のグループは、ほかのグループに影響を与えない、一般用語でいう「マニア」です。いくら機動戦士ガンダムマニアが熱く語ったとしても、ロリータファッション好きが街を闊歩しても、ほかの人々に流行りません。

・プロダクト・ライフサイクル理論を検証するために、実際のさまざまな事例と照らし合わせてみると、ロジャーズの16%ではなく、10%程度が成長期へのブレイクポイントであることがわかりました。実際、家電メーカーなどでも「10%にまで普及すれば、自然と伸びる」と、半ばジンクスのように言われています。この「10%」の数字は、後述するクープマンの目標値の「10・9%」と符合します。

・生活者調査を実施するときに、2・5%のイノベーターを、必要最小限のサンプル数である30サンプル抽出しようとすると、1200サンプルが必要となってしまいます。当時、紙の時代で1サンプル1万円が相場でしたから、実査費だけで1200万円もかかる調査は現実的ではありませんでした。
（現在はネット調査が主流で、1サンプルあたりのコストは大幅に低下したので、この問題は解消されたといっていいでしょう）

16%まで市場が普及してしまうと、すでに成長期に突入してしまっているのです。これでは遅すぎます。成長期への対応が遅れると、冒頭のサムスンの事例のように、16%の普及率になるまでスペック訴求を続けてしまい、失敗するのです。
なお、「成長期は16%から始まる」と解説する記事のほとんどが、キャズムについて言及しています。キャズムとは、導入期から成長期にスムースに移行できず、市場拡大が失速してしまう現象を指します。キャズム理論の書籍を読むと、ほとんどがIT業界についての話でした。事例として「オラクルのデータベースが成熟期に入り」など、一般生活者や一般市場とはまったく異なる視点で書かれていました。一般市場では数%しかない中で、やれ成長期だの成熟期だのと論じてい

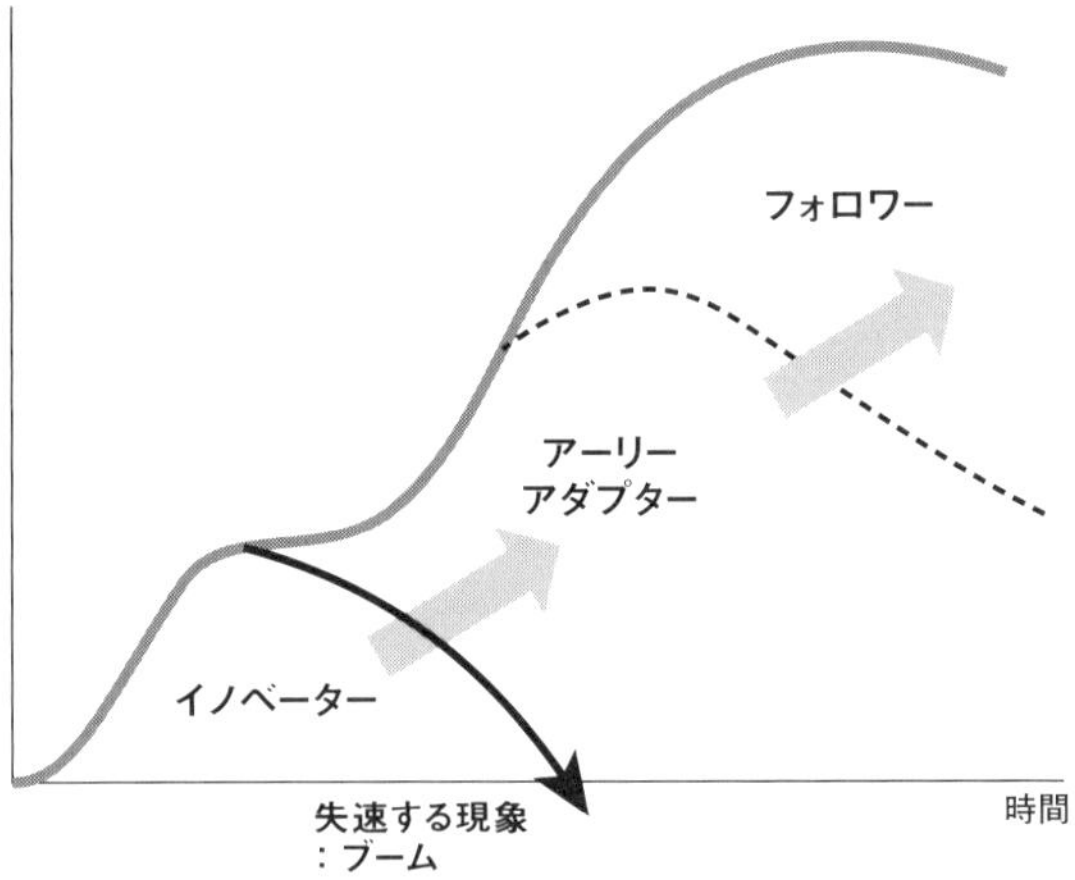

図3-2-3　キャズムというより「ブーム」

るのがキャズム理論です。一般生活者を対象とするマーケティングの世界の理論ではありません。

キャズムの考え方は、私も同感です。しかし、その適用にはいくつもの問題点があります。たとえば、キャズムは「溝」ではありますが、図3-2-2のような縦に直線的な溝があるのではありません。だって、明日からいきなり一斉にイノベーターがその商品を買わなくなるなんて事例は存在しないのですから。

私はキャズムと同様の考え方を、図3-2-3のように、イノベーターからアーリーアダプターへの橋渡しが失敗する現象を「ブーム」と呼んでいます。いわゆる一般に言われるブームで、裏にある理論的背景がイノベーター理論とプロダクトライフサイクル理論だとの考え方です。

3/

3 自分を弱者と認めたくない

クープマンの目標値

トップ企業やトップブランドに勝負を挑んで散った商品はたくさんあります。

即席ラーメン市場では、日清食品がトップです。東洋水産の「マルちゃん正麺」やサンヨー食品の「麺の力」がどれだけヒットしようが、ビクともしません。

カジュアル衣料市場のユニクロ対しまむら、ユナイテッドアローズ、ライトオン、Ｈ＆Ｍ、フォーエバー21、ＺＡＲＡ、ＧＡＰ。

目薬市場のロート、ハンバーガーチェーン市場のマクドナルド、コンビニ市場のセブンイレブン。

上記トップには、すべて共通点があります。巨人やガリバーと私が呼ぶ、「強大なシェアを誇るブランドや企業」であることです。

ガリバー企業やブランドは、そんじょそこらのヒット商品ではビクともしません。「安定した1位」なのです。

では、どれくらいの市場シェアがあればいいのか。

41・7％以上です。これだけあれば「かんたんにはひっくり返らない1位」です。

20倍もの大きさの大企業にも勝てるほどの守備力が、ガリバーの大きな強み

事例を挙げます。高級アイスクリームの堂々たるガリバー、ハーゲンダッツです。プレミアムアイスクリームでダントツ1位の巨人です。約70年もの歴史を誇り、企業規模がハーゲンダッツより20倍と圧倒的に大きいロッテ、明治、グリコは今に至るまで太刀打ちできていません。対抗商品は発売してきましたが、ことごとく玉砕してきました。

ハーゲンダッツが１９８４年に日本進出した当時、家庭用プレミアムアイスクリームといえばレディーボーデンとフレーバーランドでした。しかし、米レディーボーデンは、ライセンス契約のトラブルで一時日本から撤退します。その隙を縫って躍進したのが、ハーゲンダッツです。ハーゲンダッツは、百貨店などの高級店用の大容量商品と専門店との２本立てでデビューしましたが、すぐにミニカップタイプを発売。加えて、成長期のまっただ中にあり、店数を急速に拡大したコンビニに流通を拡大。個食化の流れとコンビニの成

長に乗って、またたくまにトップの座に着きました。２０２０年には、プレミアムアイスクリームの85%の市場シェアを占拠しています。

その間に発売された競合商品はこのようなものです。

・雪印　↓　リーベンデール（１９８２年）
・ロッテ　↓　エクセレントアイスクリーム（１９８５年）、再参入したレディーボーデン（１９９４年）
・森永　↓　ビエネッタ（１９８７年）
・明治　↓　ａｙａ‐彩‐（１９９０年）

競合各社は、大資本を使ってテレビ広告を大量出稿し、「プレミアムアイスクリーム戦争」と呼ばれる競争が勃発しました。

現在、明治全体の売上は約1兆円、森永は約６０００億円、ロッテは約３０００億円。対するハーゲンダッツは約５００億円、企業規模でいえば、明治の20分の1しかありません。本気を出せばひねり潰されてもおかしくない規模の差です。それでも、細々と残ったのはレディーボーデンだけでした。他社の新製品は、すべて店頭から消えていきました。

ハーゲンダッツが競合大企業を凌ぐテレビ広告を実施したわけではありませんし、コンビニやスーパーに大規模なリベートを支払ったわけでも、大々的なセールをしたわけでもありません。むしろ、ハーゲンダッツは高級イメージを損なわないように、スーパーに対して値下げ禁止の圧力をかけていたくらいです。ハーゲンダッツの広告や販売促進活動は、それだけ消極的でした。

それでも、明治をはじめ競合企業が返り討ちに遭ったのは、ハーゲンダッツが41・７％以上の市場シェアを占めていたガリバーだったからです。20倍もの大きさの大企業にも勝てるほどの守備力の堅さを持つのが、ガリバーの大きな強みなのです。

余談ですが、日本で冬にアイスクリームを食べる習慣の発端はハーゲンダッツだと思われがちですが、実際はホブソンズです。１９８５年10月に東京西麻布に第一号店を出店し、冬に行列ができたのを新聞やニュースで流されたのがきっかけでした。学生のサクラを動員して行列を作り、メディアで話題にした策が成功しました。

業界が違っても、同じ失敗パターンを繰り返すことがよくあります。アイスクリームと同様の戦争を経験した、栄養ドリンクです。栄養ドリンクの発祥は、１９６２年に発売されたリポビタンDです。発売とともに巨人軍のテレビ広告を出稿し、大ヒットしました。

その直後にはアスパラＣ（１９６２年。現在のアスパラドリンクα）、エスカップ（１９６３年）、グロンサンバーモント（１９６４年。現在の新グロモント）、チオビタドリンク（１９６４年）が発売されます。しかし、勝者となったのは、リポビタンＤでした。シェアが４１・７％を超えるガリバーだったからです。

激しい戦争が終わり、ユンケル皇帝液（１９６７年）が登場したものの、状況は落ち着いたかに見えた栄養ドリンク市場でしたが、再び戦争が始まります。アルギンＺ（１９７９年）、タフマン（１９８１年）、リアルゴールド（１９８１年）が乱入したのです。競合企業は、激しい広告合戦を繰り広げました。タフマンは伊東四朗、リアルゴールドは三浦友和や田中邦衛などの有名人ばかりです。企業規模こそプレミアムアイスクリームの時のような差はありませんでしたが、結局リポビタンＤの牙城を崩すことはできませんでした。

ちなみに、現在の栄養ドリンク２位のアリナミンＶは、１９８７年の発売。第２次栄養ドリンク戦争の後です。

1位がひっくり返らないカギは「市場シェア41・7%」

市場シェアの概念は、一般にも知られています。しかし、「企業が掲げる市場シェア目標が20％なのはなぜか」と問われても、「今より大きいから」としか理由が述べられない企業がほとんどです。発言した当の本人だって、個人的な感覚や今までの経験がベースであって、論理的な理由などありません。

「市場シェアが前期より上がった、下がった」
「市場シェアが競争相手より高い、低い」

市場シェアは、すべて「比較」「相対」でしか語られません。
市場シェアは、私たちに多くを語りかけてくれます。もし、企業が市場シェアが発するサインに気がついて、競合企業が気がつかなければ、自社は有利になります。

ブランドを育てることができます。
無駄なお金を使わなくて済みます。
効果的なキャンペーンに集中できます。
売上を上げたり、売上低下を防ぐことができます。

そんな有益なサインを教えてくれるのが、クープマンの目標値です。

クープマンの目標値は、日本初の紹介こそランチェスター理論の故・田岡信夫氏の著書『ランチェスター・マーケティング 参謀学 第2巻』（ビジネス社）ですが、3ページしか記述がありませんでした。自慢ではありませんが、クープマンの目標値に最も多くページを割いている書籍は、私の『シンプルマーケティング』です。

クープマンの目標値を提唱したコロンビア大学のクープマン教授は、数学者です。彼は「黄金比率」「自然界のパワーバランス」を発見したかったようです。「黄金比率」とは、「その状態で安定する比率」「すべてがその比率に収れんするポイント」のことです。クープマンの目標値は、私たちがよく使うあいまいな定義ではなく、数学的な意味のある指標です。

図3-3-1を見てください。クープマンの目標値には次の5つの指標があり、それぞれ意味があります（［並列的競争シェア19・3％］もありますが、めったに使わないので省略します）。

［独占的市場シェア］73・9％
［相対的安定シェア］41・7％
［市場的影響シェア］26・1％

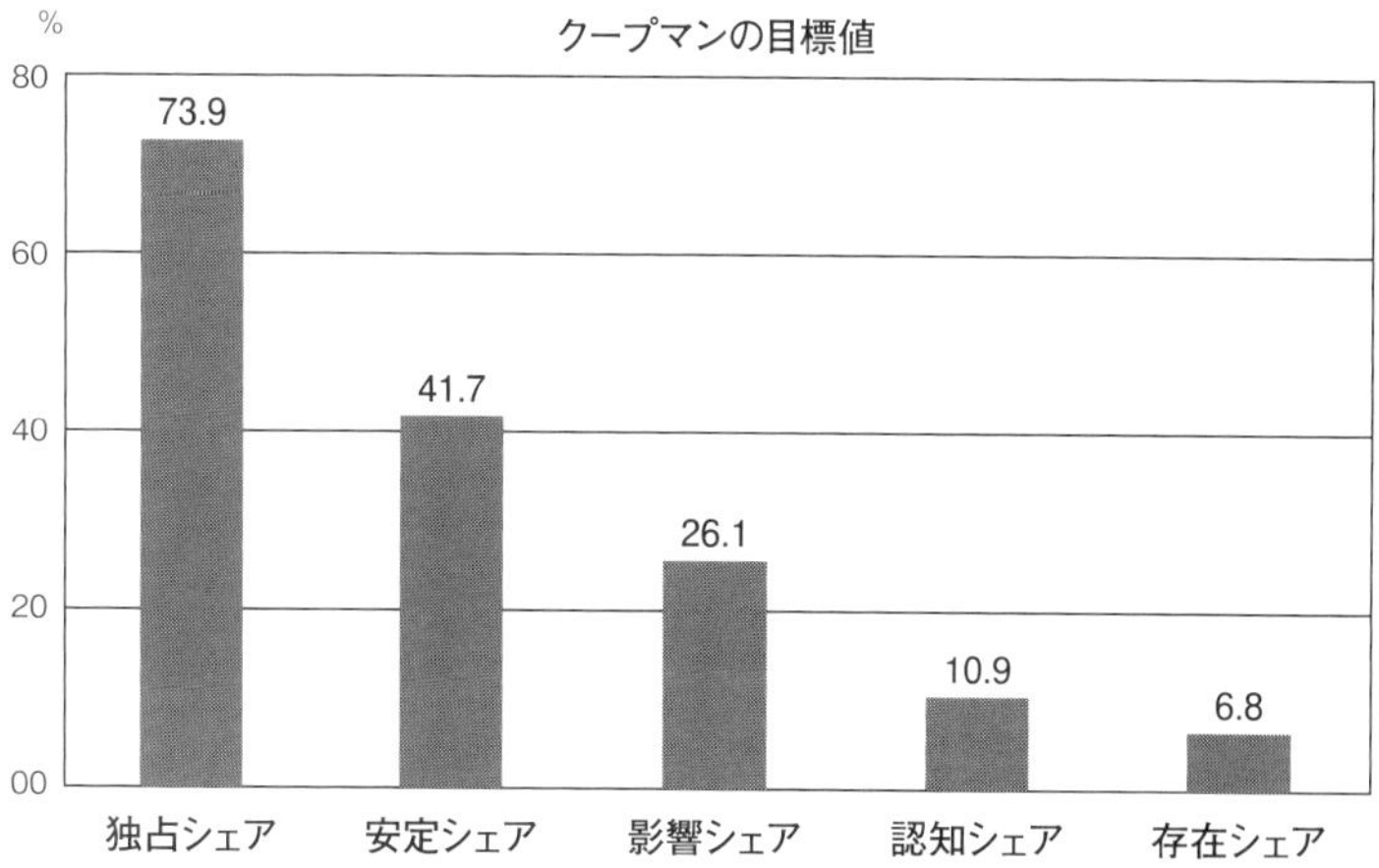

図3-3-1　クープマンの目標値

「市場的認知シェア」10・9%

「市場的存在シェア」6・8%

ザ・独占：73・9%［独占的市場シェア］

新聞やニュースでは「独占」の単語が使われますが、概ね50%以上の市場シェアを取れば独占と呼んでいるようです。一方、クープマンの目標値では、73・9%以上が独占です。独占なので、何をやっても許されます。値上げしようが、下位企業の新製品を潰そうが、「何でもアリ」です。

私たちが無意識に使う「寡占」も、独占的市場シェアで定義することができます。上位2社で73・9%以上を占めれば「2大寡占」、上位3社で73・9%以上を占めれば「3大寡占」と定義づけられます。

日本には独占禁止法があるので事例を見つけることが困難ですが、マクドナルド（75・8%）やハーゲンダッツ（85%）が挙げられます。

ガリバーブランド：41・7%［安定シェア］

今回の主役です。独占シェアよりも頻繁に見かけるのが安定シェアです。41・7%を占有すれば、「1位であり」、かつ「滅多にひっくり返らない1位」になります。ただし、独占ではないので、「何をやっても許される」わけではありません。「相当強くて、攻略が困難な」存在です。

ブルーレイディスク録再生機市場のパナソニック（37・6%）、目薬市場のロート製薬（40・1%）、自動車におけるトヨタ（51・1%）が代表例です。

なお、クープマンの目標値は数学的に算出された数字ですが、現実のシェアには誤差があるので、41・7%に満たないパナソニックのシェアもガリバーブランドと判断します。

多くの場合、その市場を最初に創った先行企業が41・7%以上を占めます。かつてのウォークマンのソニーしかり、宅配便サービスを日本で最初に始めたヤマト運輸しかりです。

また、パソコンなどでは、その年の出荷数シェア（設置数シェアではないことに注意）が安定シェアを超えると、大ヒットとして生活者の記憶に残ります。ネットブックはノートパソコンの出荷数シェアで安定シェア40％以上を占めましたし、ソニー（現在はＶＡＩＯ）のＶＡＩＯも、クラムシェル型マッキントッシュも、ノートパソコンの出荷数シェアで安定シェア40％以上を記録した時に大ヒットと言われました。

冒頭の事例に挙げたハーゲンダッツも、リポビタンＤも、シェア41・7％を超えるガリバーブランドでした。だから、鉄壁の守りがありました。逆に言えば、ガリバー企業やブランドにケンカを仕掛けるなら、相当な覚悟、用意周到な差別化、需要の穴を埋める対抗商品を準備しないといけないことを意味します。

市場全体でなくとも、市場セグメントで安定シェアを取るとブランドイメージが変化することがあります。電通は広告業界では恐れられている存在で、同業他社からは「だれも勝てない」と言われていますが、電通の広告全体に占める市場シェアは24％しかありません。後述する、「いつひっくり返されるかわからない1位」です。

ところが、電通はテレビ広告の市場シェアは37・5％で、安定シェアです。広告の世界で影響力が最も強いテレビ広告市場だからこそ、「電通は強い」イメージが定着したのです。

電通の例はとりもなおさず、戦略的に次のことが言えます。

「どれか1つのセグメントでも41・7%以上の市場シェアを取れば、強いイメージができあがり、有利になる」

なお、クープマンの目標値には留意点があります。3社以上の市場であることです。2社しか存在しない市場で41・7%を取っても1位にはなれません。

大暴れ可ブランド：26・1%「影響シェア」

シェア26・1%は、1位の場合と2位の場合があります。1位は、「いつひっくり返されるかわからない不安定な1位」。2位は、「安定した2位」です。特に、影響シェアで2位の市場では、多くのケースで1位が41・7%なので、安定「してしまって」いるのが実情です。膠着ともいいます。

1位であっても2位であっても、「影響シェア」の名称が示すように、市場に影響を与えることができます。影響シェアの企業が価格競争を仕掛けたり、新製品を発売すると、他社も無視できずに追随しがちです。例としては、チョコレート市場の明治（29・6%、1位）、即席めん市場での東洋水産（21・3%、2位）があります。パナソニックは白物家電で強いイメージがありますが、じつのところ、多くの市場で影響シェア（エアコン22・7%、冷蔵庫24・3%など）しかありません。

ちょっとブランド：10・9%［認知シェア］

10・9%は、「認知」の言葉どおり、「（この数字を超えると）生活者が企業やブランドを知る・認める」ラインです。1つの市場で安定シェア41・7%や影響シェア26・1%は1社ずつしかないケースがほとんどなのに対して、認知シェア10・9%は2〜3社が併存することがよくあります。

認知シェアの企業は、安定シェアのような安定さはないので、いつ下位に転げ落ちてもおかしくありません。また、影響シェアのような影響力はありませんから、値下げしても新製品を投入しても、競合企業から無視されることが多々あります。

事例としては、化粧品のポーラ（10・0%）、コンタクトレンズ市場でのチバビジョン（12・2%）とボシュロム（9・6%）です。

崖っぷちブランド：6・8%［存在シェア］

存在シェアは、「存在」の言葉どおり、「市場で存在を許される最低限のシェア」です。新製品の場合は、最初に目指すべき目標シェアといってもいい水準です。

逆に言えば、「存在シェア以下のブランドや企業は、市場から撤退したほうがマシだ」という意味でもあります。１９６０年代にアメリカのＧＥ（ジェネラル・エレクトリックス）がリストラをした際、６・８％未満のシェアしかとれない商品分野から撤退して、経営が持ち直した事例があります。

事例としては、プロジェクター市場でのカシオ（７・４％）、チョコレート市場でのネスレ（５・６％）、目薬市場での小林製薬（５・６％）があります。

本当の崖っぷち：2・8％

以上、６・８％までがクープマンの目標値の正式な基準値ですが、クープマンの目標値を日本で最初に紹介したランチェスター戦略の故・田岡信夫は、その下の指標にも注目しています。２・８％です。故・田岡信夫は特に意味合いを定義していませんが、とりあえず「存在するギリギリの予選通過ライン」と私は理解しています。

チェーン店のスクラップ＆ビルド政策では、年間３％前後の店を入れ替えることが最も効率的とされています。また、３％程度の市場シェアなら、「注目」を浴びることがあります。アマゾンが家電量販店に非難され始めたのは、家電量販店市場で３％の市場シェアを越えてからです。

商品だけではありません。ロジャースが定義するイノベーターや、私が定義するマニアも、3％の人口比です。草食男子、腐女子、コスプレなどの社会現象も、3％程度の人口になった頃から話題になりました。

私の経験では、メディアに関しては次のような法則があります。

・2％を越えたあたりから、雑誌が話題にし始める
・5％（存在シェア）を越えたあたりから、新聞が話題にし始める
・10％（認知シェア）を越えたあたりから、テレビが話題にし始める
・それ以降は、どのメディアも話題にしなくなる

つまり、「めずらしい」と聞いて「そういえばそうかも」と考えるのが3％くらい。30人に1人です。企業の1部署、学校の1クラスが30人くらいと考えれば、想像しやすいでしょう。生活者が考える「当たり前」「めずらしくない」と考えるラインは、10人に1人である10％を越えたあたりです。部署やクラスに3人いる計算です。

「ガリバーとどう戦うのか？」その１：

弱いものいじめの法則

ガリバーに対してどう戦えばいいのか。残念なことに、ガリバーに対して下位企業が正面から戦うのは無謀です。かつての雪印乳業のように、ガリバー企業が致命的な失敗をしない限り、ガリバー企業はガリバーであり続けます。それでも、2つ方法があります。

1つは、「直接戦うのがムリならば、間接的に戦えばいい」と、禅問答のような、一休さんのトンチのような戦略です。ランチェスター戦略の故・田岡信夫は「弱いものいじめの法則」と呼んでいます。

たとえば、順位変動が少ないと言われる即席めんの各社の市場シェアは表のとおりで、典型的なシェア構造です。安定シェア1社、影響シェア1社、認知シェア1社、存在シェア2社が仲良く並んでいます。

こうなると、クープマンの目標値では「安定」、下位企業にとっては「膠着」状態です。日清食品は、下位企業がクープマンの目標値の基準値を超えないように押さえ続ければ安

メーカー	シェア	クープマンの目標値
日清食品	39.3%	安定シェア
東洋水産	24.3%	影響シェア
サンヨー食品	15.2%	認知シェア
明星食品	8.0%	存在シェア
エースコック	7.9%	存在シェア
その他	5.3%	

2014年即席めんの市場シェア

泰です。

安定（膠着）状態の市場では、下位企業は努力によって数%を伸ばすことはできますが、根本的に順位をひっくり返すことが難しくなります。たとえば、8・0%しか市場シェアがない明星食品は、39・3%の日清食品に真っ向から勝負を仕掛けても勝てません。東洋水産も「安定した2位」ですから、かんたんにはひっくり返りません。

明星食品が取れる手は、「下位企業いじめ（弱いものいじめ）」しかありません。具体的には次の3ステップです。


［第1ステップ］自分より弱い7・9%のエースコックやその他の企業から、市場シェアを少しずつ奪い取る。

［第2ステップ］すぐ上のサンヨー食品15・2%と真っ向勝負ができるようになったら、サンヨー食品にけんかを挑む。

［第3ステップ］サンヨー食品から市場シェアを取って14・0%に成長すれば、東洋水産21・3%と真っ向から勝負を挑めるので、けんかをふっかける。


ここでいう「けんか」とは、次のように、ターゲット企業を徹底的にマークすることです。

・狙い撃ちした企業の販促計画を察知したら、すぐに対抗販促計画を実施する
・狙い撃ちした企業が新製品を発売したら、すぐに類似コンセプトの新製品を投入する

「弱いものいじめ」策を取ることで実力をつけて、最後にガリバーに闘いを挑む――これが第一の戦略です。マーケティングを長年やっていると性格が悪くなりますが、気にしてはいけません。

「ガリバーとどう戦うのか？」その2：
チャンスの芽を見逃さずに反撃に出る

もう1つの戦い方は、偶然であってもチャンスの芽を見逃さず、即座に攻撃に出ることです。

事例を挙げます。ガリバーは、冒頭で紹介した2つの栄養ドリンク戦争を勝ち抜いてきたリポビタンDです。その鉄壁の守りを崩しつつあるのが、レッドブル、モンスターエナ

ジーを代表とするエナジードリンクです。

エナジードリンク市場は、２００８年には30億円だったのが、２０１７年に３９４億円、２０１９年には４５９億円にも拡大しました。一方のリポビタンDは、２０００年に９７２億円だった売上が、２０１７年には５８５億円、２０２１年には４８５億円と半減してしまいました。

エナジードリンクにとって、チャンスは２つありました。

①生活者の意識ギャップ

エナジードリンクが登場するはるか前から、栄養ドリンクは問題を抱えていました。中年と若者（気持ちが若い人を含む）では、栄養ドリンクの見え方が異なる現象です。

栄養ドリンクの主要顧客の中年にとって、栄養ドリンクは「普段の健康を維持する」もの。つまり「ケア」の意識でした。ところが、若者たちの栄養ドリンクに対する意識は、「問題があったときに治す（キュア）」でした。

「たとえ元気がないときでも、『栄養ドリンクを飲まないといけないほど自分の身体は悪くない』と思いたい」

そんな心理的な壁があったのです。

リポビタンDをはじめ、栄養ドリンクは何十年も年代意識ギャップを埋めることができませんでした。女性向け商品やライトユーザー向けの商品は投入しましたが、どれも女性や若者たちに根づいたとはお世辞にもいえませんでした。

そこに、若者たちがターゲットのエナジードリンクの登場です。リポビタンDの「弁慶の泣き所」とも言うべき弱点を思い切り突かれてしまったのです。

栄養ドリンクは「仕事に疲れたときに中年オヤジが飲んで元気になるもの」のイメージが強い商品です。つまり、マイナスからの脱却です。そして飲む人は「疲れたオヤジ」人物像。一方のエナジードリンクはスポーツや運動を中心とした展開をおこなってきたため、「今も元気だが、もっと元気になって身体を鍛え上げる／記録を伸ばす」イメージ。つまり、プラスをもっとプラスにする。そして、飲む人は「元から元気な若い」人物像です。

さらにエナジードリンクがある程度浸透してくると、栄養ドリンクと似た使われ方をし始めます。「元気を失った若者が元気を取り戻す」飲み物として使われ始めたのです。若者でも、仕事で疲れます。彼らにとって、エナジードリンクに栄養ドリンクのような高い心理的ハードルはありません。そのため、エナジードリンクは、栄養ドリンクのベネフィットと真っ向からぶつかったのです。

②運

エナジードリンクにとって、決定的な運が舞い込んできました。流通です。

２００４年に医薬品の規制緩和が実施され、栄養ドリンクがコンビニやスーパーでも取り扱えるようになりました。この緩和によって、栄養ドリンク市場は約５００億円も増加しました。リポビタンＤの売上の半分が増えた計算です。しかも、増加分のほとんどが、新しく取り扱いを始めたスーパーやコンビニでした。栄養ドリンクにとって、幸運の女神です。規制緩和を働きかけた甲斐がありました。

初期段階では、エナジードリンクにはなんのメリットもありませんでした。ところが、この規制緩和が、栄養ドリンクにとってアダになりました。栄養ドリンクが売れ筋だと気がついたことで、コンビニはレッドブルのような新参者も取り扱うようになったのです。当時のコンビニは、若者が主要顧客です。くしくも、栄養ドリンクの弱点とエナジードリンクのターゲットが交差した売場でした。

当初こそ売上を拡大したリポビタンＤでしたが、徐々にエナジードリンクに侵食されてしまいます。結局リポビタンＤは、販路拡大の欲をかいたせいで、エナジードリンクという爆弾をおびき寄せてしまったのです。特にリポビタンＤは、１００ｍｌで１５７円。気軽に買える清涼飲料水に限りなく近い位置づけだったからこそ、１位を確保できました。

しかし、その反面、リポビタンＤはエナジードリンクの影響を最も受けやすいポジションでもありました。

２つのチャンスのどちらが欠けても、現在のエナジードリンクの成功はありませんでした。しかし、たとえ運であったとしても、チャンスをすかさずキャッチすればガリバー相手にも勝てる可能性があることを示す、良い例になりました。

リポビタンＤでいえば、ガリバー企業／ブランドの戦略はこうです。

「あらゆるセグメントで１位を取りに行け。隙を作るな。蟻の穴からダムは崩れるのだ」

ガリバーブランドや企業にとっては「下位メーカーにとってのチャンスをいかに素早く潰すか」が重要ですが、鉄則を怠ったがために失敗した——それがリポビタンＤでした。

なお、リポビタンＤ（大正製薬）は、対エナジードリンク戦略で２つ目の失策をしました。エナジードリンクが急拡大したのに、対抗商品の投入が遅れたのです。大正製薬は、２０１５年に対抗商品ＲＡＩＺＩＮを発売しましたが、エナジードリンクの誕生から７年後でした。

クープマンの目標値をさまざまな用途に使う

クープマンの目標値で特に大切なのが、地域別の視点です。全国で26・1％を占めて1位だから強いかというと、判断を誤ることがままあります。ある地域では41・7％でガリバーですが、別の地域では6・8％の泡沫ブランド、結果、全国平均では26・1％だったといったケースがよくあるからです。

たとえば新聞です。首都圏では全国紙が寡占状態ですが、地方ではほとんど力がありません。地元の中日新聞は、愛知県で66％の購読世帯シェアです。影響力は独占シェアと同じものがあります。その他、北海道新聞、河北新報（宮城県）、京都新聞、熊本日日新聞など、購読世帯シェアが40％、50％を占めるなどザラです。

たとえば飲食店です。ドミノピザは、全国814店中半数の394店が関東に集中しています。したがって、全国シェアでドミノピザの戦略を議論してもまったく意味がありません。特に、飲食店やゲームセンター、スーパーなどの「ロケーションビジネス」と呼ばれる、地域に根ざした業界では、地域別の市場シェアが大きな意味を持ちます。「地域一番店を目指す」のは、クープマンの目標値の面から見ても意味があります。

41・７％の地域で取るべき戦略と、６・８％の地域で取る戦略は１８０度異なります。前者は強者の戦略、後者は弱者の戦略をとらないといけません。ロケーションビジネスは全国一律の戦略を取ることができないので、複雑な戦略管理が必要になるのです。

その他、クープマンの目標値は、平面デザイン、立体デザイン、店頭陳列、ディスプレイ、店構えなどの現場にも活用できる優れものです。

最後に注意点を記します。クープマンの目標値のベースとなる市場シェアは、金額ではなく、数量です。清涼飲料水のように価格が似たような商品ジャンルは気にせずともいいのですが、時計のように１００円から数百万円もの幅がある商品ジャンルでは要注意です。

COLUMN

クープマンの目標値を普及率の基準に使う

クープマンの目標値は数学なので、応用範囲が広いのが特徴です。たとえば、普及率にも応用でき、次のように予測指標として使えます。

・6・8％を越えれば、1つの分野として一人前になる。

・10・9%を越えたら、成長期に移行するので市場が膨らむ。
・26・1%を越えれば、成長期のど真ん中なので一気に成熟期まで普及することが確実である。

「スマートフォンの市場を急拡大させたのがiPhoneだ」との認識をよく見かけますが、iPhoneは導入期で市場を拡大しただけです。普及率0・5%が3%になれば計算上6倍に市場が拡大したことになりますが、所詮3%の普及率しかなく、絶対値でいえば泡沫市場です。しかし、成長期の定義に従えば、iPhoneではなく、本章で解説したようにサムスンのGalaxyであることがわかります。

もう1つ。クープマンの目標値は、普及の隘路や弊害を示すサインとしても利用できます。普及率が10・9%を越えたのにそれ以上増えない場合は、「普通でない原因が潜んでいる」ことを示します。

たとえば家庭用パソコンは、普及率の計算をまちがえた例です。家庭用パソコンは、1995年まで10年もの間、家庭内普及率12%が続いていました。パソコン業界は「これ以上パソコンは伸びない」と諦めていましたが、じつは当時ワープロ専用機の普及率が約40%。パソコンと合算すると55%の普及率です。急速に普及したワープロ専用機と合わせれば、充分に普及速度がありました。しかし、パソコン業界の人たちは「なんでもできるパソコンを、文書作成しかできないワープロ専用機と一緒にするな！」と私に激怒したものです。生活者から言わせれば、「文書作成が目的ならば、どっちでもいいじゃないか。いや、文書に特化したワープロ専用機のほうがむしろ使いやすいので、価値はパソコンより上だ」でした。当時のパソコン業界は、ワープロ専用機を見下すことをやめて、競合として考えればよかったのです。パソコンの例は、生活者の目線を忘れて、「本当の競合はどこか」をまちがえたところに根の深さがあります。古くは映画とテレビにはじまり（テレビをバカにして、洋画と邦画がケンカしている最中にテレビが市場シェアを取った）、数多く見かけます。

4

商品の
健康診断を
サボる

4/1 訴求すべきポイントを勘違いする

プロダクトコーン理論

企業の主役は、商品やサービスです。コンビニやスーパーの棚に競合商品がひしめく中で生活者に手にとってもらうには、「私はこんな商品です」と伝えないといけません。この自己紹介は、コンセプトと呼ばれます。

コンセプトの訴求には順番があり、手順を踏まずに失敗するパターンには次の4つがあります。

［パターン1］新製品導入時に規格訴求せずに失敗
［パターン2］規格からメリットに移行できずに失敗
［パターン3］イメージから規格に戻らずに失敗
［パターン4］メリットからイメージに移行できずに失敗

［パターン4］については、日本企業はイメージ広告に流れやすいので失敗例はほとんどありません。リスクはないと考えていいでしょう。そこで、残り3つのパターン別に失敗事例を挙げます。

［パターン1］新製品導入時に規格訴求せずに失敗

新製品を世に送る際、最初に生活者に知ってもらうべき情報が「自分は何者なのか」です。人は自己紹介をする時、「はじめまして」に続く言葉で「私は脳天気な性格です」とは言いません。面接なら名前、年齢から始まり、学歴や職歴など、プライベートなら名前や紹介された人との関係が続くのが一般的なスタイルです。なぜなら、人はこの順番のほうが相手を理解しやすく、自分にとってどんなメリットやデメリットがある人物なのかを評価できるからです。

商品も同様です。はじめて生活者にお披露目するには、順番を守らないといけません。第1に伝えないといけないのは、「規格」です。しかし、世の中には「自分がだれであるか」の手順を踏まずに、いきなり「脳天気です」と宣言してしまう例が後を絶ちません。入口から失敗してしまうのです。

２０２１年５月、テレビでこんな広告が流されました。

「完全よりも、永遠の青さを。批判よりも、提案を。嘆きよりも、ユーモアを……」とさまざまな人種が英語や日本語で語る

それだけの広告です。何の広告なのかと見守っていると、最後に映し出されたのは「Ｓａｌｅｓｆｏｒｃｅ」のロゴでした。この広告を見て、Ｓａｌｅｓｆｏｒｃｅがどんな企業なのか、この企業が視聴者にどんなメリットがあるのかを理解できる人は皆無です。いいえ、企業ではなく商品なのかどうかすらわかりません。はじめての人たちに対して、「私は脳天気です」と語るのに等しいのです。手順を守らずに、３番目にくるべきイメージをいきなり訴求してしまうため、生活者は何も理解できずに終わってしまいます。

アップルも、１９８３年に本格的に日本進出した際、「私は脳天気です」広告を出稿した過去があります。モノクロの観音様が赤いりんごを手に持ち、徐々に降りて来るだけのテレビ広告でした。当時の私はすでにＡｐｐｌｅ IIを使っていましたが、パソコンの家庭内普及率が３％程度で、アップルといえばりんごの意味しかなかった一般生活者にとっては謎広告でした。

ＪＴも同じ失敗をしています。１９８９年に、ＪＴは田辺製薬との合弁による製薬会社ライフィックスを設立しました。脱たばこ戦略の一環です。ライフィックスのはじめてのテレビ広告には藤井フミヤと秋吉久美子が登場し、コピーは次のとおりでした。

「子どもの頃、お腹をさすってもらった。治ったのはなぜだろう。ライフィックス胃腸薬。新発売」

胃腸薬であることはかろうじてわかりますが、伝わったのはお腹をさすってもらったから（何かが）治ったことだけです。その結果、ライフィックスの初年度の売上と広告費が同額でした。じつに広告宣伝比率１００％です。

広告は、商品コンセプトの鏡です。上記の例は、「広告の失敗」で片づけるのではなく、「生活者が理解できる道筋を無視して訴求の順番をまちがえた」というべき事例です。

【パターン2】規格からメリットに移行できずに失敗

商品の規格が生活者に浸透したら、次は生活者のメリットです。しかし、そこで失敗した例も数多く見つかります。
　１９６７年に、史上初のアルバイト求人情報紙、日刊アルバイトニュースが創刊されました。当時はまだ、喫茶店のウェイトレスが正社員だった頃です。日刊アルバイトニュースの発行元が地方からの学生の生活支援をおこなう学生援護会だったことからもわかるとおり、アルバイトはおもに学生の短期の仕事でした。１９７０年代からハンバーガーショップやファミレス、コンビニが台頭し、ニーズが高まったために、アルバイトは一般化しました。

　そんな時代での、はじめてのアルバイト専門情報誌です。学生を中心に、たちまち大ヒットしました。さらに１９８２年の「人間だったらよかったんだけどね」のテレビ広告で、日刊アルバイトニュースは一般層にも広がりました。

　市場が拡大すると、参入企業が相次ぐのはこの世の常です。アルバイト情報誌市場も例外ではありません。１９８２年創刊のリクルートのＦｒｏｍＡも、その１つでした。ＦｒｏｍＡは、市場の伸びとともに急速に拡大しました。日刊アルバイトニュースは、対抗手段として１９８６年に紙名をａｎに変更してリニューアルしたものの、結局ＦｒｏｍＡにトップの座を奪われてしまいました。

　一般的に、創業企業が有利だと言われていますし、実際、そういったケースはたくさんあります。それなのに、ａｎはなぜＦｒｏｍＡに負けてしまったのでしょうか。

ＦｒｏｍＡは、最初から好調だったのではありません。躍進したのは、１９８５年に関西版が創刊されてからです。関西版は関東版と誌面構成が異なっており大成功したので、関西版を全国にフォーマット化することで1位の座を奪ったのです。

関西版の構成の違いは、インデックスと巻頭記事でした。

アルバイト情報が何百、何千と掲載された誌面は、さながらデータベースです。インデックスは、読者が希望のアルバイトを探す重要な手立てでした。関西版が創刊されるまでは、ａｎもＦｒｏｍＡ関東版も、「地域別」「職種別」「給料別」などの規格別インデックスでアルバイトを探す形式でした。

ＦｒｏｍＡ関西版は、アルバイト情報そのものは変わりませんでしたが、2種類のインデックスを備えていました。従来の規格別インデックスに加えて、「バイトで学ぶ」「楽しみながらバイトする」「バイトでカラダを鍛える」のようなメリット別インデックスでアルバイトを選ぶことができたのです。

同時に、ＦｒｏｍＡ関東版やａｎにもなかった巻頭記事を創設しました。「プロデューサーの1日」や「花屋のアルバイトで学ぶ」などのように、単なるアルバイト規格の紹介ではなく、「そのバイトを選ぶメリット」を全面的に押し出す内容に仕立て上げました。

ＦｒｏｍＡは、インデックスと巻頭記事の両方によって、「メリット構成型」といえる誌面構成で大ヒットしたのです。はては「レジャーも楽しむアルバイト」と称した、リゾート地のアルバイト専門の増刊号まで発行する始末です。

ａｎは、メリット構成型への対応が遅れに遅れました。そのうち、ＦｒｏｍＡはおしゃれなバイトが多く掲載され、ａｎは地味なバイトが多いイメージを読者に持たれるようになりました。採用企業も、応募する学生の違いに気がつきます。

「日刊アルバイトニュースを見て面接に来る人たちは苦学生が多い印象で、ＦｒｏｍＡは現代風の学生が多い印象」

そう言われてしまうほどでした。

じつは、両誌に掲載されたアルバイト情報を学生に頼んで選別してもらったことがあります。数千にもおよぶアルバイト情報を、「おしゃれなバイト」「普通のバイト」「地味なバイト」の3タイプに分けてもらったのです。結果、ａｎもＦｒｏｍＡも、タイプ別の比率はほとんど変わりませんでした。特段、ＦｒｏｍＡにおしゃれなバイト情報がａｎより多く掲載されたのではなかったのです。両誌のイメージ差を生んだのはインデックスと巻頭記事であることは明白でした。

最初に日刊アルバイトニュースが創刊された際は、規格の集まり、つまりデータベースが重要でした。大学の掲示板や店頭の張り紙などのバラバラな情報が1冊の新聞に集約されたことで、情報を集める労力が必要なくなっただけでなく、個々の情報を比較することが容易になったことに価値があったからです。

しかし、創刊から15年が経ち、アルバイト情報誌が一般化された頃には、次のステップのメリット構成型に移行することが重要でした。それなのに、自らの変革を拒否したａｎは、競合のＦｒｏｍＡに敗退してしまいました。

ａｎはついに、２０１９年にすべてのサービスを停止しました。

［パターン3］イメージから規格に戻らずに失敗

商品の規格、メリット、イメージが浸透したら、次に生活者の関心は規格に戻ります。しかし、そのチャンスを逃してしまうと、悲惨な結果になります。

カロリーメイトは、１９８３年に発売された栄養調整食品です。元となるコンセプトは「バランスよく栄養を手軽に取る」でした。カロリーメイトは、発売当初からさまざまなテレビ広告を出稿しましたが、基本は規格訴求広告でした。つまり、「カロリーメイトとは何か」を説明したのです。

代表作は、たった30秒で１４０文字ものナレーションを盛り込んだ広告です。

「健康を維持するためには炭水化物、たんぱく質、脂肪、ミネラル、ビタミンの５大栄養素を過不足なく取ることが必要です。このために30種類の食品を目標にと言われています。それをひとつの食品で追求したのがカロリーメイトです。30種類の食品を食べるのに非常に近いバランス栄養食　カロリーメイト」（全１４０文字）

次のステップです。カロリーメイトは、耳慣れなかった「バランス栄養食」が生活者に浸透した段階で、メリット訴求に移行して成功しました。

「10秒で取れるバランス栄養食」（王貞治篇）

「トーストとスクランブルエッグには足りないものが多すぎる」

仕事で忙しいＯＬや朝食を取らずに出勤したＯＬを描写したバリエーションもありまし

た。その結果、カロリーメイトは年間売上１２０億円に達して大ヒットしました。

さらに、カロリーメイトはメリット訴求の金脈を掘り当てました。

「朝カロリーメイト、昼カロリーメイト、夜は友達とディナー。新しいダイエットの提案です」

このダイエット訴求広告がきっかけとなり、売上は年間２００億円に成長しました。

その後、カロリーメイトは「頑張れ、ワカゾー」シリーズや、新入社員や受験生を応援するイメージ広告に舵を切りました。

ここまでは、失敗でもなんでもなく、大正解の動きです。見たこともない商品は、最初に規格訴求が重要です。次にメリット訴求です。「買ったらこんなにいいことがある」をダイレクトに伝えます。そして、３段階目はイメージ訴求です。類似商品に隙を与えず、ユーザーが習慣的に買うように仕向けます。

ところが、気がついた人も多いことでしょう。「10秒で」「朝食代わりに」「食事の時間が取れない時に」「運動時に」は、今やｉｎゼリーの専売特許になってしまったのです。

本来、イメージ訴求の次は規格訴求、そしてベネフィット訴求に戻らなければなりません。生活者の関心が規格、そしてベネフィットに戻るからです。しかし、カロリーメイトがイメージ訴求を10年以上も続けてしまったために、生活者はカロリーメイトの規格やベネフィットの記憶が薄れてしまっていました。その隙を突かれて、ｉｎゼリーに座を奪われてしまったのです。

しかも、大塚製薬がゼリータイプを発売したのは２００２年です。ｉｎゼリーの発売から8年も経っていました。ｉｎゼリーに充分な時間を与えてしまったのは、大きな失敗でした。結局、カロリーメイトは、２０１０年から3年連続で売上が減少してしまいました。商品が生活者に提示する訴求内容の順番が大事なのです。せっかく、その順番を守って成功したカロリーメイトなのに、成功した途端、順番を無視したために、失速してしまったのでした。

商品は「規格」「ベネフィット」「エッセンス」の3つで定義される――プロダクトコーン理論

商品の定義、つまり自己紹介の内容であるコンセプトには、従来「一次機能・二次機能」や「機能的機能・心理的機能」しか手法がありませんでした。一次機能や機能的機能は商品のスペックを指し、二次機能や心理的機能はデザインやネーミングに相当します。この2つの要素で、商品を規定しようとする手法です。しかし、この2つの要素はなんら関係性も脈絡もなく、チェックリストの役割しか果たせていませんでした。商品があふれかえり、企業間競争も厳しくなっているなか、チェックリストの機能だけでは物足りません。私が若い頃の悩みでした。

そこで、要素を3つに増やし、それぞれが有機的に結びつく構造を作ったのがプロダクトコーン理論です。プロダクトコーン理論は、「規格」「ベネフィット」「エッセンス」の3つの要素で構成されます。図4-1-1のように、円錐形の枠組みにそれぞれの要素が配置されています。

これら3要素は、すでにマーケティング理論として存在するものです。なんら新規性はありません。しかし、3要素が合体することで、新たな理論体系が生まれます。また、既存の理論を流用することで、多少で

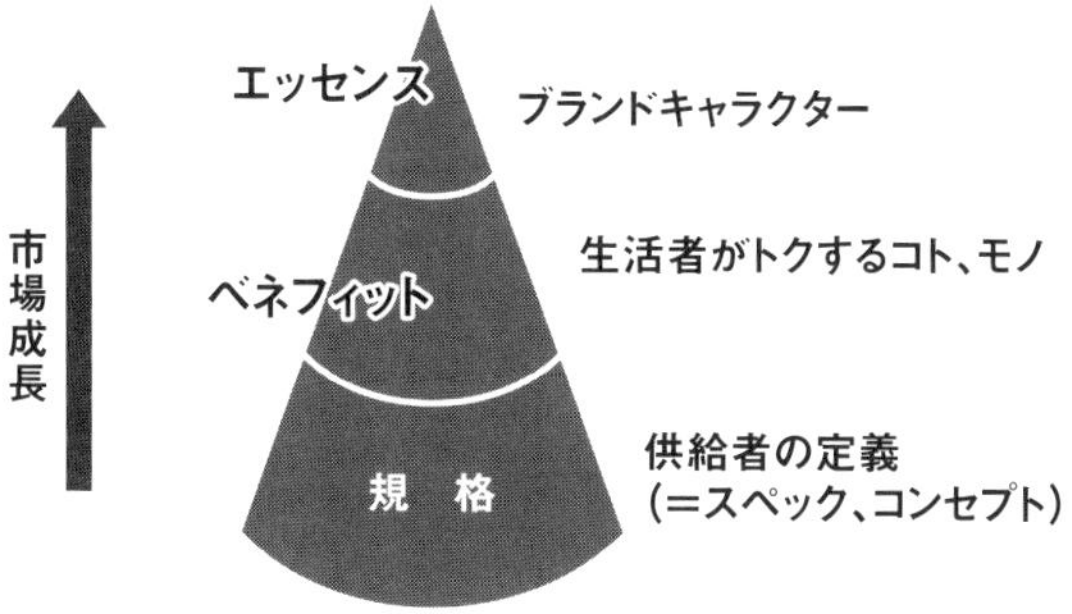

図4-1-1　プロダクトコーン

もマーケティングの基礎知識がある人ならだれでも理解できるシンプルな理論になることも大きなメリットです。さらに、ほかのマーケティング理論と連携させることで、戦略の幅が広がり、戦略理論体系としての深みが増し、使い勝手がよくなります。

３つの要素を説明します。

［要素１］規格

商品のスペックです。スマートフォンなら「ＣＰＵがＳｎａｐｄｒａｇｏｎ ７３０Ｇ、ＲＡＭが６ＧＢ、ＲＯＭが１２８ＧＢ、電池容量が５０００ｍＡｈ」などのカタログ性能です。ハンバーガーなら「厚みのある１００％ビーフにトマトやレタス、オニオンを重ね、香ばしい炙り醤油風のソースをからめた、８種の具材のハンバーガー」などの商品紹介です。

１９７０年代高度成長期の「作れば売れた」時代の商品定義の主役は、工場の規格でした。工場の立場が生活者より上だったからです。

［要素２］ベネフィット

ベネフィットは、メリットを意味するマーケティング用語です。高度成長期の「作れば売れた」時代が終わり、企業は「どうしたら生活者が自社商品を買ってくれるのか」を考えるようになりました。そこで、「生活者が得することやモノ」を意味するベネフィットに注目が集まりました。商品があふれ、商品スペックを勉強するのが面倒なものぐさ生活者が増えて、「どれを買ったらいいのか教えて」と要望するようになったからです。

「24時間開いているコンビニ」ではなく、「食べたいときに食べたいものを、夜中でも買える」。

「加速スピードが速いクルマ」ではなく、「（加速が速いから）高速道路に入るときにも安心なクルマ」。

テレビの映画番組なら無料なのに、なぜレンタルビデオ店や有料ネット配信で４００円も出してビデオを借りるのか。テレビでは見たい映画が放映されるまで待たないといけませんが、レンタルビデオや有料ネット配信なら観たいときに観たい映画が観られる「わがまま」に対してお金を支払っているからです。

［要素3］エッセンス

エッセンスは、イメージと似た概念ですが、「おしゃれな」「まじめな」「気軽な」などの人格を表す形容詞です。マーケティングを知る人にとっては、「ブランドキャラクター」が近い概念です。

「マジメに」商品の良さを淡々と解説するダイソン掃除機。
「ほんわかでユーモラスな」おじさんを描く明治カール。
「ふざけていて、ちょっとシュールな」キンチョー製品。

エッセンスは規格とベネフィットを包括する要素なので、人格を持たせることで商品としてまとまりやすくします。

商品をプロダクトコーン理論でチェック

プロダクトコーン理論は、商品定義だけに使う理論ではありません。デザイン開発、広告開発など、マーケティングのあらゆる分野に応用できます。デザインも広告も、商品コンセプトの鏡だからです。

永谷園「１杯で、しじみ70個分のちから」を例に取って、パッケージ・デザインから３要素を探します。

「しじみ70個分」「オルニチン25ｍｇ」は規格。
「お酒好きのお父さんに、おもいやり」はベネフィット。
エッセンスは親しみやすさ、やさしさ。

お見事です。このデザインには３つの要素がすべて入っています。

当初「１杯で、しじみ70個分のちから」のパッケージには規格とエッセンスしかなく、まったく売れませんでした。永谷園の営業マンが、苦肉の策として「二日酔いのためのみそ汁」とスーパー店頭で手書きＰＯＰを貼ったところ、急に売れたので、パッケージにも印刷した逸話があります。現場の知恵をパッケージデザインにまで吸い上げたのは、めずらしいケースです。

世の中の商品のうち、３要素が揃うパッケージやＷＥＢサイトのランディングページは、１００商品のうち５～６個しかありません。逆に言えば、チャンスです。競争相手が不完全ですから、自社商品がきちんとしていれば有利になります。

せまいパッケージに3要素を入れることができない場合もあります。その時は、重要な要素は表面に、その他の要素は裏面に配置するデザイン管理が有効です。

花王は、商品メッセージ管理が昔から上手な企業です。アタックのデザインのように、表は「スプーン1杯で驚きの白さに」とベネフィットをうたい、商品コンセプトや規格は裏面に書くフォーマットがほとんどの商品で使われています。もっとも、最近のアタック高活性バイオEXでは「バイオ酵素配合」「洗浄パワーUP」と表示してあり、規格も前面に出すケースも増えました。

市場の半歩先を予測できるプロダクトコーン理論

プロダクトコーン理論は、「規格」「ベネフィット」「エッセンス」の3要素を定義するだけでも格好のチェックリストになります。事実、プロダクトコーン理論が企業担当者にヒットした理由の1つが、チェックリストとしての使われ方でした。新製品、既存商品をプロダクトコーン理論でチェックすることで、もれがないか、差別優位性があるかなどを検討しやすいからです。

しかし、プロダクトコーン理論の真骨頂はここからです。時代によって、また生活者の変遷によって、「規格」→「ベネフィット」→「エッセンス」と生活者の関心、つまり購入動機が移るからです。第3章で解説したデジカメやスマートフォンが一例です。規格である解像度から、笑顔シャッターやペットデジカメのように「大切な瞬間を逃さない／失敗しない」ベネフィットへの移行です。ｉＰｈｏｎｅも、規格から音楽やゲームなどのベネフィットに移行して成功しました。ベネフィットの次は、エッセンスに移行します。イメージ広告は、どんな商品ジャンルでもたくさん流れています。多くを説明する必要はないでしょう。

プロダクトコーン理論では、3要素の順番は固定です。「規格」→「ベネフィット」→「エッセンス」の順番は決して逆行しません。これが意味するところは、次に何が訴求ポイントになるのかをあらかじめ予想できる点です。現在、規格で競争している商品ジャンルは、しばらくするとベネフィットで競争するようになります。ベネフィットを訴求する商品ばかりのジャンルは、イメージ訴求に移ります。

プロダクトコーン理論によって、半歩先のマーケティング戦略を考えることができるようになり、競争相手より先に手を打つことができます。これがプロダクトコーン理論の最大のメリットです。商品開発に数年もかかるクルマのような業界では、あらかじめ規格中心の開発なのか、ベネフィット中心の設計なのかを予測できます。菓子や食品のように短期間で商品開発が可能なものであっても、広告やパッケージに書くキャッチフレーズをプロダクトコーン理論に従って変更することで、売上が上がります。コストはパッケージの印刷代だけです。もっとも、売りの現場では旧在庫の処分が面倒ですが、それでも下手なキャンペーンよりも安上がりです。しかも、プロダクトコーン理論では「先に進みすぎた」手や「遅れてしまった」手を打つ失敗がなくなります。「次の一手」がわかるからです。

順番が固定であるということは、逆に言えば、適切なタイミングで次のステップに移行できなかった場合は失敗の原因になってしまうこともあります。冒頭の事例は、それを端的に表しています。

プロダクトコーン理論とほかの理論が結びつく

規格からベネフィット、ベネフィットからエッセンスに移る現象には、理論的な理由があります。図4-1-2を見てください。

左端は、第2章で解説したイノベーター理論です。イノベーターからアーリーアダプ

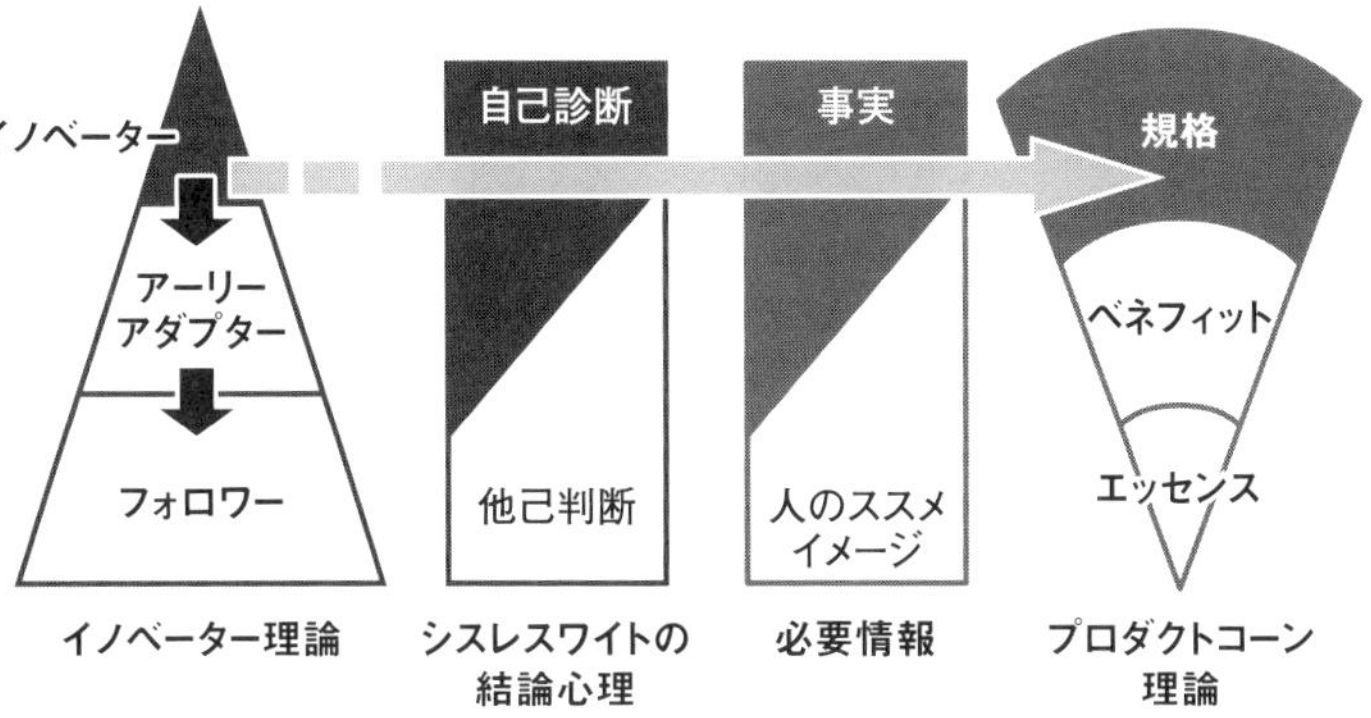

図4-1-2　プロダクトコーンとイノベーター理論

ター、フォロワーに商品が広がります。

左から2番目の長方形は、アメリカの社会学者シスレスワイトの結論心理を図式化したものです。シスレスワイト博士は、「教育水準の高い人は自分で判断をしたがる。教育水準が低い人は他人の判断を求める」と主張しました。元がアメリカの社会学ですから、教育水準の高い人は医者や弁護士のような人たちで、教育水準の低い人たちはゲットーに住み、小学校しか出ていないような人たちを指していました。結論心理をマーケティングに置き換えると、教育水準の高い人たちは商品にくわしい人たちなので、イノベーターです。一方の教育水準の低い人たちは、商品知識があまりない人たちなので、フォロワーです。自分で判断したがる人たちが必要とする情報は、客観的な事実です。他人の判断をあおぎたがる人たちが必要なのは、店員のススメや世間の評判（イ

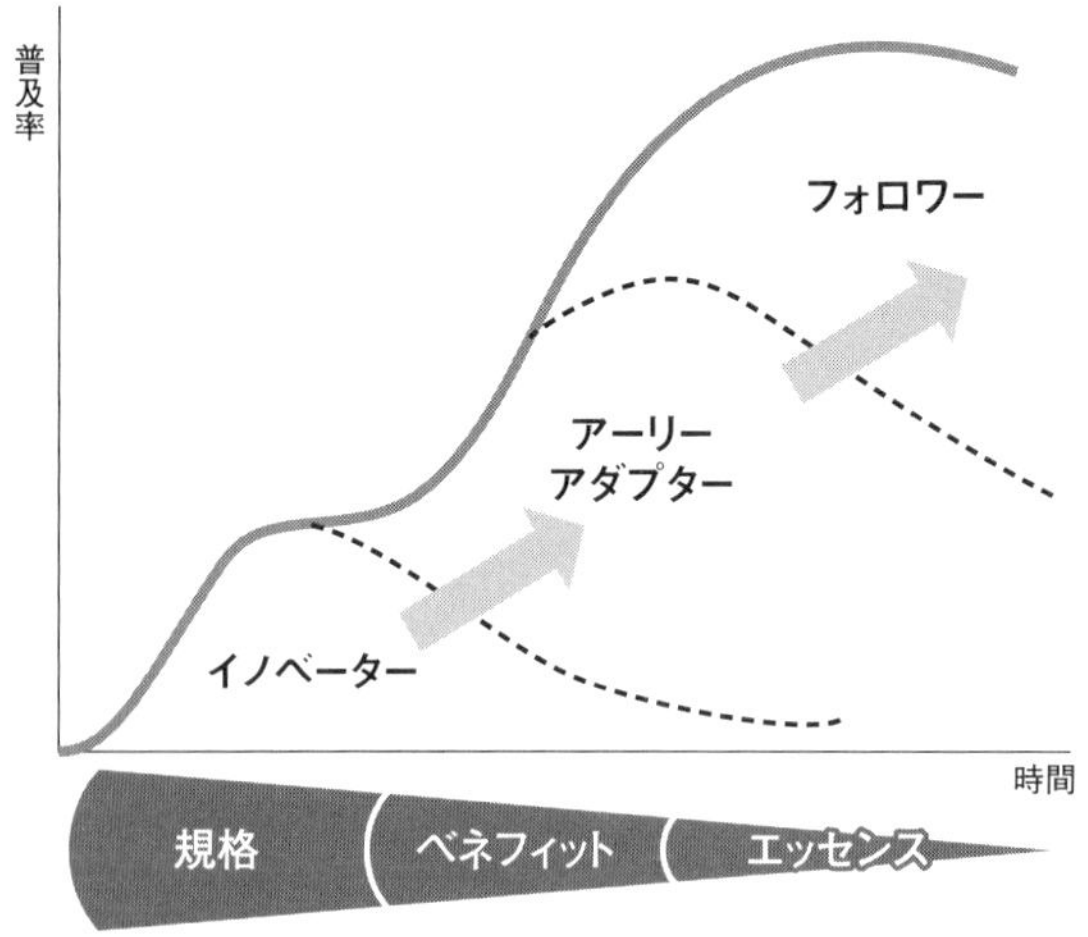

図4-1-3　プロダクトコーンとプロダクトライフサイクル理論

メージ）です。

最後に、右端にプロダクトコーンを逆さまに置くと、必要な情報が一致します。イノベーター理論でイノベーターからフォロワーに移行するとともに、生活者が欲しい情報がプロダクトコーン要素の順番になるのです。イノベーター理論が逆流しない限り、プロダクトコーンの3要素は逆流しません。

プロダクトコーン理論とイノベーター理論がつながれば、ほかの理論ともつながります。

規格からベネフィットに移るきっかけには法則性があります。普及率です。図4-1-3を見てください。第3章で解説し

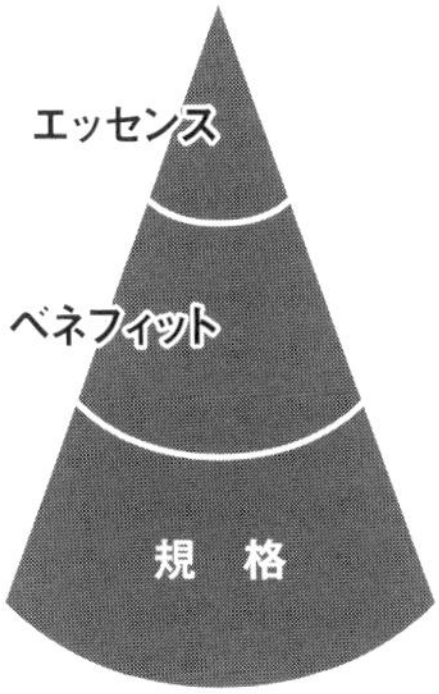

D（差別性）	C（優位性）	C（説得性）	M（市場性）
○	○	×	○

D（差別性）	C（優位性）	C（説得性）	M（市場性）
○	×	○	○

D（差別性）	C（優位性）	C（説得性）	M（市場性）
○	○	○	▼

図4-1-4　プロダクトコーンとDCCM理論

たプロダクトライフサイクル理論とイノベーター理論の関係を示したものです。

ここで、3つの理論が有機的に結びつくことになります。

・導入期にはターゲットをイノベーターに設定して、訴求ポイントは規格が有効
・成長期にはアーリーアダプターがターゲットで、訴求ポイントはベネフィットが有効
・成長期後期からはフォロワーがターゲットで、訴求ポイントはエッセンスが有効

プロダクトライフサイクルによって、一連の戦略が自動的に導き出されるのです。

また、プロダクトコーン理論と差別優位性を掛け合わせることも可能です。具体的には、第5章で解

説するDCCM理論と組み合わせます。図4-1-4のように、規格、ベネフィット、そしてエッセンスで差別優位性をチェックします。

理想的には3要素すべてが差別優位性を持つことが望ましいのですが、現実的にはかなり困難です。したがって、3要素のうち最も重要な要素で差別優位性が確保できるかどうかが最終判断になります。成長期ならベネフィットが重要ですからベネフィットの差別優位性を確認し、導入期なら規格の差別優位性をチェックするといった具合です。

歴史は繰り返す――ぐるっと回るプロダクトコーン

いったんエッセンスに行き着くと、プロダクトコーンはどうなるか。ぐるっと回って、規格に戻ります。ベネフィットには逆戻りしません。

アサヒ飲料の三ツ矢サイダーが一例です。それまで、三ツ矢サイダーのテレビ広告は、青春の1シーンを切り取ったイメージ訴求でした。女子中高生たちが海辺をはしゃぎながら三ツ矢サイダーをゴクッと飲む、ありきたりの表現です。新広告では、「5回濾過して、磨いた水を使っています」訴求に改め、同じコピーをラベルにも表示しました。エッセンス訴求から規格訴求への変更です。その結果、売上は30%増加しました。

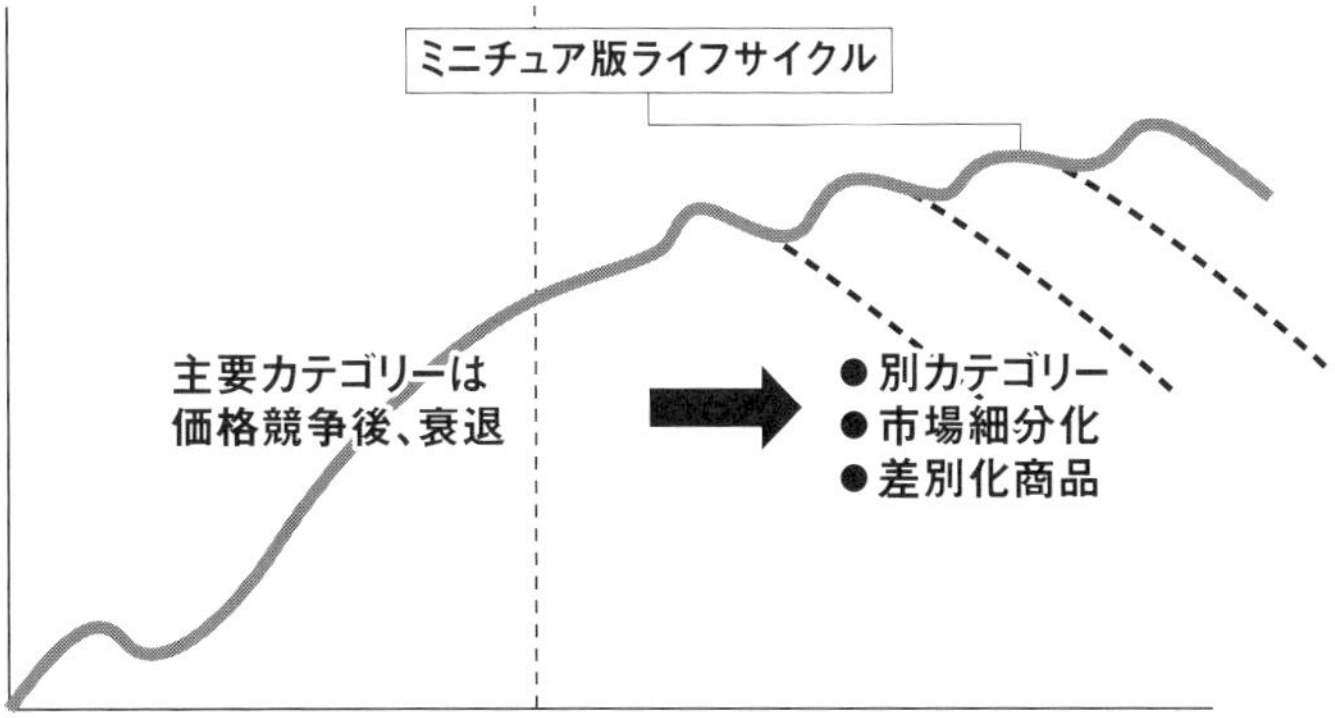

図4-1-5　ミニチュア版ライフサイクル

同じことが、午後の紅茶にもいえます。午後の紅茶は、長らくイメージ広告を出稿してきました。松浦亜弥がハイテンポのスキャット（ジャズの「パラッパ」や「ダバディダ」のように歌詞のないアドリブ）を歌いながら、午後の紅茶に氷を入れて飲む、2003年の広告が印象的です。しかし、発売後20年が経ち、クリアウォーターや天然水が次々と出現した一方、キリンがイメージしか訴求していなかったため、午後の紅茶は「人工甘味料が入っている」「着色料や添加物が入っている」と思い込む生活者が多くなりました。これは「意図せざるリ・ポジショニング」と呼び、他社商品に押し流されてしまう現象です。そこで午後の紅茶は、「20年目の真実」をコピーに、人工甘味料などの添加物は一切入っていないことを広告で訴えました。規格訴求です。結果、売上が一気に20％上がったのでした。

三ツ矢サイダーにしても、午後の紅茶にしても、飲料業界で長寿ブランドの売上がこんなに上がるのはめずらしいことです。なぜこうなるのか。図4-1-5を見てください。プロダクトライフサイクルの成熟期に、ラクダのコブのようなものが付着しています。この現象を私は「ミニ・プロダクトライフサイクル」と呼んでいます。

市場が成熟期に突入してフォロワーが購買者の多くを占める時、新しい切り口や技術で商品が進化すると、イノベーターが戻ってきます。それが、第一のコブです。成熟期ではエッセンス訴求が有効でしたから、規格訴求に移行すると、プロダクトコーンの進行方向がエッセンスから規格にぐるっと回るように見えるのです。

ちなみに、第2のコブがミニ成長期になり、ミニ・プロダクトライフサイクルに成長すると、新しいサブ分野が産まれます。マーケティングには市場細分化の概念がありますが、ミニ・プロダクトライフサイクルがその生成過程です。

飲料、化粧品、食品、酒類など、さまざまな商品ジャンルで、プロダクトコーンの巡回現象が見られます。「なぜだか知らないけどキリンビール」と習慣性をイメージ訴求していたところに、新アサヒ生ビールがレオン・ラッセルの『ソング・フォー・ユー』を採用した「コクがあるのにキレがある」広告で大ヒットしました。コクやキレは規格です。その直後、別規格「辛口、生」でスーパードライが大ヒットし、アサヒビールがトップを獲得するきっかけになりました。

このように、プロダクトコーン理論はチェックリストに留まらず、将来予測のための理論として使うことが可能です。さらに、プロダクトコーン理論とイノベーター理論、そしてプロダクトライフサイクル理論の３つを組み合わせることで、いつ、どのターゲットに、なにを訴求すべきかが瞬時にわかることが大きな利点です。

COLUMN

プロダクトコーン3要素の詳解

より深い理解のために、プロダクトコーンの３要素である規格、ベネフィット、エッセンスについてくわしく解説します。

規格は工場の定義

規格は、昔から使われてきた商品定義の老舗です。日本の高度成長期、１９６０年代から１９７０年代は、「モノを作れば、それだけで売れた時代」でした。家庭の収入が上がり、次々と新しい商品が登場して、生活が豊かになりました。その一方、戦後まだ15年しか経っていなかったので、製造設備は貧弱で量産ができません。需要と供給のバランスが取れていなかった時代でした。モノ不足時代の商品定義は、「工場の定義」でした。「重さ○g」「長さ○cm」「カラーはDICの○番」が商品の定義です。

高度成長期が終わり、作るだけでは売れなくなった1980年代以降、メーカーは途端に困りました。お客さんにどうやって売るのか。どうしたら買ってもらえるのか、さっぱりわからなかったからです。

一方、高度成長期時代に売上が急激に上がったので、会社の図体だけは大きくなりました。従業員も何十倍にも膨れあがりました。扱う商品の数は何倍にも増えています。組織も細分化しました。広告宣伝部、商品開発部、研究開発部など、新しい部署が次々に新設されていました。

すると、困ったことが起きます。

中小企業の頃は、営業から生産まで、1人がすべてをこなさなければなりませんでした。しかし、商品数が少なく、技術も高度ではなかったので、1人が自社商品を完全に理解することはさほど難しくありませんでした。

ところが、社員が増えて組織が細分化すると、さまざまな問題が発生します。

広告宣伝部は広告専門の部署ですから、広告理論や広告実務の勉強をしなければなりません。その分、広告宣伝部の社員は、自社商品に関する勉強時間が削られます。最新技術で作られるパソコンやスマートフォンなどは、素人なのにユーザーのほうがメーカーの企画部門の社員よりくわしいといった珍事まで起きてしまいます。

研究開発部は、技術進化を追求しなくてはなりません。その分、営業の知識はおろそかになります。店頭で自分が作った商品がどう商談されて、店頭でどんな扱いを受けるのかを知ることがありません。

一方の私たち生活者です。商品があふれ、次々と新製品が世に送り込まれます。私たちは商品を選り好みしようとしますが、スペックの細かいことなぞ知りもしませんから、似たような商品ばかりに見えます。

このように、「工場の定義」を商品の定義にするには、企業側、生活者側ともに不都合が起きるようになりました。

そこに登場したのが、アメリカの広告会社が提唱する概念「コンセプト」です。「生活者が使う普通の言葉で商品を定義しましょう」という提案です。「CPUはSnapdragon 720G」ではなく「ミドルクラスのスマートフォン」と言い換え、「500馬力のエンジン」ではなく「高出力のクルマ」と表現すれば、素人でも商品の良さが理解できるからです。

コンセプトは、企業と生活者両方に流行りました。企業側は勉強量が少なくて済むし、生活者側はややこしい専門用語や数字から解放されたからです。

しかし、まもなくしてコンセプトにも限界が見えてきました。しょせん言い換えです。氏素性は工場の定義ですから、規格を言い換えたところで、「だから何？」と言われることも多くなりました

「ミドルクラスのスマートフォンって何？　下級クラスとかのスマホはイヤだし、最高クラスは高そうだから買いたくはないけど。いま遊んでるゲームアプリ、モンストはちゃんと動くの？」

「エンジンの出力が高いと何がいいの？　アクセルをちょっと踏んだだけでものすごくスピードが出そうで怖いから、運転がそんなに上手じゃない私にはムリかな」

コンセプトは現在でも使われる概念ですが、当初は単なる規格の言い換えだっ

たのです。

ベネフィットへの注目

高度成長期が終わり、新しい概念が生まれました。ベネフィットです。正確には昔からありましたが、企業間で人気が出たのがこの頃です。ベネフィットとは、「生活者が得することやモノ」です。

ベネフィット広告も増えました。1985年に、セブンイレブンの「あなたにはあなたの　ケイコさんのいなりずし篇」が大きな話題になりました。ナレーションを読むと、「24時間開いてる」とはひと言も言っていません。

私は夜中に突然いなりずしが食べたくなったりするわけです。

それはもう食欲とかそんなことではなくて、ただもうなんだかいなりずしのことで頭が一杯になってしまうわけなんです。

そこでこうやってセブンイレブンへ。

こんな自分を私はかわいいと思います。

冷たい雰囲気を持つギリシア彫刻のような美しい顔立ちの女性モデルが、無表情でスケッチブックに「いなりずし」と何十個も書いているシーンを見て、「かわいい」と評判になりました。もっとも、いまでは「ちょっとアブナイ人かも」と言われるかもしれません。

モンカフェは、コーヒーカップに乗せてお湯を注ぐだけで、本格的なドリップコーヒーができる商品です。故・大橋巨泉が話す広告コピーはこうでした。

「おいしいレギュラーコーヒーなのに、豆を挽かない、器具がいらない、後始末いらない。おいしいとこだけ、全部頂き」

規格が「企業側の商品定義」だとすると、ベネフィットは「生活者側の商品定義」です。

なぜ、ベネフィットに注目が集まったのか。「規格ではよくわからないから、私が何をどう得するのかを教えてよ」との、ものぐさになった生活者からの要望だったからです。

ベネフィット訴求をした商品は、売れに売れました。

エッセンスの重要性

人格を持たせることの重要性については、心理学者の研究結果があります。世界中のキャラクターを研究したある心理学者は、ディズニーのキャラクターに人気が長く続いたのは「キャラクターの性格を作り込んだから」との結論を出しました。

たとえば、ガチョウはグァグァッとうるさいイメージがあります。それに合わせて、ドナルドダックの性格が設定されました。ぷーさんは、クマのゆったりとした動作のイメージです。グーフィーは、犬のおっとりイメージです。ただし、これはアメリカ人のイメージです。日本なら柴犬が代表ですから、おとぼけよりも、桃太郎の犬のような忠実さがイメージされたことでしょう。

一方で、一時期人気があってもすたれてしまったキャラクター、たとえばマイティマウス（アメリカのアニメ主人公、スーパーマンのネズミ版）やウッドペッカー（アメリカのキツツキのアニメ）は、いくら人気があっても性格づけができていなかったので、長期間にわたって支持されることなく消えてしまったとの結論でした。

ソーシャルゲームファンには納得がいく学説でしょう。いわゆる「キャラ立ち」は、ゲームではとても重要な要素だからです。キャラの性格がはっきりしているから感情移入ができ、決して強くないけど課金をしてでも揃えたい人が増えます。

　現在大人気で、２０２１年４月に月間売上１３０億円を超えたスマホゲーム『ウマ娘 プリティーダービー』は、その典型です。実在する競走馬を美少女キャラにしたゲームですが、単なる「萌え化」ではありません。同名の名馬の性格やエピソードを忠実に再現したのです。たとえば、ゴールドシップなる美少女キャラがレースに勝つとドロップキックをしますが、実在馬ゴールドシップもかなりの暴れ名馬でした。そのゆえに、往年の競馬ファンも取り込んで大ヒットになりました。ただ、課金圧が強いゲームなので、ヒットが継続するかどうかは未知数です。

　キャラ立ちが重要なのは、ゲームだけではありません。アニメ『鬼滅の刃』や『呪術廻戦』が人気なのも、キャラ立ちがはっきりしているからです。もっとも、日本のアニメや漫画は『エヴァンゲリオン』や『ワンピース』をはじめ、キャラ立ちをはっきりさせた作品に人気があります。

4 2 商品にロゴをつければブランドだと信じて疑わない

ブランディング

唐突に質問です。次の商品名のうち、ブランドはどれでしょう。

- シャネル
- ソニー
- カルピス
- ブルガリアヨーグルト
- シーゲイト
- スイスエミー
- 春華堂
- シストラット

ヒントを差し上げます。

「どんな商品かすぐにイメージが湧き、競合商品との違いをはっきり言える」商品はどれですか？

それが、あなたにとってのブランドです。

その基準を、「あなた」から「みんな」に広げます。

「どんな商品かすぐにイメージが湧き、競合商品との違いをはっきり『みんなが』言える」商品

それがブランドです。

マーケティングとは「ブランドをどう作り上げ、維持、発展させるか」のための科学だと言い切ってもいいほど、ブランドは中心的なテーマです。

一流企業が集まったところでブランドをかんたんに作れるわけではない

「みんなが知っている商品名ならブランド」「商品ロゴがついていればブランド」ではありません。それらはよくある誤解であることの検証として、ＷｉＬＬの失敗例を挙げます。ＷｉＬＬは、異なる商品ジャンルの参加企業が同一商品名で発売した商品群でした。立ち上げは１９９９年。参加企業は7社、全19種類の商品を揃えました。参加企業はそうそうたる顔ぶれです。トヨタ、アサヒビール、花王、パナソニック、近畿日本ツーリスト、コクヨ、グリコ。さまざまな商品ジャンルの商品が、すべて同じ「ＷｉＬＬ」のロゴで売られた、めずらしい試みでした。しかも、参加企業はそれぞれの分野で1位ないしは2位ばかりです。ＷｉＬＬは、ビジネス業界内で大変に注目を浴びた、一大プロジェクトでした。

結局、ＷｉＬＬは5年で消滅しました。トヨタは3カ月で５０００台とそこその売上を記録しました。しかし、近畿日本ツーリストの４５０００組の利用では、ツアー業界に影響を与える数ではありません。アサヒは１００万ケースに目標を上方修正したと報じられましたが、当時の一番搾りの７０００万ケースを考慮すると、ビール業界では大きな数字ではありません。

失敗の大きな理由は２つです。

１つは、基本コンセプトの「遊び心と本物感」を各商品に反映できていなかったからです。たとえば、花王「空気を洗うミスト」のテレビ広告では、「彼氏が遊びに来る前に空気を洗っておかなければならない」と、妖精（自分の別人格？）がいちいち「ああだ、こうだ」としゃべる緊張感や義務感は伝わってきます。しかし、遊び心も本物感も感じることができません。グリコ「オンタイムチョコレート」のパッケージには、「いい仕事をするって、小さな気合いの連続だと思う」と書かれていました。これも、ＷｉＬＬの基本コンセプトとは別ものです。

第一、「緊張感や義務感」と「小さな気合いの連続」の共通点は、あえていえば「がんばる様子」です。「遊び心と本物感」はどこへやら。本気でＷｉＬＬの基本コンセプトを商品化するつもりだったのかと疑われても仕方がありません。

２つ目は、基本コンセプトに差別優位性がなかったからです。「遊び心と本物感」を感じる商品をクルマで、菓子で、パソコンで、そしてビールで探してみてくださいと頼んだら、ＷｉＬＬのターゲットであるはずの団塊ジュニアのＯＬさんたちは、いくつもＷｉＬＬ以外の商品をリストアップしてくれました。

かくして、ＷｉＬＬは生活者の知名度こそ高かったものの、ブランドになりきれませんでした。参加企業がそれぞれの分野で一流企業だからといってブランドをかんたんに作れるわけではないことを示す、良い事例になりました。

１９８０年にも、同じ失敗例がありました。イクシーズ（ＩＸＩ：Ｚ）です。異業種13社が参加する、「山脈企画」と呼ばれたプロジェクトでした。イクシーズの取扱い店舗数は１９８３年で２９８０店と大きなプロジェクトになりましたが、数年で消滅しました。イクシーズ失敗の理由も、ＷｉＬＬとまったく同じでした。ロゴを統一しただけで、「何を伝えたいのかがよくわからない」バラバラの商品の集まりだったからです。

ブランドの5つの条件

では、どのような条件を満たせば「ブランド」といえるのでしょうか。アメリカ型ブランドの発祥である、開拓時代の架空の10セントストア「ローズ10セントストア」の成功物語で解説します。10セントストアとは、袋に入った商品がすべて10セントで売られており、だれが買っても同じ価格で買えるシステムが画期的だった業態です。それまでは、客によって値段や容量を変えていたよろず屋が主流でした。

「ローズ10セントストア」の商品は、他店より品質が高いのが特徴です。店主のローズさんは、必ず市場や工場に出向いて、その日に自分が納得する品質の商品だけを買い付けたからです。開拓時代のアメリカでは工場の技術水準が低かったので、品質にムラがありました。午前中に作った商品はおいしいのに、午後の日差しを浴びると味が変わってしまいます。ローズさんが最高の品質だけをピックアップする方法を取ったのは賢い選択でした。

しかし、仕入れコストが高いので、1袋あたりの量が少ないのが欠点です。1回でもローズさんの店を訪れた客は常連になりますが、なかなかお客さんが増えません。そこで彼女は、協力的な工場や農場に頼んで、品質を高いまま供給を安定する工夫をしてもらうことにしました。ローズさんは大量に買うことを約束するので、安く仕入れることができます。

商品の品質が安定したので、ローズさんは自分が仕入れに動き回る代わりに、支店をたくさん出店するほうにエネルギーを注力できました。支店が増えたおかげで購買量が増えるので、仕入れ値がさらに安くなり、他店より多くの分量を1袋に詰めることができるようになりました。

加えて、自分のお店であることを覚えてもらうため、袋に「ローズの10セントストア」と印刷したラベルを貼りました。

さて、準備が整いました。

地域住民の間で、ローズさんの店が評判になります。「高い品質の商品が多く袋詰めされていて、どこでも買える」です。来店した客はもちろんですが、隣町の住民ですら、行ったことがないのに、ローズさんの店が「質が高くて、量が多い」10セントストアであることを知るようになります。もちろん、彼らは機会があれば彼女の店に行ってみたいと考えています。

ここで、ようやくブランドが生まれました。

次の特徴がブランドの条件です。カッコ内はローズさんの店の例です。図4-2-1にまとめました。

・競合とひと目見て区別できること（自店ラベル）
・品質が安定していること（工場の品質管理の要請）

ブランドの条件	ローズの店
競合とひと目見て区別できること	自店ラベル
品質が安定していること	工場の品質管理の要請
競合と差別性あるいは優位性がはっきりとあること	質が良くて量が多い
たくさんの生活者がその商品名を知っていること	評判
経験したことがない生活者でもその商品の特徴を知っていること	隣町の住民

図4-2-1　ブランドの条件

・競合と差別性あるいは優位性がはっきりとあること（質が良くて量が多い）
・たくさんの生活者がその商品名を知っていること（評判）
・経験したことがない生活者でもその商品の特徴を知っていること（隣町の住民）

ブランドの条件からブランド力を探る

ブランドは、上記5つの条件を備えていなければなりません。1つでも欠けていれば、ブランドではなく「商品名」です。

さらに、ブランドは強いブランドと弱いブランドに分かれ、5条件の強弱で決まります。したがって、世の中の商品には4つの種類があることになります。

①商品名もついていない商品
②商品名だけの商品
③弱いブランド
④強いブランド

野菜や果物をはじめとして、農作物の多くは①のカテゴリーです。つまようじやトイレットペーパーなど、名前はついているものの、実際の役に立っていない商品も本カテゴリーです。

②には、中小企業の商品だけでなく、大企業のメーカーですらあてはまる商品がたくさんあります。

それでは、５つの条件を、ＷｉＬＬの例に適用します。カッコ内は、ＷｉＬＬに当てはまる事がらです。

［◎］競合とひと目見て区別できること（商品名とロゴの統一）
［◎］品質が安定していること（大企業の工場による製造）
［◎］たくさんの生活者がその商品名を知っていること（広告による知名）
［×］競合と差別性あるいは優位性がはっきりとあること（なし）
［×］経験したことがない生活者でもその商品の特徴を知っていること（なし）

５つのうち、３つしかクリアできませんでした。ＷｉＬＬはブランドの赤ちゃんですらありませんでした。

巷では「ＷｉＬＬはブランドなのに失敗した」と言われることがありますが、まちがいです。ＷｉＬＬは、たとえヒットしたとしても、ブランドになりえませんでした。ヒットすることはブランドのスタートラインであって、十分条件ではありません。一発屋で終わるか、ブランドに成長するかは、商品がヒットしてからが勝負だからです。

ブランドは結果であって、原因ではない

マーケティングの現場で大切なのは、「ブランドを作る過程」に対する理解です。なぜなら、多くの企業は「ブランドができあがった後のメリット」はおぼろげながら知っていても、「ブランドを作る過程」には無関心なことが多いからです。

「我が社の商品がブランドになったら売上が上がる」との声をよく聞きます。しかし、大半は「テレビ広告を作ろう」「イメージのいいタレントを使おう」といった施策しか出てきません。下手をすると、「一流イメージがついたらブランドになる」と言い始めます。

ブランドは「結果」であり、「原因」ではありません。一流と呼ばれるさまざまなことを実行して、生活者に認められたからこそ一流なのです。帝国ホテルは、設備や接客が「宿泊客や宴会客が快適に過ごすこと」の対応に長けているから一流なのです。ブランド

形成の過程がすっ飛んでしまい、ブランドは結果であることを忘れると、広告に有名タレントを使う発想が出てきます。

どうすればブランドを作ることができるのか。

上記で説明したブランドの育成過程を知り、ブランドは結果であることを理解することが解決策の第一歩です。その理解なくして手法をなぞっても、「仏作って魂入れず」になり、どこかで舵取りを失敗してしまいます。ブランドの失敗の大半は、マーケティング手法ではなく、理解不足や意識不足が原因です。

具体的な対策については、マーケティングの基本に忠実に行動するしか方法はありません。適切なタイミングで、差別優位性のある商品を市場に投入し、適切なターゲットに、適切なメッセージを、適切な方法で伝えることです。本書で紹介したさまざまな失敗事例と理論、そして対処方法を確実に実行することです。近道はありません。

地味な作業です。派手な打ち上げ花火はありません。明日から事態を急変させる魔法のランプはありません。

「当たり前のことを当たり前におこなう。ただし徹底的に」

私の座右の銘の1つですが、少しずつ踏み進んでいくしかありません。

ブランドはフォロワーのための戦略

私たち生活者にとって、ブランドの大切なメリットの1つは「気に入った商品を、手間をかけずに、何回でも買うことができる」点です。「同じようなもの」ではダメです。「同じもの」でなければなりません。子どもにとって、ポッキーとフランは「違うもの」です。母親にとっては「似たようなもの」ですが、まちがって買ってしまうと子どもに叱られます。

この概念は、買うたびに品質が上でも下でもない「ジャストミート」です。ブランドであれば、私たちは「ジャストミート」の商品が買えるのです。それはつまり、よりよい商品を探すためには多少の失敗はいとわないと考える生活者にとって、ブランドは「屁」の役にも立たないことを意味します。イノベーターのことです。

イノベーターは、ブランドに惑わされません。ブランドは単なる記号や型番にすぎません。パソコンのイノベーターにとっては、ＤＥＬＬやＮＥＣ、富士通などのメーカー名はどうでもいいのです。パーツショップの組み立て済みパソコンであろうが、自作パソコンであろうが、良いモノが手に入ればいいと考えます。

逆に言えば、イノベーターはブランドに惑わされずに内容を評価しますから、新製品にとって不利な条件が1つなくなります。「新製品や既存ブランドの再構築ではイノベーターを狙え」と私がよく言うのは、そのためです。

ブランドが役に立たないもう1つの生活者グループがあります。その商品分野に関心がない人たちです。「洋服は着心地が良くて、寒さを防ぎ暑さをしのぐことができて、他人に不快感を与えなければいい」と考える人間にとって、タケオキクチやアルマーニはどうでもいい服です。

「もっといいものを探す」足かせになっているブランドなのに、なぜ生活者はブランドに頼るのでしょうか。

生活者にとって、ブランドの大きなメリットがもう1つあります。ブランドがあると、勉強が不要で、生活コストが削減できるのです。

ブランドがない八百屋の例を見るとよくわかります。スイカの甘さの見極めはなかなかできるものではありません。軽く叩いてみたり、色を見るといったコツが必要です。昔の主婦たちにとっては、このコツを体得することが賢さの1つでした。

しかし、チキータ・バナナのように、スイカにブランドがついていたらどうでしょう。

だれが買っても、同じ甘さのスイカが保証されます。スイカの甘さを見極めるコツを勉強したり、経験する手間（生活コスト）が省けるのです。

加えて重要なのは、はじめて買う人でさえも、かんたんに一定品質の商品が買えることです。デジカメを買ったことがなくても、細かいスペックに関する知識がなくても、「最高品質は買えないかもしれないけれど、最低品質を買ってしまうリスクが避けられる」のです。

これらは、とても大切なことを示唆しています。ブランドが効力を発揮するのは深い知識や経験がないフォロワーなのであって、イノベーターではないことです。

それでは、ブランドにとってイノベーターは不要なのかと問われたら、「必要です」と即答します。イノベーターが離れた商品は、たとえ一流ブランドであっても、時間差でフォロワーも離れるからです。したがって、帝国ホテルの接客やサービスが常に高い水準で維持されているように、ブランドは常にイノベーターを引きつけるべく実質面での努力や強化をしないといけません。

YOASOBIはブランドに成長した…
ソフト産業のブランド

ソフト産業のブランドについて巷ではあまり論じられていないので、紹介します。

音楽産業でのブランドは、ミュージシャン名です。一方、「一発屋」と呼ばれる１曲のヒットで消えてしまったミュージシャンは、ブランドになりきれなかった人たちです。

植村花菜の名前を知っている人は多くありません。したがって、「植村花菜の新曲」といわれてもピンときません。この段階では、「植村花菜」は単なるミュージシャン名です。しかし『トイレの神様』は、多くの人が一度は聞いたことがある曲です。したがって、「『トイレの神様』の植村花菜による２枚目のシングル」なら、聞いてみようと思う人が増えます。しかし、残念なことに『続・トイレの神様』『新・トイレの神様』のような新曲でもない限り「トイレの神様」は継続しませんから、曲名はブランドになりえません。

一方、宇多田ヒカルが『Ｆｉｒｓｔ Ｌｏｖｅ』でシングルとアルバムを合わせて８００万枚の大ヒットを飛ばした段階では「ヒット曲を出したミュージシャン名」でしたが、アルバム『Ｄｉｓｔａｎｃｅ』が４５０万枚、アルバム『ＤＥＥＰ ＲＩＶＥＲ』が３６０万枚のヒットになった後は「宇多田ヒカルなら自分が好みの曲を出してくれるだろう」との期待が人々の中に醸成されます。ここではじめて、ミュージシャン名がブランドに生まれ変わります。

ちなみに、ストリーミング累計再生回数が執筆時点で最高4億回、1億回以上の作品が全9作品中6作品を持つＹＯＡＳＯＢＩは、すでにブランドです。また、デビュー曲『うっせぇわ』が2億回突破のＡｄｏも、3曲が1億回を超えてブランドになりました。『香水』の瑛人はヒットが続かず、これからブランドになるかどうかの瀬戸際です。

このように、ソフト産業でも、ブランドは天から降って湧いてくるのではなく、内容が伴ってこそミュージシャン名がブランドに変化します。

映画産業も、音楽産業と同じです。スタジオ・ジブリの宮崎駿監督は、新作を心待ちにする人が数多くいますから、ブランドです。一方、「上田慎一郎監督による新作」では食指が動きませんが、「『カメラを止めるな』の上田慎一郎監督による新作」ならば興味をそそる人が一気に増えます。上田慎一郎監督が単なる名前からブランドに羽化するには、少なくとも数作品のヒット作を公開する必要があります。映画『１００日生きたワニ』では力不足です。

映画、アニメなどのストーリーが伴う作品には、音楽産業にない利点があります。作品名もブランドになることができる点です。作品がヒットすれば続編が制作されますし、長年継続していればシリーズになります。映画版『ドラえもん』は、１９８０年の開始以来、２０２１年までに64作品が公開され、全48作の『男はつらいよ』シリーズの記録を塗り替えました。映画版『名探偵コナン』は、１９９７年から24作が公開されました。

漫画では、52年続き２０１巻を刊行した「最も発行巻数が多い単一漫画シリーズ」のギネス世界記録を持つ『ゴルゴ13』と、40年続いたタイ1位の『こちら葛飾区亀有公園前派出所』（２０１巻）もブランドです。

お笑いの世界では、芸人名がブランドに変化します。「ぺこぱ出演」と看板やチラシにあれば、観客が増えます。また、彼らがステージに出てくるだけで、会場は「さあ、笑わせてくれるぞ」との期待感が高まり、なんの変哲もないギャグでも会場が笑いに包まれる魔法にかかります。しかし、ネタ、芸風、トークも、磨かなければブランドの魔法が解けて、一気に落ちていくだけです。ブランドが消費された状態です。

加えて、一発ギャグやフレーズも、ブランドになりえます。ＣＭ起用社数10本のダンディ坂野「ゲッツ」、年間２００本の営業をこなすテツａｎｄトモ「なんでだろう」、サンドウィッチマン「ちょっと何言ってるかわからないですね」「カロリーゼロ理論」は、立派なブランドに育ちました。

メディアにもブランドがあります。雑誌名はブランドになりえます。『週刊文春』は、頻繁に「文春砲」と呼ばれる大きなスクープ記事を公開します。「また文春か」「やっぱり文春か」と生活者に思わせたら、その時点でブランドである証拠です。

しかし、雑誌は毎週毎月に発行するたびに記事内容が変わるので、ブランド条件の１つ「一定の品質を担保する」が工業製品より難しいのが特徴です。もっとも、雑誌だけでなく、ソフト産業はすべて「一定品質の担保」に関して構造的に不利な点を抱えています。

「一定品質の担保」のために、雑誌はさまざまな工夫を凝らします。ファッション誌ならターゲットを設定することによって、掲載するファッションや価値観、生活観のテイストが固定化されるため、いったんブランドができあがるとブランド維持がしやすくなります。また、連載に固定読者がつくといわれます。毎回変わらない執筆者による固定テーマなので、雑誌のブランドを維持しやすい側面があります。

以上の例を注意深く見ると、すでにソフト産業ではブランドに近い概念があることに気がつきます。「ネームバリュー」です。アーティストやタレント名（ネーム）にバリュー（価値）があり、ＣＤやストリーミングの売上や興行成績、視聴率に強く影響する意味を指すことが多いことからの用語です。ネームバリューはおもに人物に使いますから、「ブランドの一部」と呼んだほうが正しい解釈かもしれません。

また、ゲームの世界では、ゲームタイトルやキャラクターを指す「ＩＰ（知的財産）」が、ブランドと同じ使われ方をされています。「マリオ」や「モンスターハンター」のタイトルを冠した家庭用ゲームやスマホゲームは、ブランドです。また、コラボと称して他社・自社ＩＰのキャラを借りて、ゲーム内に登場させることで「ブランドの約束」をつくりあげます。ただ、ＩＰはあくまで知的財産であり、大ヒットしなかった作品も対象になるので、「有名ＩＰ」と区別して呼ぶ人もいます。

COLUMN

局所的ブランド

生活者全体ではブランドではなくても、一部の層にとってはブランドになるケースは多々あります。それを「局所的ブランド」と呼びます。たとえばＡＳＵＳは全世界で4兆円の売上を誇る大企業ですが、いくつもの顔を持っています。パソコンの基本パーツのＡＳＵＳ製マザーボードは、自作パソコンを趣味とする人たちにとっては高機能、先進性、信頼性を備えた、パナソニックやソニーのような押しも押されぬトップブランドです。ＡＳＵＳ製スマートフォンは、スマホのイノベーターにとって確立されたブランドです。実際、

SIMフリーのスマートフォンで、ASUSは長い間1位の売上を誇っていました。一方、ASUS製パソコンは、国内販売台数シェア3位とはいえ、ブランドではありません。NECや富士通、レノボなど競合メーカーとの差別優位性が明確ではないからです。

このように、ASUSはマザーボード、スマートフォン、パソコンそれぞれで、ブランド力の有無や強弱があります。通常は強いブランドを持っていれば他分野に影響力が及ぶことが多いものですが、ASUSの場合は各分野のイノベーターが異なるために、ブランド力が相互に影響し合いません。

地域ブランドも、局所的ブランドです。サンガリアは、全国ベースでは知名度はあるものの、特徴を即座に言える人は少ない飲料メーカーです。一方、関西では「みっくちゅじゅーちゅ」で子どもでも知っているブランドです。ブルドッグソースは、関東でしか知られていないブランドですし、イカリソースやオリバーソースは、ソース文化圏の関西でしか知られていないブランドです。イタリアンは、新潟でしかなじみがない、「ソース焼きそばのミートソースがけ」です。

COLUMN

耳かきを追いかけた、ある男の話

私たち生活者にとってのブランドのメリットを説明するために、ブランドがない商品を考えます。

ある耳かきを買いました。よくできていて、すこぶる気持ちがいい、お気に入りでした。ところがある日、折れてしまいました。

彼は困り果ててしまいました。どこで買ったのかをすっかり忘れてしまったからです。近くのスーパーだったか、旅行に行ったときのお土産だったか。自分で買ったかどうかすら覚えていません。

ここでまず、商品名がない商品の不便さが露呈します。世の中のどこかしらに存在するのに、気に入った商品が二度と買えません。

次のシーンです。よくよく見ると、折れた耳かきに小さく会社名がかすかに刻印されていました。会社名を頼りに調べたところ、サイトを持つ会社が30社、サイトがない会社が50社、合計80社が存在することを突き止めました。しかし残念なことに、サイトを持つ30社は、耳かきを製造していませんでした。

仕方がありません。サイトがない50社に電話をかけて、耳かきを作っているかどうかを尋ねて回りました。5社が耳かきを製造していましたが、現物がないので、彼のお気に入りの耳かきのメーカーがどの会社なのかがさっぱりわかりません。

そこで、5社すべてに耳かきを送ってもらうように頼みました。しかし、I社は直販をしていないと断られ、その代わりに販売店を教えてくれました。一番近い取扱店は、東京恵比寿から往復4時間もかかる鎌倉市です。

ここまできて意地になった彼は、鎌倉に行き、ようやく最後の1本を見つけることができました。

商品名がわかったとしても、とてつもない手間です。99・99%の人は、耳かきが折れた段階であきらめます。

もし万が一、ユニクロやサンスターが耳かきを発売したらどうでしょう。2本目を手に入れるのはかんたんです。近くのコンビニやスーパー、ユニクロの店舗に行けばいいからです。店に取り扱いがなければ、ネットでユニクロやサンスターを探して、どこで売っているかを聞けばいいのです。

私たち生活者にとって、ブランドの大切な機能の1つは、「気に入った商品を、手間をかけずに何回でも買うことができる」なのです。

4/3 あれも欲しい、これも欲しいとタダをこねる

コンセプトの純化

ブランドは商品と生活者との約束です。「私は右に行く」と友人に約束したのに、左に舵を切れば「約束が違う」と叱られます。同じように、ブランドも約束を守らないといけません。

しかし、長い間ブランドが市場にいると、商品も生活者も約束がぼやけたり忘れてしまうことがあります。そのままにしておくと、企業と生活者の間で誤解が生じたり、企業がウソツキ呼ばわりされる可能性も高くなります。

したがって、ブランドは「自分はこういう約束をしているのだ」と常日頃から発信し続けないといけません。不幸なことに、ブランドの約束の理解が企業と生活者双方で食い違った時には、約束を再確認したり修正しないといけません。

これを私は「コンセプトの純化」と呼びます。ぼやけてしまった、あるいはぼやけてしまいそうな約束をはっきりさせることです。せっかくブランドに育ったのに「コンセプト

の純化」に失敗したケースは枚挙にいとまがありません。

約束を意図せずに破ってしまう危険性

１９９４年に、ｉｎゼリーが登場しました。ｉｎゼリーの前身はアスリート用の缶スポーツ・ドリンクでしたが、惨敗しました。

「缶だと飲みきらないといけない」
「小腹がちょっと満たせるものがいい」

そんな不満があることがわかり、現在のようなゼリータイプを開発するに至りました。

アスリート向け商品だったので、スポーツ用品店やフィットネスクラブで販売されていました。ｉｎゼリーを発見したコンビニバイヤーが森永製菓に交渉したものの、一般人には売れないと思い込んでいたために断ったとの逸話があります。幸いなことに森永製菓の予想は外れ、売上は爆発的に伸びて、１９９９年には２００億円を超えました。

ｉｎゼリーは、２０１４年に大幅なリニューアルをしました。商品名から「ウイダー」

を取り去り、従来は「エネルギー」「マルチビタミン」「プロテイン」の機能性を軸にした商品展開を「エネルギー」「カロリーハーフ」「カロリーゼロ」のカロリー別の商品展開に切り替え、同時にデザインも変更しました。

これが大失敗。リニューアル直後から売上が減少し、またたく間に売上が対前年比10%減に落ちてしまいました。

いったい、なにが起きたのか。inゼリーは、生活者との約束を意図せずに破ってしまったのです。

木村拓哉の「10秒チャージ、2時間キープ」「10秒でとれる朝ごはん」のコピーが代表するように、inゼリーは「エネルギーを片手で手軽に取ることができる」ことを生活者に約束していました。inゼリーは朝や忙しい時に食事ができない場合に重宝され、特にマラソンなどのように走ったり動きながらエネルギーを片手で取りつつ、軽く小腹を満たすことができるのにも関わらずお腹が膨れないinゼリーは最適でした。

しかし、リニューアル後のカロリーゼロやカロリーハーフが、約束を否定してしまったのです。生活者から見れば、「エネルギーを取るためにinゼリーを買うのに、なぜ真逆のカロリーゼロやハーフなんて出すのだ?」と混乱します。普段から愛用していたアスリートたちは、「エネルギーが取れないinゼリーはinゼリーじゃない」と非難します。

冷静に見れば、「エネルギー」はリニューアル前と同じ１８０キロカロリーですし、「カロリーハーフ」は従来のマルチビタミンと同じものを名称を変えただけですから、ｉｎゼリーはウソをついたのではありません。しかし、生活者の目にはｉｎゼリーが路線変更して自分たちとの約束を破ったように映りました。

森永製菓は、健康志向によってエネルギー補給食品よりも健康食品の側面が強くなっていたので、ｉｎゼリー１つで広くニーズをカバーしようと欲をかいてしまったのでした。生活者への「核となる約束」を正面から見据えることなく、消費者ニーズという名の時流に乗ることの危険性がここにあります。

約束が強ければ強いほど、しっぺ返しは被害を大きくします。ｉｎゼリーの年間売上２００億円の10％は、20億円。ちょっとした下位ブランドが吹っ飛ぶ金額です。

核となる約束の真逆の変更をしてしまったｉｎゼリーは、「約束を破ったブランド」になってしまいました。

「憧れ」と「身近さ」は両立するのか？

今のところ失敗とまではいえませんが、私が注視しているのがゴディバです。

ゴディバの日本進出は１９７２年。外国高級チョコレートの皮切りとして、日本市場で大成功を収めました。ゴディバの成功例を見て、次々と海外から競合が現れました。フランスからはピエール・エルメ・パリ、ベルギーからはピエール・マルコリーニ、イタリアからはカファレルやコヴァなど目白押しです。

競合の相次ぐ登場に危機感を持ったためか、日本の弓道を29歳から始め弓道五段の腕を持つフランス人社長の下、ゴディバは攻勢に出ました。７年間で３倍の売上を達成したのです。

成長の大きな要因が、コンビニへの進出です。

あこがれのゴディバです。通常の2倍の価格にもかかわらず、ゴディバのスイーツは大ヒットし、コンビニ向け商品をシリーズとして何回もローソンに投入しました。２０１７年の「ショコラロールケーキ」を皮切りに、その数、じつに40種類に及びます。はては２０２１年に真っ黒なカレーパンまで作ってしまう暴挙に出るに至っては、「もうなんでもアリ」です。

ゴディバは、「憧れ」と「身近さ」は両立すると主張します。しかし、思い出すのはファッションブランド、イヴ・サンローランやスターバックスの失敗です。高級ブランドだったサンローランは、売上拡大を目指して、次々に布製品にロゴを許可しました。ハンカチやタオル、玄関マットなど贈答品として次々と提携企業が現れ、生活者がサンローランのロゴを見る機会が急激に増えました。しまいには、トイレのスリッパにまでサンローランのロゴが使われるようになり、サンローランのブランドイメージが地を這うがごとく落ちていったのでした。

スターバックスは、１００店舗を目標に、積極果敢な出店攻勢をかけたことがあります。出店地域が銀座や渋谷ならまだしも、東京下町やイメージの良くない地域に進出しはじめてから、スターバックスのイメージが下がってしまったのです。その結果、２００３年に深刻な経営不振に陥り、赤字を計上したことがあります。

「チョコレートと、ファッションやコーヒーショップを一緒にするな」と主張する人はいます。しかし、商品が違うだけであって、人が人である限り、生活者心理は同じです。ブランド資産の点において、すべての商品は同列です。

このような例を「ブランドの消費」と呼び、「コンセプトの純化」に失敗した結果です。せっかくブランド資産が蓄積されたのに資産を食いつぶしていくと、最後には灰も残りません。

ゴディバがそうだと結論づけるにはまだ早いのは確かです。しかし、危険性は残ったままです。

ブランドが発症しやすい3症状

長年ブランド商品を販売していると、往々にして、商品の規格やベネフィットなどの変更が必要になります。

競合商品が登場した。
時代に合わなくなってきた。
もっと売上を伸ばしたい。

さまざまな理由が背景にあります。

ブランドといえど、変化や進化は必要です。変化や進化できずに消滅したブランドはいくらでもあるからです。しかし、目の前の誘惑ばかりが気になって、本当はやってはいけなかった変化や進化を実行してしまうブランドが多いのもまた事実です。

ブランドが発症しやすい症状には、おもに3つあります。

①「乱発＆ボケ」症状
②「形だけのお付き合い」症状
③「昔の名前で出ています」症状

「既存ブランドに問題がある」と企業から相談されて検査をすると、上記３つの症状が８割を占めるのです。冒頭のゴディバの例は「乱発＆ボケ」症状、ｉｎゼリーは「昔の名前で出ています」症状を発症した例です。

要するに、欲張りすぎて商品を出しすぎるために、ブランドの芯がブレるのです。言い換えれば、企業が生活者にした「ブランドの約束」を自ら破ってしまうのです。

それぞれの症状の詳細を見てみましょう。

①「乱発＆ボケ」症状

第１の症状、「乱発＆ボケ」症状の例を挙げます。

かつて高級国産時計の代名詞はセイコーでした。「値段は高いけれど品質が良い」イメージです。しかし、その後、セイコーは低価格商品のアルバをはじめ、ファッション路線の新製品を乱発しました。一方で、ドルチェ＆エクセリーヌといった高級路線も展開し

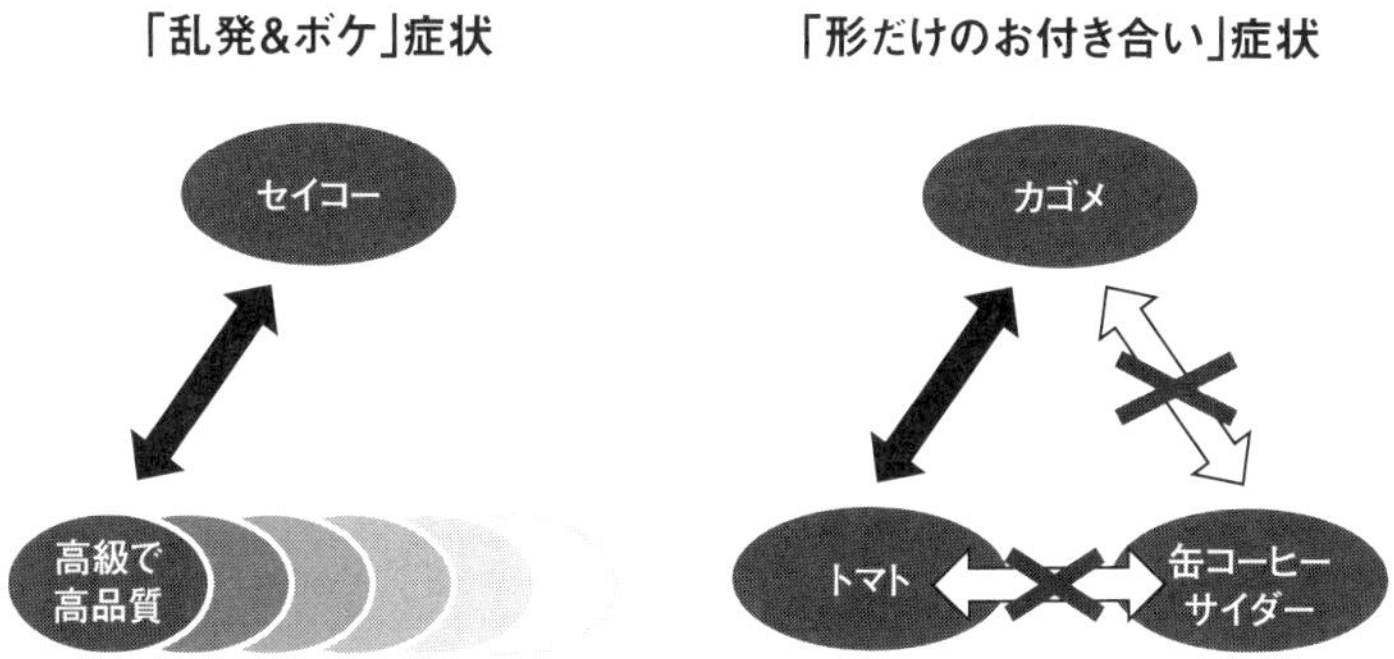

図4-3-1　コンセプトの純化の失敗

ましたが、知名度は上がらず、サブブランドにすらなりませんでした。

結果、「セイコーは高級で高い品質」イメージが崩れ去り、かといってアルバのような親近感があっておしゃれなイメージもつかないまま、「みんなが知っているけれど、特徴がない」中途半端なブランドになり果てました。

なぜこういうことが起きるのか。図4-3-1を見てください。セイコーは「高級で高品質」の新製品を市場に投入します。しかし、自社商品との共食いを恐れて、差別化をします。新製品は、セイコーのイメージを保ちつつ、新たな付加価値がつくので、売れます。

ところが、新製品がブランドとして独り立ちする前に、調子に乗って次の新製品を世に送り込んでしまいます。加えて、共食いを避けるために、さらに差別化します。これを繰り返すと、最初の新製品とは似て非なるコンセプトの商品ができあがり、ブランドが崩壊してしまうのです。

②「形だけのお付き合い」症状

2つ目の「形だけのお付き合い」症状は、「形が同じだから、既存ブランドのチカラを借りることができる」と思い込んで失敗するケースです。

カゴメがトマトジュースとケチャップくらいしかイメージがなかった1980代半ば、新規事業として飲料分野に進出したことがありました。トマトジュースのシェア60%、野菜ジュースシェア40%を占めていたので、「同じ飲料だから成功する」と踏んだのでしょう。

ところが、カラダに悪そうなイメージがあるけれど市場規模が大きい炭酸飲料や缶コーヒーにまで手を出してしまいました。動物のサイのイラストが描いてある「サイダー」（商品名です、念のため）に至っては、ギャグとしか言いようがありません。マジメなイメージのカゴメではなく、「みっくちゅじゅーちゅ」のサンガリアがやりそうなダジャレ商品でした。

幸か不幸か、必然だったか、カゴメの飲料事業は失敗したため、本格的に企業ブランドイメージを損なう前に撤退しました。

③「昔の名前で出ています」症状

3つ目の「昔の名前で出ています」症状は、時代に合わせようとして失敗するケースです。

登場した当初は商品コンセプトに差別優位性があってブランドとして成功したのに、競合商品が次々と参入したり、時代が変化したことで、新規の若年層が獲得できずに、購入者の平均年齢が上がったブランドによく見かけるケースです。

この症状にはいくつかのパターンがありますが、多いのは次の2つです。

・ブランドを若返りさせるために「低カロリー」や「ライト」といった時流に乗った商品を開発するけれど、差別優位性がないため失敗する

・広告表現を若者にシフトするけれど、努力の方向がピント外れのため、失敗する

ここでは、後者の「広告表現を若者にシフトしたのはいいけれど、努力の方向がズレている」ケースを紹介します。

大塚製薬は、オロナミンCが若者受けしなくなったために、キャラクターを続けてきた巨人軍の起用を2004年に取りやめました。1993年に発足したJリーグの人気で野

球ファン人口が減ったことも影響したのでしょう。

キャラクターの取りやめ自体にはなんら問題がありません。もし、広告キャラクターを巨人軍からJリーグチームに変更していれば、オロナミンCのイメージは時代にそのままスライドしたはずです。しかし、大塚製薬はその道を選びませんでした。長年付き合ってきた巨人軍に配慮したのか、あるいは気分を一新したかったのかもしれません。

巨人軍の後釜となった上戸彩を起用した広告は、最初こそ「レモン11個分のビタミンC」など、ブランドの原点に戻ったかのような規格訴求でした。しかし、その後、いきなり「もしも私がシリーズ」「商談ハツラツゥ？」「出社ハツラツぅ？」のイメージ訴求で迷走し、現在では鼓笛隊をテーマにしたなんの変哲もない青春イメージ広告になってしまいました。

「広告に若者さえ登場させれば若者向けのイメージがつく」ほど、事は単純ではありません。広告には「若者だからこそオロナミンCが必要」というメッセージがなければ、あまたあるイメージ広告に埋もれてしまうだけです。

巨人軍を続けるべきだったとは言いません。ただ、検討課題は山のようにあったはずです。

・オロナミンＣが持つブランドの約束とは何か？
・生活者はどう感じているのか？
・エナジードリンクとどう差別化を図ればいいのか？
・そもそも差別化をするべきなのか？

などなど。ところが、出てきた答えがイメージしか中身がない鼓笛隊の青春広告では、正しい回答とはいえません。

救いは、「仮面ライダーセイバー 本当の強さ」篇です。「ビタミンＣ」「ビタミンＢ」「着色料、保存料ゼロ」を訴求しており、差別性の問題を除けば、原点に戻りました。

今まで継続してきた広告表現を意味なく突如変更してしまう最大の原因は、担当者が飽きたり、新任者が前任者と異なることをやりたがるせいです。ブランドの広告を最も頻繁に目にするのは、生活者ではなく、企業の担当者です。したがって、「もういいや、次、行こう」「もう生活者には浸透しただろう」と錯覚を起こしてしまうのです。

「昔の名前で出ています」症状を回避した成功例も挙げましょう。

ネッスルは、１９６７年に日本市場に本格参入してから53年間で20回以上も、ネスカフェの味を変えています。日本人の体力が低下し、食事も昔より上品になる中で、従来の味では強すぎるからです。川上に向かって泳ぐようなものです。そのまま止まっていると、下流に流されてしまいます。同じ位置に留まるには、少しずつであっても、上流に向かって泳がないといけません。

　ポッキー、チロルチョコ、うまい棒、バスクリンなどロングセラーの一部は、「昔の名前で出ています」症状が発生しないように、常に新バリエーションを出し続け、新しい刺激を市場に与えることでブランドイメージを維持しています。うまい棒は１９７９年の発売以来、41年の歴史で67種類、３年で２種類も市場に投入しています。チロルチョコは１９６２年の発売以来、58年の間に１１２種類、１年で２種類もバリエーションを投入ししています。

処方箋に向けて：

健康診断と事前準備

　一度は確立したブランドのコンセプトがあいまいになる経緯や原因はさまざまですが、それだけブランド維持のコントロールが難しいことを表しています。再度言います。あいまいになったブランドをしっかりと元に戻し、生活者のニーズに合致させることが「コンセプトの純化」です。

どうすればいいのか。まずは3つの症状に共通する健康診断と事前準備を紹介します。図4-3-2にまとめました。

健康診断

- 生活者が感じるブランドの約束は何か。
- 生活者は競合商品との差別化をどこに感じているのか。
- そもそも差別化をするべきなのか。

- ブランドの約束が商品やサービスに反映されているかを確認する。

事前準備

- ブランドが持つ「約束」を強化することを第一に検討する。
- 生活者における差別優位性のイメージシェアで判断する（クープマンの目標値を活用）。

図4-3-2　コンセプトの純化の健康診断と事前準備

健康診断

健康診断については、次の3項目を確認します。

①生活者が感じるブランドの約束は何か

②生活者は競合商品との差別化をどこに感じているのか

③そもそも差別化をするべきなのか

本来なら人間の健康診断と同じく、定期的に検査を実施して異常が見つかったら、ただちに治療をしないといけません。しかし、企業はなかなか商品の健康診断をしたがりません。商品が売れている時は、「なぜ売れているのか」を企業が真剣に考えないからです。売れなくなってからは、「なぜ売れないのか」の犯人捜しはほとんどすべての企業で実施されるのに、です。

健康診断と同時に、ブランドの約束が商品やサービスに反映されているかを確認する必要もあります。

いきなり！ステーキの約束が「高品質のステーキをリーズナブルに提供する」なら、たった6年で創業時の価格1gあたり5円を6・9円へと40％も値上げしてはいけませんし、「ワイルドステーキが固くなった」と苦情が殺到するような肉質に変更してはいけません。ましてや、専門外の牡蠣を新メニューに加えてはいけません。

約束が「入店していきなりステーキが食べられる」なら、客席の半分しか埋まっていないのに焼き上がるまで来店客を30分も待たせてはいけませんし、入店するやいなや、ライスやサラダなどセットメニューの追加注文を二度も三度も催促してはいけません。

約束が「客が希望するグラム数を目の前でカットする」なら、前の客が拒否したカット済みの牛肉を後ろのストックからつまみ出して「これでいいですか」と客に承諾を求めてはいけませんし、常に注文したグラム数より2割ほど多くカットして客単価を吊り上げるようなせこいマネをしてはいけません。

念のため言い添えると、２つ目と３つ目の出来事は私がいきなり！ステーキ東京恵比寿店で体験したものです。初来店前に知人やメディアから聞いていたブランドの約束と期待はすべて裏切られました。

事前準備

健康診断が終わったら、事前準備です。

まずは、ブランドが持つ「約束」を強化することを第一に検討します。一度はブランドとして確立したのですから、強みは必ずあります。その強み資産をどうやったら強化できるのかを最優先で考えます。

ところが、売上を上げるために、安易に自分の強みを否定し、市場やターゲットを拡大しようとするケースが多すぎます。

「今までだって強みを訴求してきたけど、売上が下がったのだから、否定するのは当然」

そう単純に考えるからです。よくよく精査すると、強みを訴求してきたと信じていたのは社員だけで、生活者にまったく伝わっていなかったことがよくあります。

市場を拡大しようとするよりも、ブランドの約束を強化するほうが、自然と裾野が広がり、結果的に市場が広がることが往々にしてあります。また、ブランドを強化することで、各種症状に陥るリスクが低下するメリットも得られます。

事前準備の第2段階では、第3章で解説したクープマンの目標値が判断ツールになります。生活者における差別優位性のイメージシェアが40％に達すれば、充分強化しきったといえます。40％未満なら、まだまだ強化の余地があります。しかし、たった10％程度のイメージシェアしかないのに、市場を広げようとする企業が後を絶ちません。

「乱発＆ボケ」「形だけのお付き合い」「昔の名前で出ています」3つの症状別の処方箋

ここから、症状別に処方箋を解説します。基本的な考え方は「選択と集中」です。ただし、商品だけでなくコンセプトも対象なのが、通常の「選択と集中」と異なります。

①「乱発＆ボケ」症状の処方箋

「乱発＆ボケ」症状では、2つの処方箋が有効です。

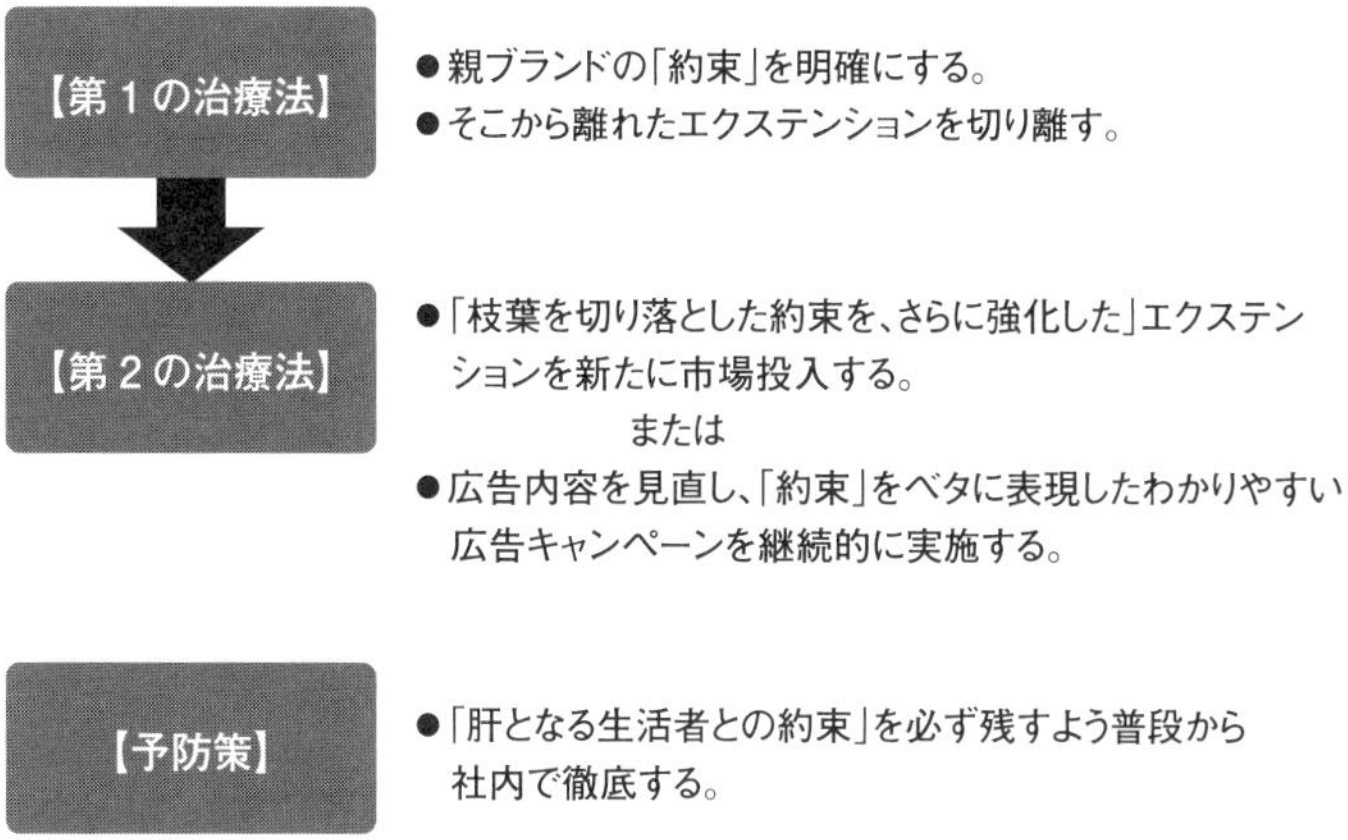

図4-3-3 「乱発&ボケ」症状の処方箋

第1の治療法は、親ブランドの「約束」を明確にし、そこから遠く離れたエクステンションを独立したブランドとして切り離します。近隣の他ブランドに統合してもかまいません。

外したエクステンションは、親ブランドの庇護がなくなるので、売れなくなるかもしれません。それでいいのです。独立させたら売れなくなるような商品は、親ブランドの威光を借りていただけですから、親ブランドの足かせになっていたのです。親ブランドのブランド力や養分を吸い取ることで、親ブランドがやせ細る原因となっていたのです。売上が減少したら素直にエクステンションを撤退させたほうが、幹となる親ブランドは太く育ちます。

第2の治療法は、上記の治療が済んだ直後または同時に、「枝葉を切り落とした約束をさらに強化した」エクステンションを新たに市場投入し、親ブランドの再生を強調します。開発に時間がかかる場合は広告内容を見直し、「約束」をベタに表現したわかりやすい広告キャンペーンを継続的に実施します。

たとえば、カルピス・コンク（原液タイプ）の健康イメージが弱まっていたことに対して、アサヒ飲料は機能性表示食品のカラダカルピスを開発しました。従来の家族や子どものイメージを捨てて、健康一本に絞った商品を追加したのです。

「乱発&ボケ」症状に対する予防策として、ブランドエクステンションのコンセプト開発を実施するにあたり、「肝となる生活者との約束」を必ず残すよう、普段から社内で徹底することが肝要です。それによって、セイコーのような失敗を繰り返すことがなくなります。もちろん、事前に「肝となる生活者との約束」とは何かを明確に定義する必要があります。

クープマンの目標値がここでも活躍します。コンセプトに限らずデザイン変更でも、印象度シェア41・7%は残さないと、変わりすぎて生活者には別ブランドだと思われてしまいます。逆に、変更が印象度シェア26・1%未満しかないと、「以前と変わった」印象を持たれません。したがって、「約束」以外の変更は約4割が目安です。

代表な失敗例は、２０１９年にＰＢ商品のデザインを大胆に変えすぎて苦情が殺到した

【お付き合い先の商品が失敗した場合】	●潔く撤退する。
【お付き合い先の商品が売れた場合】	●中心となるブランドとお付き合い先の商品の中間を狙った商品を開発する。 ●お付き合い先の商品を別ブランドにして、そこから道筋を作る。

図4-3-4　「形だけのお付き合い」症状の処方箋

ローソンや、１９８０年代にデザインを変えすぎたために常連客に製造中止になったと思われて売上が減少してしまったＡＧＦのペットフード、ゲインズです。

②「形だけのお付き合い」症状の処方箋

「形だけのお付き合い」症状は、お付き合い先の商品が失敗した場合と、多少でも売れている場合とで、対処方法が異なります。

失敗した場合は、潔く撤退するのが良策です。そのままお付き合い先の商品を残しても、社内資源のムダです。前述のカゴメの清涼飲料水事業の撤退が良い例です。

ある程度売れた場合は、中心となるブランドとお付き合い先の商品の中間を狙った商品を開発して、侵攻エリアをつなげることを検討します。そのとき、ブランドの「約束」の中心点がズレることで、「乱発&ボケ」症状を発症してしまうリスクがあります。したがって、ある程度売れた商品を別ブランドにして、そこから道筋を作るのがリスクが少ないやり方です。道筋については、

4-4節でくわしく解説しています。

お付き合い先の商品が成功して大きくなった場合は、いっそのこと乗り換えたり、約束を新たに作り直すのも手です。「花王石鹸株式会社」から「石鹸」を抜いた「花王株式会社」や、「富士写真フイルム株式会社」から「写真」を除いた「富士フイルム株式会社」の社名変更は、その一例です。

③「昔の名前で出ています」症状の処方箋

「昔の名前で出ています」症状は、ブランドの「約束」を現代風に翻訳した候補をいくつも作り、生活者の受容性調査を実施するのが定石です。マールボロの例では、広告キャラクターをカウボーイを現代風に翻訳したF-1レーサーに変更しました。

多くの場合は、オロナミンCのようにふわっとしたイメージに陥りがちなので、本節のコラムで紹介するパンツ理論でチェックするだけでも、リスクは大幅に減らすことができます。最もかんたんなやり方は、主語を競合ブランドにして成立してしまうかどうかです。たとえば、「オロナミンCの鼓笛隊」を「ポカリス

【処方箋】	●ブランドの「約束」を現代風に翻訳する。 ●パンツ理論でチェックする。
【予防策】	●常にエクステンションで市場に刺激を与える。

図4-3-5 「昔の名前で出ています」症状の処方箋

エットやモンスターエナジーの鼓笛隊」に変えたときにブランドの約束が成立するか否かを確認すればいいだけです。

普段から予防策を施しておくのも有効です。チロルチョコやポッキーのように、常にエクステンションで市場に刺激を与えることで、古いイメージを持たれたり忘れられないようにする策です。

ブランド維持戦略における「記号性継続型」と「意味性継続型」

ブランド維持にあたっては、「記号性継続型」と「意味性継続型」の戦略があります。どちらが良い悪いではなく、企業の戦略によっていずれかが採用されます。図4-3-6を見てください。

「記号性継続型」ブランディング

基幹となる商品そのものは変えませんが、エクステンションを開発して市場に刺激を常に与えたり、訴求内容を現代の風潮に翻訳する戦略です。ポッキーのエクステンションの

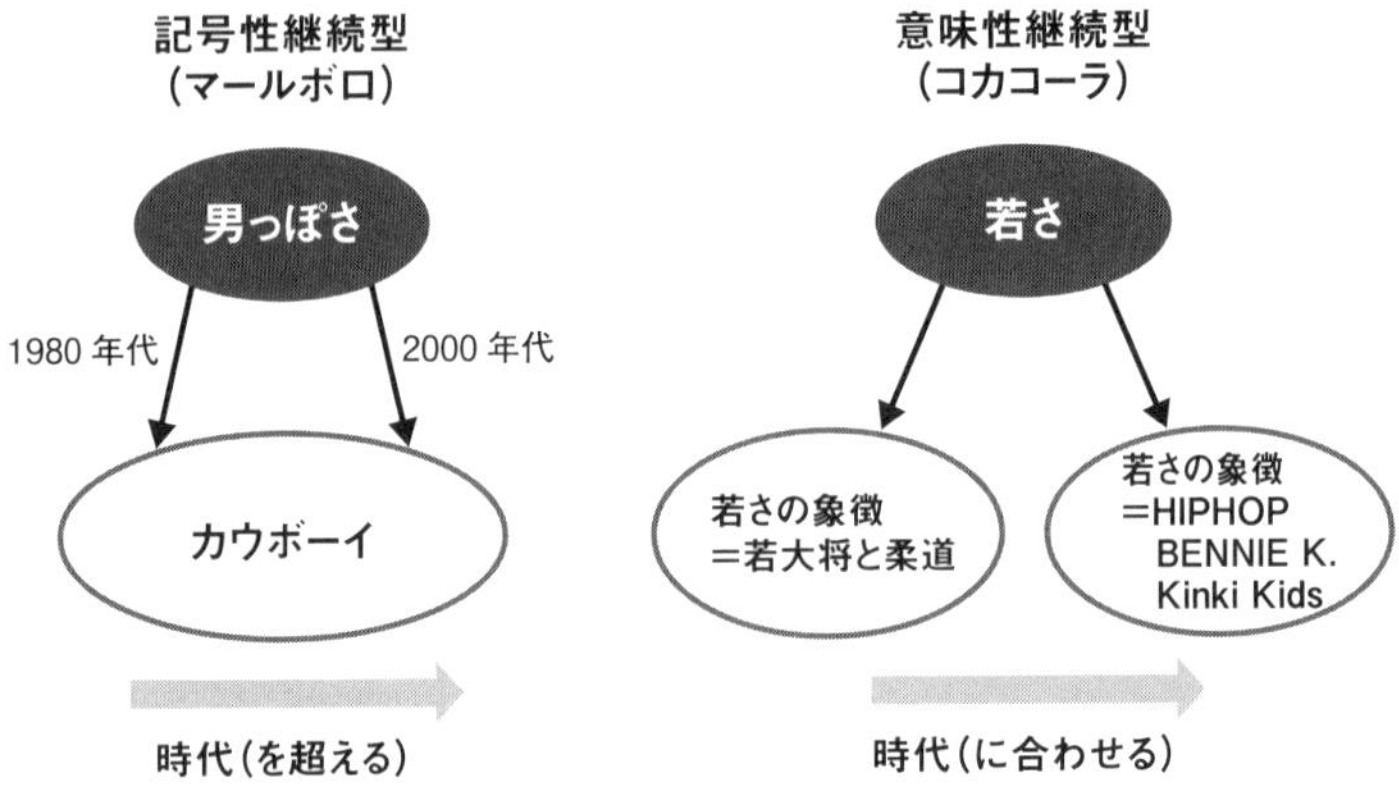

図4-3-6　記号性継続型と意味性継続型

ように、刺激として割り切っているために期間限定の商品にすることが多いのが特徴です。売れ筋のオリジナルは変えません。

「意味性継続型」ブランディング

　コンセプトは維持しますが、商品を変える戦略です。マイルドセブンはかつて、セブンスター、マイルドセブン、マイルドセブンライトと新製品を投入し続けて、売れ筋が常に変化しました。しかし、コンセプトはすべて同じ「より軽く」です。マイルドセブンがヒットすると、セブンスターは軽いブランドではなくなります。同様に、ライトがヒットすると、オリジナルのマイルドセブンは軽くなくなります。「時代に合わせた軽さ」を具現化したものが、マイルドセブンのライト路線です。

広告表現にも、「記号性継続型」広告と「意味性継続型」広告の２つのパターンがあります。

「記号性継続型」広告

広告シンボルを維持する戦略です。代表例は、たばこのマールボロのカウボーイです。赤いオリジナル箱の広告では、馬に乗って投げ縄を使い、何十頭もの野生馬の群れを追いかけるカウボーイの姿と、映画『荒野の七人』のＢＧＭを使い、活動的で男性的な表現をしました。一方、マールボロ・ライトのポスターでは、夕暮れ時にカウボーイが自宅に帰る瞬間の写真を使い、軽さを想起させるといった具合です。カウボーイがマールボロのシンボルですから、時代が変わっても継続します。

「記号性継続型」広告は列車から遠くの山々を眺めているようなもので、列車という時代の変化から離れたところでブランドの意味性を語るものです。

ちなみに、マールボロは、アメリカでの発売当初は女性をターゲットとしたブランドでした。赤い「Ｍ」のマークに見えるデザインは本来、横向きで赤い口紅を塗った女性の唇がモチーフでした。マールボロは当初売れず、やけになってカウボーイ広告で男性向けにしたところ大ヒットした逸話があります。また、香港ではカウボーイがウケず、これもまたやけになって白馬を広告にしたところ大ヒットして、輸入たばこのシェア1位を獲得しました。

マールボロのフィリップモリス社は計算し尽くされたマーケティングが得意な企業ですが、たまに大胆なやけを起こすことが特徴の企業でもあります。

「意味性継続型」広告

「意味性継続型」広告の場合は、広告シンボルを時代とともに変えていきますが、一貫して、訴求内容を維持します。

コカコーラのコンセプトは、「さわやかな若さ」です。一貫して変わりません。しかし、広告表現は時代に合わせて変えてきました。１９６７年には、加山雄三と柔道を組み合わせて訴求。１９８７年から「I feel Coke」で、バブル期の若い男女（や老若男女）を表現。「つながる瞬間に」では、ヒップホップ調のＢＧＭで、若い男女（や老若男女）が出演。一貫して、「さわやかな若さ（気持ちの若さ含む）」を貫いています。

ちなみに、「フレッシュ」に「リ」を加えた「リフレッシュ」の造語を１８８５年に作ったのがコカコーラだといわれています。

「意味性継続型」広告は、列車と同じスピードで走るクルマを見ているようなもので、相手も自分も変化しているのに固定して見える状態です。

「意味性継続型」広告では、時代ではなく、地域という変わった例もあります。日本リーバの「ＡＢＣポテト」は、親会社のユニリーバが全世界で展開しているブランドです。各国で制作されるテレビ広告は、表現内容がまったく違います。しかし、消費者調査を実施すると、生活者に伝わるメッセージやイメージは見事に同じなのです。「現地に合わせる」とはよく聞く言葉ですが、ここまで用意周到にコントロールできるノウハウは見事としかいいようがありません。

めずらしいケースで、「超定番型」ブランディングと私が呼ぶ戦略もあります。シャネル、養命酒、仁丹、キャンパスノートは、ことさら時代に合わせることを放棄する、肝が据わったブランドです。シャネルに至っては、「流行とは時代遅れになるものだ」「私は流行をつくっているのではない。スタイルをつくっている」と、一見傲慢ですがシャネルらしい芯がぶれない姿勢を貫いています。その代わり、売上の増減には一喜一憂しない腰が座った、現代の企業では実現が難しい経営姿勢を貫いています。それだけの実力と余裕があるからこその、ブランド維持戦略です。

パンツ理論（別名「英雄色を好む」理論）

「英雄色を好む」のことわざがあります。しかし、その逆の「色を好めば英雄か？」は真ならずです。ただの「スケベおやじ」です。一つの方向からしか見ずに、客観的な目を忘れて突っ込んでしまうことを「パンツ理論」と呼んでいます。図4-3-7のように、パンツは企業が足下から見ると胴体につながり、結論に正しく導かれるように見えます。しかし、生活者が胴体から見ると、2本の足の選択肢があることに気がつかない事象です。ちなみに、パンツは下着のことではなく、ズボンやスラックスのことです。念のため。

パンツ理論は、マーケティング現場でとてもよく見かけます。企業が自分たちの思いをそのままなんの工夫もなく生活者にぶつけると、パンツ理論が発生しやすいからです。また、コミュニケーション戦略を提案する広告会社は、生活者を相手にするよりも、企業の思いをコピーにしたほうがウケがよく、広告案が採用されるチャンスが高いことを知っているからです。

たとえば、次のような企業スローガンは、自分たちの姿勢ではあるものの、競

図4-3-7　パンツ理論（別名「英雄色を好む」理論）

合企業が宣言しても違和感がなく差別性がないものばかりです。

・東京建物「東京は、建物と物語でできている」
・ライフネット生命「人生に、大切なことを、わかりやすく。」
・旧・三洋電機「人と地球が大好きです。」

　最近のビール広告で「おいしい」と各社が口を揃えてタレントに言わせているのも、事情は異なれど同じです。

　それならば、東京建物のケースでは「日本で最も歴史のある総合不動産会社で、日本で最初の住宅ローンを開始した最先端の企業です」のほうが、よほど立ち位置がはっきりします。もちろん、他社はマネできない、唯一無二の差別化されたスローガンです。

　チカラ技で印象づける方法もあります。長期間同じタレントを使ったり、旬のタレントを他社より早く使う方法です。和田アキ子は、17の永谷園ブランドに、30年以上にわたって出演しました。

エプソンのプリンタ、カラリオは、1990年代に内田有紀を広告に起用しました。プリンタ業界ではじめてのタレント広告でした。結果、家電量販店で「内田有紀ちゃんのプリンタをください」と注文する来店客が続出したことがあります。

また、富士フイルム・カセットテープAXIAの広告に、1985年当時大人気だった斉藤由貴が登場しました。その後、スティングや浅香唯、坂井真紀などの人気タレントやミュージシャンがAXIAの広告に登場したにもかかわらず、10年以上も「AXIAといえば斉藤由貴」のイメージが残ったままでした。類似の例には、ウォシュレットの「おしりだって洗ってほしい」の戸川純もあります。

ただし、この方法に効果があるのは、業界ではじめてタレントを使った広告であり、かつ、広告タレントが他業種を含めた他社の広告に出演していないことが条件です。

今やCM女王と呼ばれるタレントは、10社程度は当たり前に出演しています。2020年のCM女王は今田美桜と広瀬すずで、14社ずつです。男性部門では櫻井翔が19社、相葉雅紀が17社、松本潤が16社と、嵐だらけです。しかし、生活者が覚えているのは、そのうちの2〜3社が限界です。その他の10社に入ってしまったら最後です。

参考のため、今田美桜が2020年から2021年6月までに出演したテレビ広告リストを挙げます。リストを見なくても即答できた広告や、リストを見て思い出した広告はどれなのかをチェックしてみましょう。

・ユニクロ
・週刊プレイボーイ
・第一生命
・マキロン・アクネージュ
・ジャンボ宝くじ
・コーセー・ファシオ
・ベクトル・ヒロメル
・美酢ビューティーチャージ
・パンテーン

・JT
・ホットペッパービューティー
・U-NEXT
・福岡県
・ロキソニンS
・Trust 360
・トラフル軟膏PRO
・どんなときもWiFi
・タマホーム
・ラビット
・AOKI
・モンスターストライク

4 「らしくない」ことをする

意識のブリッジ理論

ブランドの約束が強ければ強いほど、「〜らしい」と生活者に言われることが多くなります。生活者の期待とブランドの行動が一致しているからです。「らしさ」は、人と人の間でも使われる概念です。

逆に、ブランドが「らしくない」ことをすると、生活者の期待からズレてしまうために失敗することが多々あります。「イメージにギャップがあると、かえって魅力的」を意味する「ギャップ萌え」が巷では言われますが、「※ただしイケメンに限る」のように特別な制限があるケースがほとんどです。ましてや、4-2節で解説したジャストミートが重要な価値であるブランドにおいて、「らしくない」ことは高いリスクが伴います。

では、「らしさ」とはいったい何か。

「らしさ」は、ブランドのイメージから発生します。アップルの「スマート」イメージが強ければ強いほど、スマートなデザインや広告を世に送れば「アップルらしい」と言われるゆえんです。

　では、そもそもイメージとは何か。生活者の商品に対するイメージはどのような構造になっているのか。生活者は、商品を見た時にどう処理しているのか。そして、「らしくない」ことをすると、生活者の頭の中の反応がどうなるのか。疑問は尽きません。

イメージと相容れない商品、価格、デザインでは成功しない

　牛丼店は、１８６２年の牛鍋屋が元祖だと言われています。チェーン店化の最初は吉野家です。明治32年（１８９９年）に築地魚市場に創業し、１９７３年からチェーン展開を始めました。その後、養老乃瀧、松屋、すき家、なか卯、神戸らんぷ亭などが追随。一大牛丼外食市場ができあがりました。

　トップを誇った吉野家は、店舗の急激な増加のため、当時輸入制限の対象だった牛肉の確保が困難になり、制限がなかったフリーズドライ牛肉に変更。その結果、味が落ち、同時に値上げによって客数の増加を抑えようとした価格戦略が大失敗。１９８０年に倒産し、西武グループに買収されました。

　買収後、吉野家は迷走しました。まずは女性をターゲットに、ヘルシーなそぼろ三色丼

や鳥丼を発売しましたが、まったく売れません。

同時期に、ハンバーガーショップ・タイプの神田小川町セルフ牛丼店を開店。若年層をターゲットとし、レジでの精算後に、呼ばれた客が牛丼を取りに行く形式の店でした。同時に、女性客の「カウンターで食べる姿を向かいの男性客に見られるのが恥ずかしい」との意見を吸い上げて、テーブル席を中心とした内装に改装しました。現在の黒看板の吉野家の元祖でしたが、これも失敗。「さあ、脂ぎった味の濃いジャンクなメシをかき込むぞ」と勢い込んで入店したものの、アメリカンカジュアルな店内の中で食べる牛丼は、普通店と同じ味のはずなのに、あっさりして物足りなく感じたものです。

１９８５年には、東京赤坂に高級店「特選吉野家あかさか」をテスト出店しました。着物姿の仲居さんが運んできたのは、丼ではなく、お重に盛られた牛丼で、７５０円。これもあえなく失敗。和風の内装や仲居さんが優雅に注文や配膳をする様子は、どこか高級しゃぶしゃぶ店に迷い込んだ気分になり、落ち着かなかった記憶が今でも残っています。

失敗の原因は、すべてイメージギャップです。

顧客や生活者にとっての吉野家のイメージは、「大衆価格で他人の目を気にせず、短時間で肉と飯をかき込む店」です。倒産前は客が押し寄せるほど評判がよかっただけに、ジャンクな男メシは吉野家の強く確固たるイメージでした。

そこに、健康的でダイエットの女性向けのメニューです。アメリカンな店内です。2倍の価格の高級牛丼です。吉野家のイメージと、失敗したメニューや店内デザインは、相互に相容れない拒絶される関係です。冷静に考えれば、成功すると思うほうがおかしい施策でした。

一流企業名を冠しても、他業界に攻め入って成功するわけではない

他業界に参入するケースは、失敗の宝庫です。そのほとんどが、コストがかさんで赤字が続く、供給が不安定、充分なノウハウの蓄積がないなど、マーケティング以前の問題です。識者たちは「未知なる分野に進出してはいけない」と身も蓋もない警告をしますが、あながちまちがってもいません。

成功事例もあるなかでチャレンジ精神を発揮するのは企業として決して悪いことではありませんが、限度があります。成功確率が低いのに頭から突っ込んでいっても、ろくなことがありません。それは、一流企業と呼ばれる大企業でも同じです。

古くから活動していて、かつ一流企業名を企業名に冠しているのに、他業界に攻め入っ

て成功しなかった例を挙げます。１９７５年にトヨタの事業部門から分社化した、トヨタホームです。一方の雄、パナソニックは、１９７７年にパナホーム（現・パナソニックホームズ）を設立しました。

２社は、同じ一流企業からの進出だったのに、対称的な結果になりました。設立から43年が経ち、結果はトヨタホームの惨敗でした。パナホームの年間売上２５２２億円（２０１９年）に対して、トヨタホームは８２７億円（２０２０年）。２・５倍もの差がついてしまったのです。タマホームの売上２１００億円の約半分です。

原因は、イメージギャップでした。

パナホームの場合、親会社のパナソニックは、住宅の基本となる電球や電気設備などのイメージが強く、さらに建材から住宅設備、家電までほぼすべてがパナソニック製品です。

一方のトヨタは自動車メーカーですから、住宅とはイメージの接点がありません。トヨタホームは、当初「自動車で養ったノウハウを活用した工業化住宅」をうたい文句に、事業展開しました。しかし、生活者にとって、自動車と住宅ではイメージが水と油ほど異なった分野です。生活者には、まったくと言っていいほど刺さりませんでした。

しかも、トヨタホームならではの差別優位性もありません。トヨタホームのブランドビジョンは「Sincerely for You ― 人生をご一緒に。」です。ふんわりした、だれでも言えるコンセプトです。続くフレーズは、「トヨタホームは最高のご満足を生涯にわたって提供し続けます」と、これもまた主語をタマホームに替えても通用してしまう文言があるだけです。

トヨタのブランド力が通用しない業界で、差別優位性もない。ましてや、住宅は何千万円もの商品です。トヨタのお膝元の愛知県ですら、「ちょっと試してみよう」と考える生活者は、イノベーターといえど多くありません。トヨタホームがようやく黒字化したのが２００３年。じつに28年間もかかりました。

トヨタホームは、ミサワホームの買収によって表向きの売上は大きいものの、単体での企業力はパナソニックに劣るだけでなく、住宅メーカーで12位と低迷したのは、決して驚くことではありません。２０２０年にパナホームとトヨタホームが合併したのは、当然の帰結でした。

仮定の話をします。「もし、トヨタホームがガレージを作ったら？」

「トヨタはクルマの強みと弱みを知り尽くしています。だから、あなたの愛車をしっかり守るトヨタのガレージです」なら、かなりイメージ差が縮まったことでしょう。

「ガレージならトヨタホーム」のイメージがついたら、今度は本丸の住宅です。

「クルマを守ったトヨタのガレージならではの知見と技術力を生かして、今度は人を守ります」

このように段階を踏んで、「意識のつながり」を作ることができれば、トヨタホームに成功の可能性がありました。

イメージは点ではなく、面や領域

マーケティングでは、ブランドや企業について生活者が思い浮かべるイメージを大切にします。生活者がブランドイメージによって購入する商品を選ぶことが多々あるからです。イメージには、さまざまな種類があります。「やさしい」「健康的な」といった形容詞もあれば、「お味噌ならハナマルキ」といった商品ジャンルもあります。

それぞれのイメージは、生活者の頭の中でバラバラに存在しているのではなく、図4-4-1のように位置関係を持って構成されています。近いイメージと遠いイメージなどです。そして、生活者は「商品ジャンルの地図」「形容詞の地図」のように、イメージの種類によって、複数の認知地図を持っています。

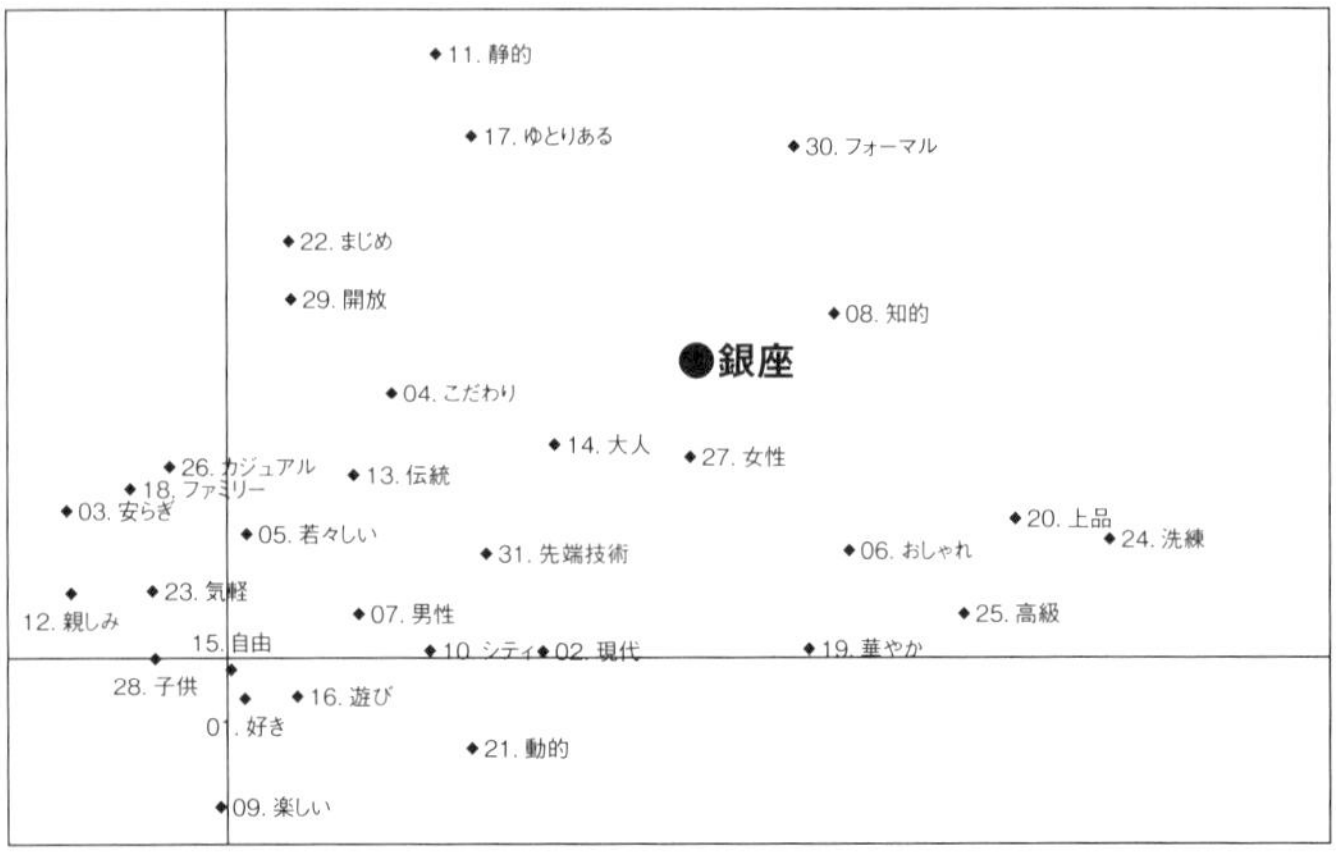

図4-4-1　認知地図と銀座のイメージ（点で表現）

一般的に、イメージは点で表現されます。生活者の調査データを分析する統計解析手法が点で表現するためです。位置関係を把握するだけなら、統計解析の結果でも不都合はありません。

しかし、実際の生活者の認知地図のイメージは、面や領域です。健康イメージの中心部は「かなり強い健康」、その周辺は「やや強い健康」、領域の端は「どちらかといえば健康」といったように、健康のイメージの強弱によってグラデーションができています。領域の境界線は、たとえば「安全」「自然」「日常的」などに隣接しています。

商品のイメージ領域は、行政区のようなものです。「東京世田谷区」と聞くと、高級住宅街が代表的なイメージです。しかし、渋谷に近い「三軒茶屋」や「下北沢」は、若者のイメージです。一方、川崎市に隣接する「上野毛」、三鷹市との境目に位置する「北烏山」は、一般ファミリー層が多く住む住宅地です。

なぜ、点ではなく領域なのか。

人は、情報にラベルをつけて記憶します。すると、ラベルを引き出すだけであらゆる情報が一度に引き出されるので、脳に無駄なコストを強いることがありません。特別な人を食事に招待したいなら、「［ラベル：高級な店］に連れて行く」が1番目に記憶から引き出されます。2番目には「［ラベル：決して高級ではないけれど、美味しくて独自の工夫がある店］」が引き出されます。

すると、ラベルで管理するには、情報を線引きをしないといけません。20歳から29歳は［ラベル：20代］で、30歳以降は［ラベル：30代］にひもづけます。これがグループ分けですし、グループで管理する限りは点ではなく面や領域なのです。

そうなると、生活者の頭の中には、図4-4-2のように、イメージで構成された認知地図とブランドの領域があることになります。認知地図は、「渋谷区神宮前5丁目」のような地名の代わりに、「安心・安全」といったイメージワードに替わった地図です。ブランドの領域は、いわばイメージを占拠したブランドの陣地のようなものです。

自軍戦力が集まっているところは、強い陣地です。すなわち、イメージが強いところで、

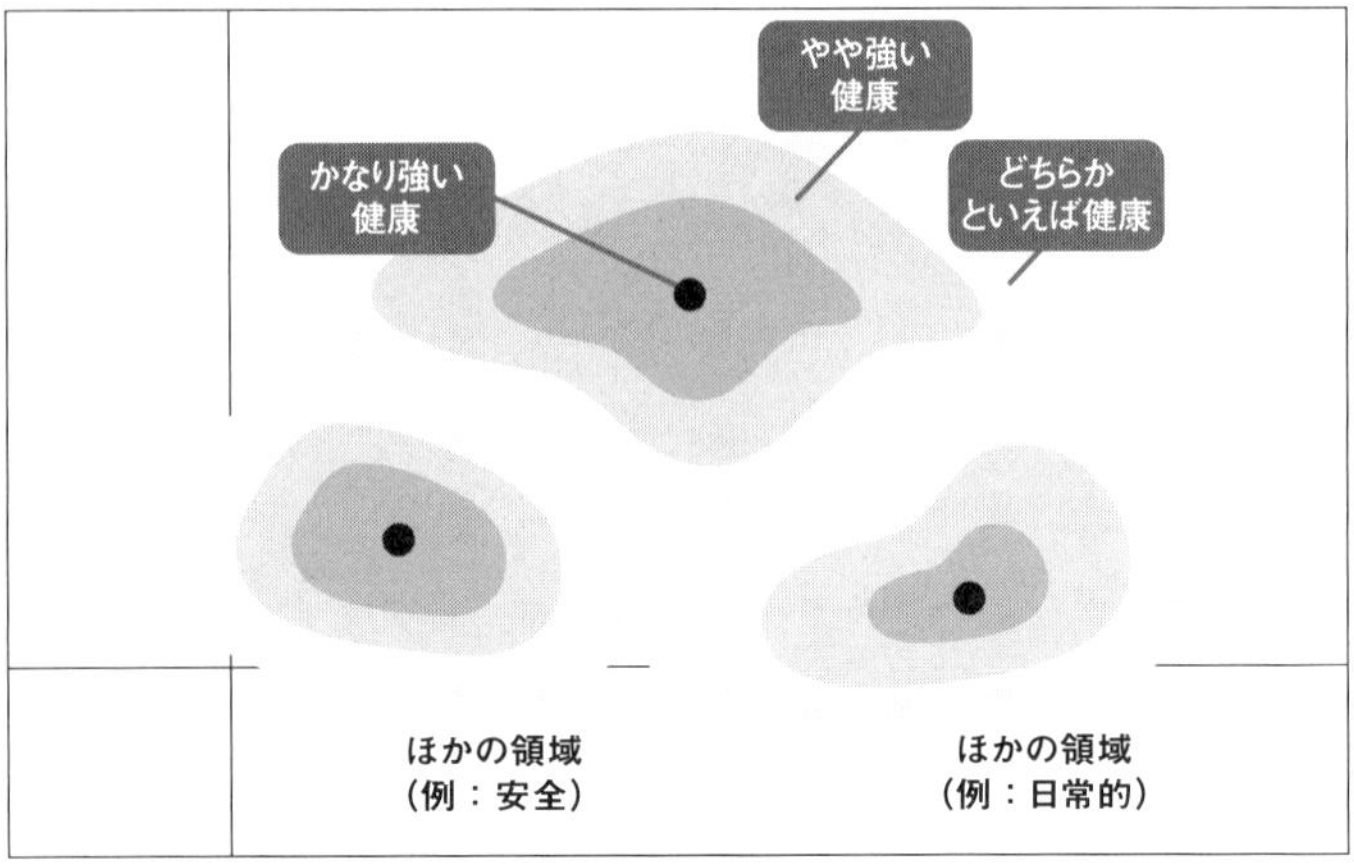

図4-4-2　イメージの強弱によってグラデーションがある

図4-4-2でいえば色が濃いエリアです。

なお、認知地図は地図の等高線のようなもので、色が薄いエリアは平地、濃いエリアは山頂、中間は山のすそ野です。したがって、陣地を拡大しようとするなら、戦力が集まる強い自分の陣地に隣接する相手の陣地へ攻め込むのが、もっとも成功確率が高くなります。アップルでいえば、「スマート」陣地から「大人」陣地や「現代的」陣地へ攻勢することです。決して、遠く離れた「自然な」や「ワイルド」ではありません。

相手の陣地を飛び越して離れた場所に攻め込もうとすると、陸地から戦力を送り込むことができないので、航空機による落下傘部隊しか使えません。たとえ、相手の陣地を一時的に占領したとしても、占領地域を維持する食料や資材、

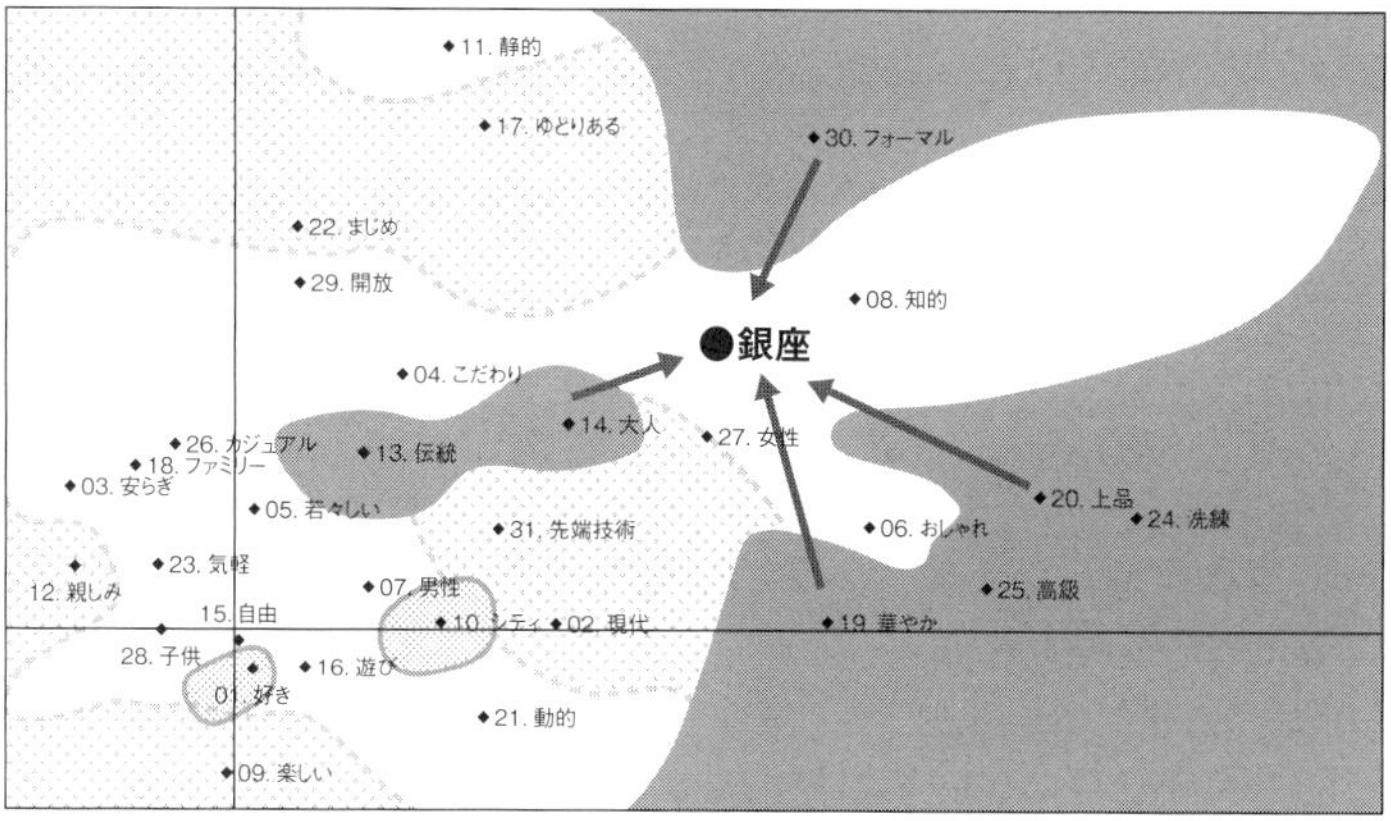

図4-4-3　認知地図と銀座のイメージ領域:点で表現すると何もない地点になってしまう

追加戦力の補給ができませんから、相手に囲まれて奪還されてしまいます。アップルでいえば、「スマート」陣地から、いきなり「ワイルド」陣地に侵攻するようなことです。

蛇足ですが、図4-4-3のように、ブランドも認知地図に点として表現するのが一般的です。これも、統計解析手法が点で表現するからです。しかし、ブランドの点は平均で計算された結果なので、領域が濃いイメージが離れていると、なにもない領域に点がプロットされてしまうことが多々あります。20歳と40歳が集まるグループの平均年齢が、1人もいないはずの30歳になるようなものです。

なお、図4-4-3は私の独自手法で、ブランド・レーダーマップ分析と呼びます。

ブランドイメージ戦略は道筋を明確にすること

ここまでくれば、自社ブランドのイメージ戦略を構築する方法が判明します。イメージ戦略は、次の4パターンに分かれます。

［戦略1：防御強化］

自ブランドの強い領域をさらに強くします。防御に強くなるだけでなく、攻めにも強くなります。

［戦略2：領域拡大］

周辺の領域を巻き込んで拡大、陣地を増やして周辺の競合陣地に攻め込みます。

キユーピーや味の素が調味料からイメージが近いドレッシングや食品に進出した例が代表です。また、キユーピーが発売した「そのままパクっと食べられる ゆでたまご」が2021年にクリーンヒットしたのも、キユーピーの持つ「マヨネーズの原料はたまご」のイメージがそのまま利用できたからこそでした。

［戦略3：飛び越し攻勢］

離れた弱いイメージを補強します。または、将来性がある離れた領域に攻め込みます。多くの企業が玉砕する戦略です。

［戦略4：裏道攻勢］

生活者の認知地図にない裏道から攻めます。おもに異業種への攻勢時に使われます。後述します。

番外として、「無策」、つまりなにもしない戦略がありますが、説明不要です。

問題は、［戦略3：飛び越し攻勢］で多発します。イメージの拡大と称して、自ブランドの強み弱みを顧みず、いきなり離れた他領域に攻め込もうとして自滅するのです。冒頭の吉野家やトヨタホームの例が相当します。

飛び越し攻勢は、さまざまな理由で実施されます。

「自ブランドが弱いイメージを強化したいから」

「成長著しい魅力的な新市場に進出して売上を上げたいから」

「良い商品が開発できたから」
「考えもなしに」

などが、よく見かけるパターンです。

たとえば、健康に害があると生活者に思われているたばこ会社ＪＴが、１９８８年に正反対イメージの製薬会社ライフィックスを設立した時は、「たばこで害を広めて、クスリで儲けるのか」と皮肉を言われたものです。結局、ライフィックスは２００１年に解散しました。

また、疲れた中年男性イメージが長年染みついた栄養ドリンクが、女性向け商品を投入しても成功しなかった原因の１つは、女性イメージが飛び越し攻勢だったからです。

自社の領域を拡大するには、「戦略２：領域拡大」が最善の方法です。たとえば、図４-４-４のように、銀座が渋谷の領域（若々しい）に侵攻したい場合は、銀座が持つ強いイメージから攻略するのが最も効率的で効果的です。その際、「戦略案１」から「戦略案３」までの３案が考えられます。この中から、最も適した道を選ぶ過程が戦略策定です。

ちなみに「戦略案２」は、最もルートが短いので、最も効率的です。「伝統→若々しい」と一見、水と油のように見えますが、「若い女性に浴衣を着せる」といった発想で実現可

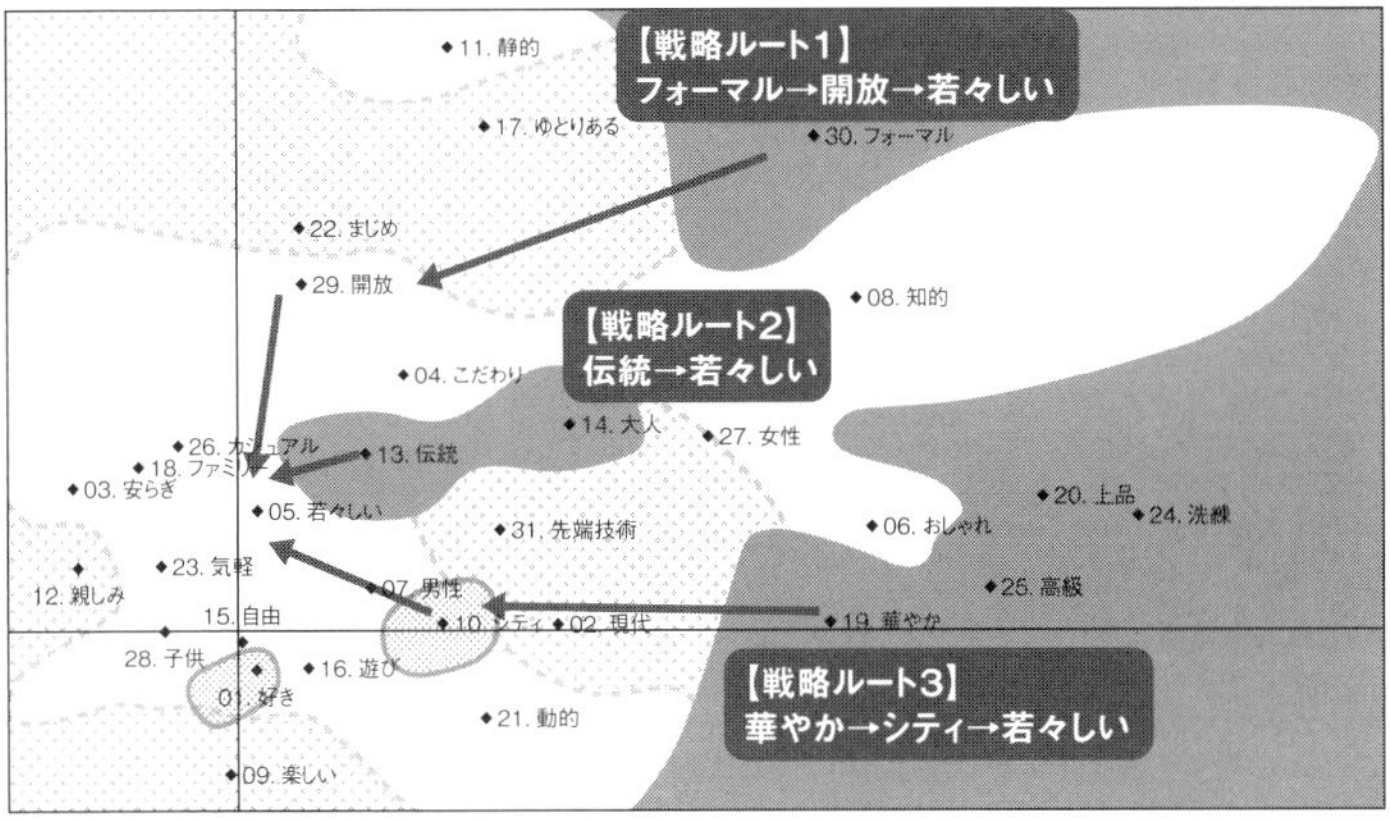

図4-4-4　認知地図と銀座のイメージ領域:「若々しい」に侵攻する3つの戦略案

能です。

私は、「戦略2：領域拡大」と、後述する「戦略4：裏道攻勢」を、「意識のブリッジ戦略」と呼んでいます。

裏街道を行く「裏道攻勢」

「戦略4：裏道攻勢」は、説明が必要です。意識のブリッジ戦略の応用編は、裏ワザを使うことです。特に、異業種に進出する際に必要となる戦略です。

異業種への進出には、ターゲットとする市場の規模や成長性の検討だけでは不十分です。

「あの市場は大きい」

「あの市場が伸びている」

「だから我が社にもチャンスがある」

といった雑な議論では、失敗するだけです。それらの市場では、既存企業が必死に切磋琢磨しているのです。新参者がノコノコ出て行ってかんたんに成功するほど、甘くはありません。

遠く離れた地域の場合は、［戦略２：領域拡大］のように、土地を固めて道路を敷き陣地を造成する必要がありますが、時間もコストもかかります。しかし、ＳＦ小説や映画に登場するワープ航法や転送装置、ドラえもんのどこでもドアのようなものがあれば、手っ取り早く遠距離の相手陣地を攻めてなお、補給路も確保することができます。

「生活者が持つ認知地図に存在しない道から攻める」戦略なら、空間をねじ曲げることが可能です。正面から攻略するのではなく、裏に回って攻めるのです。

代表例が、保有技術によって裏道を作ることです。

だれもが知っていて信頼もある一流企業が開発した商品はみな売れるかというと、違います。

もし、トヨタが日本茶を発売したら、おいしそうですか？

「オイルの匂いがしそう」と言われても仕方がありません。

もし、味の素がスマートフォンを発売したら、買いたくなりますか？

「賞味期限がありそう」と言われても文句は言えません。

このように、いくら一流であろうが技術力があろうが、認知地図の表通りにない道筋をたどっても、成功はおぼつきません。

しかし、もしトヨタの日本茶のコンセプトが次のようなものならどうでしょう。

「ルマン24時間耐久レースのドライバーは、テクニックだけでなく、長時間運転に耐えうる集中力や体力が求められます。トヨタチームのドライバーの健康管理ノウハウを集結した飲料をベースに一般向けに開発したのが、この新・日本茶です」

興味を持つ生活者は一気に増えます。

一見、異なる事業分野でも、保有技術による裏道で意識のブリッジができれば、成功確率はグンと上がります。

「同じ技術である」訴求が裏道をつなぐカギになる

トヨタの例は仮定の話なので、実例を挙げましょう。花王の３・５インチフロッピーディスクです。

１９８７年、唐突に花王からフロッピーディスクが発売されました。まだワープロ専用機が現役だった時代です。花王のブランド名を見た途端、多くのパソコンユーザーはびっくり。「フロッピーが泡でも吹くんじゃないか」とささやきあったものでした。

ところが、花王のフロッピーディスクを試したユーザーたちは驚きました。エラー率が他社ブランドより劇的に低かったからです。特に、大量のフロッピーディスクを複製しなければならない大学講師たちは、歓喜の声をあげました。今までは５００人の学生用にコピーする際、10枚～50枚はエラーでコピーし直さなければなりませんでした。花王のフロッピーディスクなら、1台のパソコンで1枚1枚コピーする時間と手間が大幅に軽減されました。花王のフロッピーディスクは一般イノベーターに評判が普及し、とうとうトップシェアを獲得してしまったのでした。

通常、花王が正面から攻めると、生活者が持つ認知地図では、花王とフロッピーディスクの間に距離がありすぎます。そこで効果があったのが、パソコンパーツ専門店のＰＯＰでした。ＰＯＰには、「界面活性剤技術を応用した花王のフロッピーディスク」とデカデカと書いてありました。このＰＯＰのように、店やメーカーがきっかけを作れば、「花王↓洗剤↓界面活性剤」までは生活者に連想してもらえます。最後の「界面活性剤」と「フロッピーディスク」をつなげることができれば、花王がフロッピーディスクを生産することに納得してもらえます。そのカギが、「同じ技術である」訴求です。しかも、花王は高品質な洗剤のトップメーカーなので、フロッピーディスクも高品質だと思ってもらえます。イノベーターが理解さえすれば、興味を持ってもらえるのです。

同様の例が、富士フイルムのスキンケア、アスタリフトです。花王と異なり、平行に走る裏道が２本あります。

１本目の裏道は、素材の関連性です。

富士フイルム
↓写真フィルム
↓フィルム原料の50％はコラーゲン
↓コラーゲンは肌の70％を占めている

生活者、特にイノベーターは、肌がコラーゲンでできているのはよく知っています。しかし、写真フィルムも同じだったことは知りませんから、裏道をつなげるために、1本目の道が必要です。

もう1本が、平行に走る2本目の裏道で、富士フイルムの差別優位性について説いています。

富士フイルムは写真フィルムのコラーゲン劣化メカニズムや劣化防止技術を蓄積してきた

↓肌のコラーゲンの劣化防止の技術に応用できる

ここでようやく、2本の裏道がつながって、太い道路になりました。富士フイルムの例でも、裏道のカギは保有技術でした。

本来、花王のケースも、富士フイルムのように2本の裏道が必要です。界面活性剤技術がフロッピーディスクの品質とどう関係するのかの最後のひと押しが、いまひとつ不明だからです。

花王は、3つもラッキーが重なりました。

1つ目のラッキーは、イノベーターのように、そもそもブランド名やイメージを気にしない人たちを相手にしたことです。パソコンパーツ専門店では、メーカー不明のノーブランドのメモリやフロッピーディスクが平然と売られています。

2つ目のラッキーは、フロッピーディスクのエラー率はこれまで各ブランドで大差はなく、最悪の場合でも花王製品に品質差がないだろうと思えたことです。したがって、試し買いのハードルが下がりました。

3つ目のラッキーは、失敗コストをさほど気にせず好奇心で行動するイノベーターが相手だったことです。

しかし、一方のスキンケアは、イノベーターであっても、他ジャンルより保守的です。1平方センチあたりの肌にかける出費は、首から上と下では10倍も違うと言われるほど、女性の顔の肌に対する意識は高いのです。失敗コストがフロッピーディスクよりも断然大きくなります。公的な場でも、2011年までは、交通事故で顔に傷が残ると、女性のほうが賠償額が多額でした。したがって、スキンケアのような商品ジャンルでは、理由をていねいに説明しないと裏道がつながりません。

一般には知られていませんが、他分野への技術応用は、企業間ビジネスではよくあることです。たとえば、JTのたばこ製造機は、数十メートルもの長いたばこを延々と巻き上げ、一定の長さに切断して、１本１本のたばこを作ります。じつに１秒あたり２３３本の製造能力を持ちます。この技術を応用して、うどん製麺機を作ったことがありました。また、たばこ製造機はＪＴが独自で開発しているので、電子基板は自社製造です。この技術で、国内ノートパソコンの基板を供給をしていたこともあるのです。

生活者の４枚目の認知地図を利用する裏道戦略

裏道を作るにはどうするのか。

生活者が花王と聞くと最初に思い浮かべるのは、洗剤やスキンケアのような商品ジャンルです。これが、生活者が持つ認知地図の１枚目に、他社とともにプロットされています。最も印象が強い１枚目の認知地図に「花王→洗剤」が現れているのに「フロッピーディスク」がいきなり出現すると、商品ジャンルのイメージがかけ離れすぎているために、生活者は混乱したり、ムリヤリつなげようとして、「泡が吹く」連想が働きます。これが表通りです。

裏道を通すのは、認知地図としては印象が薄いけれど、きっかけさえ作ってあげれば道筋が通るくらいには認知される、４枚目や5枚目の地図を利用します。

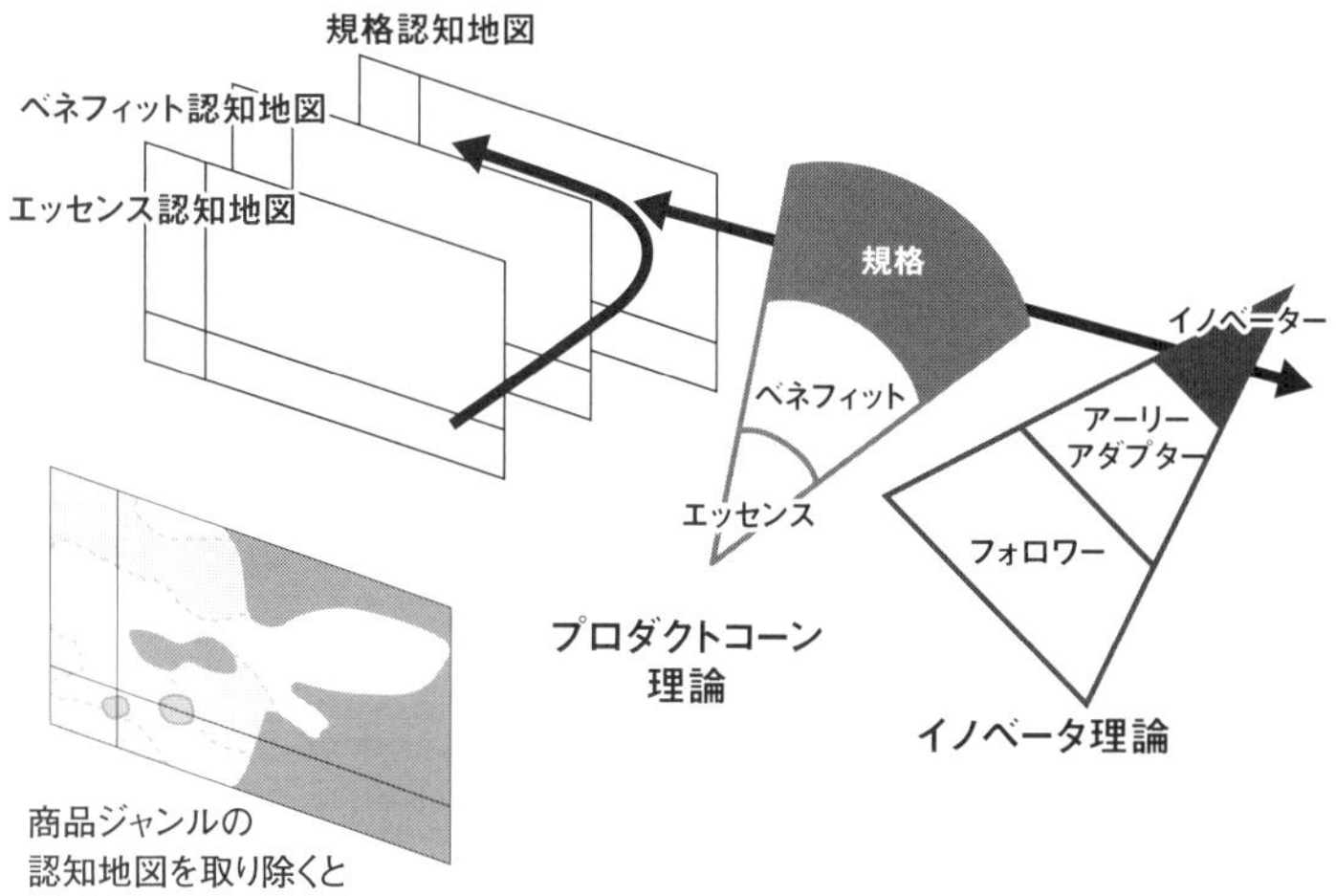

図4-4-5　裏街道を作って侵攻する裏道戦略

じつは、図4-4-5のように、1枚目の商品ジャンルの認知地図を取り除くと、2枚目以降はエッセンス認知地図、ベネフィット認知地図、規格認知地図と、プロダクトコーンの要素に対応しているのです。エッセンス（形容詞イメージ）は、商品さえ知っていればほとんど人たちが持っていますが、規格は知識が豊富なイノベーターしか知りません。富士フイルムが保有技術で裏道を作り、それにイノベーターが反応したのは、そのためです。

　裏道を作るには、まず自社や自社ブランドのイメージ資産と、生活者の認知地図の棚卸しをしないといけません。「自社については社員が一番よく知っている」は、誤った認識です。自社が他社と比較してどう見られているのかを、客観的な視点で知る企業は、そう多くはありません。何回も言います。

「マジメな社員ほど自社製品について24時間考える。しかし、生活者は1日1分考えればいいほうだ」

ここに、「美しき認識ギャップ」が生まれます。

そのうえで、研究開発部門からの提案や保有技術の棚卸しを実施し、生活者の認知地図と照らし合わせます。特に、技術をはじめとした規格での裏道を検討するのが、最も成功確率が高いことに留意します。

ちなみに、2-3節のダブルイノベーター理論では、「パソコンとしょうゆのような、まったく異なる分野の組み合わせで商品開発アイデアを作る」ことを推奨しました。頭を柔らかくして革新型イノベーターを見つけることを目的としたものですが、裏道を発見する頭の訓練にも役立ちます。

チカラ技でねじふせる

飛び越し攻勢を成功させるには、裏道を使わず、新しい会社として一から新規事業を立ち上げたり、Ｍ＆Ａで他社を買収するのも方法です。

また、短期間に多大なマーケティング投資をすることでも、成功確率は上がります。イメージ広告宣伝費50億円も用意すれば、大概のケースで成功します。ただし、この方法で成功したブランドは、毎年50億円を投資し続けなければ売上を維持できない運命です。実態が伴わない虚像だけを作ったところで、イノベーターの支持は得られないからです。多額の広告投資に効果があるのは、イメージに左右されるフォロワーだけです。広告宣伝費を削れば削るほど、フォロワーは「買わなければ周囲に遅れてしまう。恥ずかしい」という感情が失せて、ブランドから離れてしまうからです。

また、差別優位性を使ってチカラ技で新規事業を成功させる手もあります。ソニー生命は、ターゲットと営業トークの差別化で、生命保険業界に食い込みました。競合他社の女性営業員がソフトな印象で情に訴える営業手法なのに対して、ソニー生命は徹底した理論武装でビジネスマンをターゲットに男性営業マンが説得する営業スタイルでした。

アイリスオーヤマの家電市場への参入も、チカラ技です。同社は、プラスチック製の鉢植えや犬小屋、クリア収納ケースなどを製造し、ホームセンターに卸していたプラスチック加工会社でした。２０００年頃から、ホームセンターからの要請で小さなトースターや炊飯器などを製造し、細々と家電事業を進めていました。大ヒットしたのが、２０１１年に発売した１９８０円のＬＥＤ電球です。他社製品が１万円だった時代です。結果、アイリスオーヤマは、ＬＥＤ電球市場シェア25％を占有するトップ企業に成長しました。さらに、２０１２年頃から、旧・三洋電機やシャープなどの家電メーカーからリストラされた技術者を大量採用して、家電部門を強化。布団乾燥機やセラミックヒーター、炊飯器などがヒットし、今では家電メーカーとして生活者に認知されるようになりました。

COLUMN

地盤が弱いブランド、強いブランド

「イメージを拡大する」とよく言われます。陣地が増えれば、生活者に思い出してもらうチャンスが増えるからです。健康イメージだけより、美容イメージが加わったほうが、売上が上がるのは道理です。また、不健康から健康になる、つまり

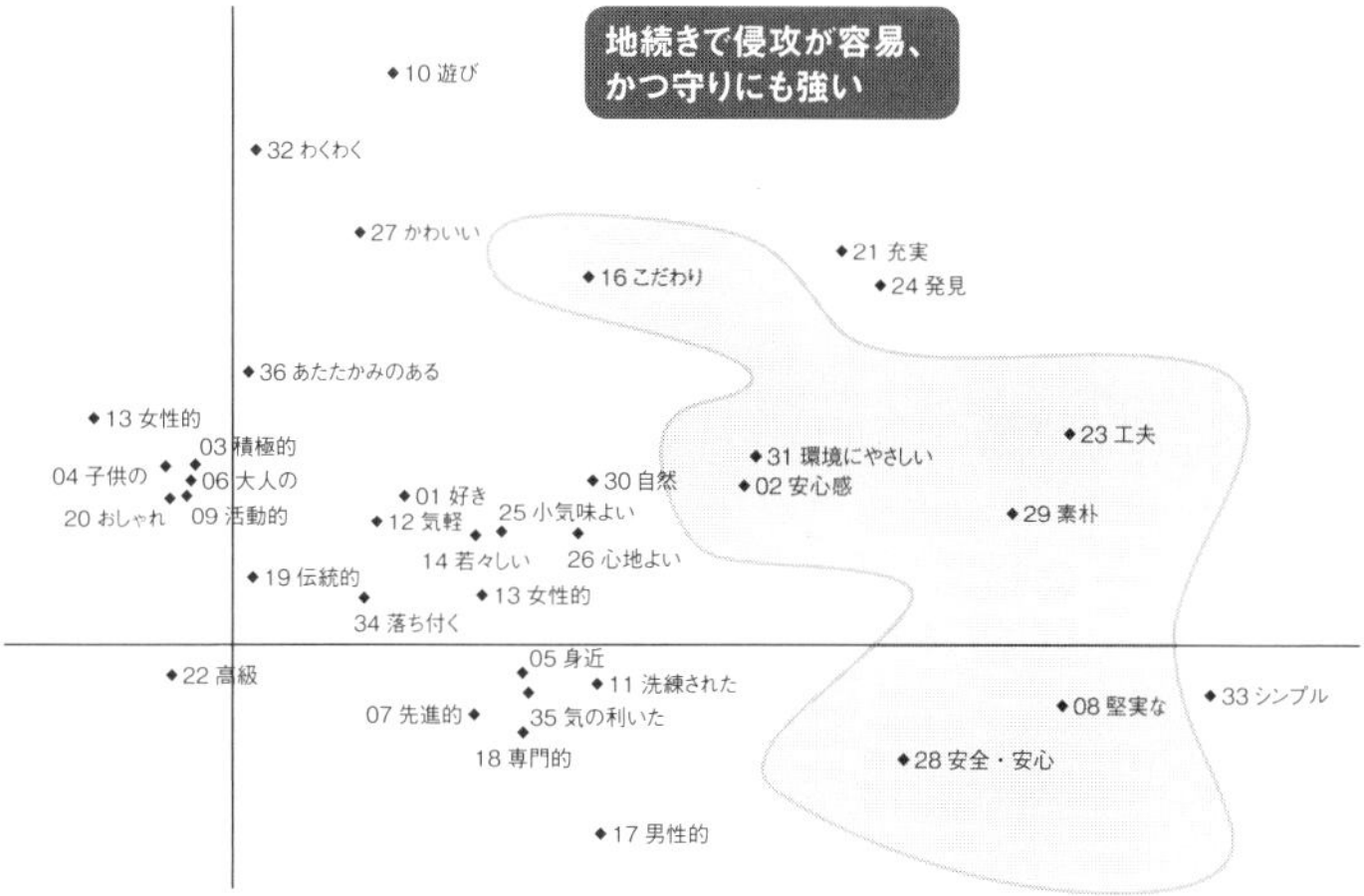

図4-4-6　イメージの拡大現象

「治療」では、その時々しか思い出されず、その時々しか買われませんが、「予防」や「日常の健康」が加われば、消費される頻度も高くなるので、売上が増えます。ちなみに、前者をオケージョナルニーズ、後者をデイリーニーズと呼びます。

しかし、実際はイメージの拡散になってしまうことも多々あります。図4-4-6を見てください。イメージの拡大は、陣地の土地が固く、たとえて言えば大地を踏みしめた状態です。したがって、戦力も送り込みやすくなり、食料や資材の補給も自由自在です。

今度は、図4-4-7を見てくださ

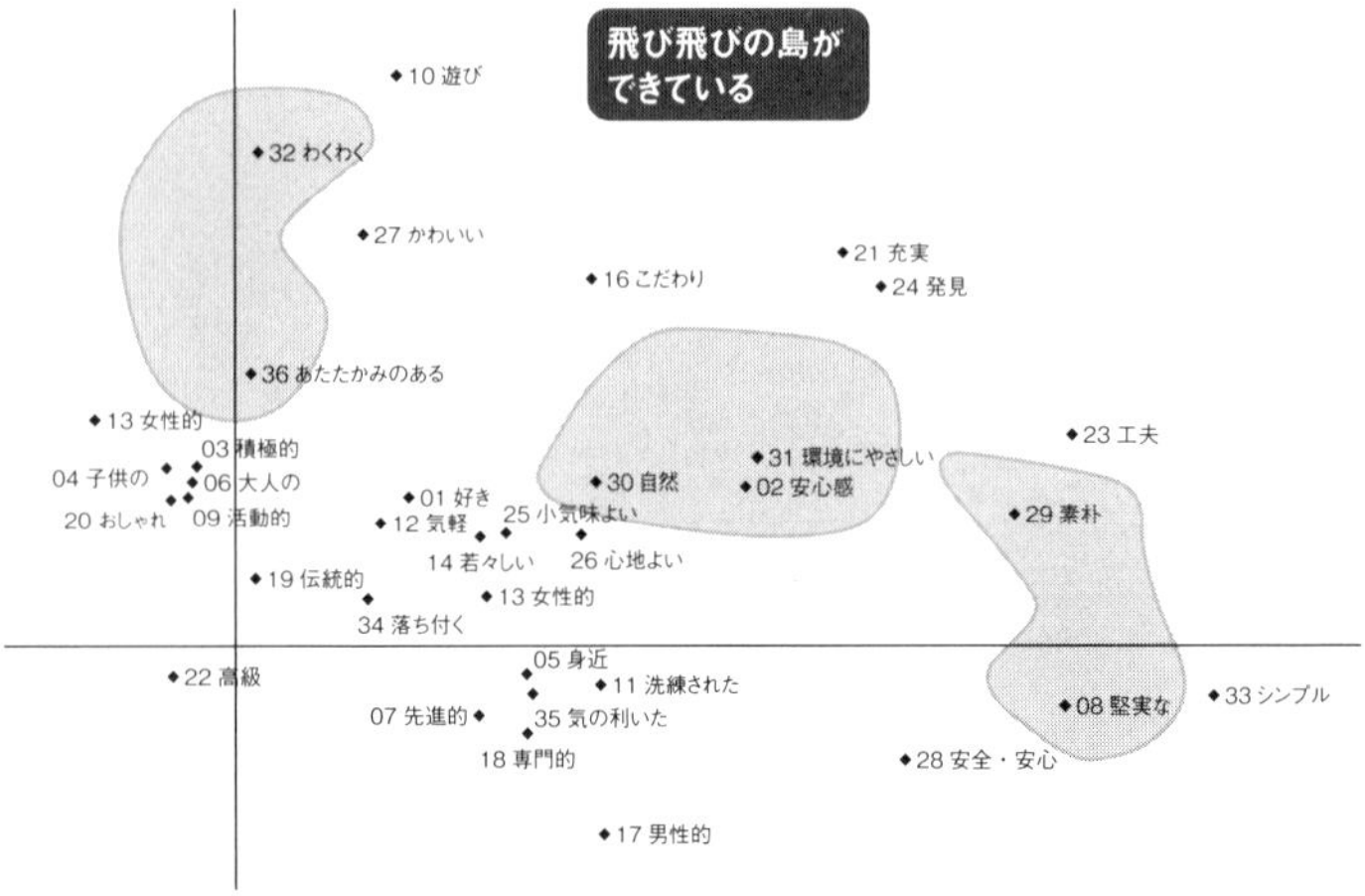

図4-4-7　イメージの拡散現象

い。島が飛び飛びになっています。島同士が近いとはいえ、物資を船で輸送しないといけません。しかも、一部は薄いイメージの領域です。大地ではなく、沼地やぬかるみのように、移動するのもひと苦労です。このような状態を、拡散と呼びます。拡大とはまったく異なり、ブランドのチカラが弱いのです。

　また、「核イメージ」と私が呼ぶ、強い領域がないブランドは、印象が薄いブランドです。市場参入後の歴史が浅かったり、市場攻略が進まない、あるいは競合に侵食されてイメージが薄くなってしまったなどの原因があります。

核イメージが広ければ広いほど、ブランドは強くなります。市場シェア70％を超えるマクドナルドやiPhoneは、核イメージだらけです。

COLUMN

意識のブリッジに気がつかないケースもある

生活者に意識のブリッジができているのに、長年気がつかなかった例を挙げます。カゴメの生食用トマトです。

カゴメは、トマトでトップイメージを誇る企業です。トマトジュース、トマトケチャップは、市場シェア40％を超えます。1998年に、テスト販売としてカゴメの生食用トマトを百貨店で販売したところ、数時間で売り切れてしまいました。

本来、ジュースやケチャップに使う原料は路地トマトで、見た目がゴツゴツしており、味も濃厚すぎてクセがあり、生食用トマトには適さない品種でした。したがって、カゴメは生食用トマトを順調に育成できたわけではありません。しかも、原料を供給するトマト農家への配慮もあります。それらを乗り越えて製品化した生食用トマトです。供給量は多くありませんが、すでに黒字化しています。

同様の事例は、マルハニチロの鮮魚にもありました。水産加工品ではトップのマルハニチロですが、鮮魚はスーパーに並んでいませんでした。そこで、テスト的にマルハのロゴを冠した鮮魚を売ったところ、完売。ところが、何を思ったのか、マルハニチロは「よかとと」のブランド名で、マルハニチロのロゴを隠した養殖魚ブランドを立ち上げて、マグロ、カンパチ、ブリを販売するようになったのです。私たちがうかがい知れない大人の事情があったのでしょう。

COLUMN

価値観や生活様式によってグループの数は増減する

人は、モノでも他人でも事象でも、情報を取得する際に、ラベルをつけて記憶領域に保管するとお話ししました。また、各情報をグループに分けて記憶することも説明しました。このこと自体には問題ありません。

しかし、時には不条理も生じます。たとえば、20代のグループには20歳から29歳までの人たちが含まれます。しかし、29歳と30歳では、1歳しか離れていないのに、グループが分かれます。逆に、20歳と29歳は、9歳も離れているのに、同じグループに分類されます。

グループ分けの宿命とはいえ、このような境界線ギリギリに位置する情報のグループ分けは、不条理と考える人がいても不思議ではありません。そのため、アラサーやアラフォー、20代後半、30代前半のように工夫するケースもあります。しかし、グループの数が単純に2倍、3倍になり、脳への記憶収納の効率が悪くなってしまいます。

そこで、人間は「2倍、3倍にグループが分かれてもいいもの」と、「できるだけ少ないグループ数にしたいもの」を分けて管理するようになります。ほとんどの場合、この分け方は興味関心が高い、つまり「情報の出し入れが頻繁」かどうかで判断されます。

たとえば、アメリカでは昆布、わかめなどは日常生活では滅多に見かけません。したがって、英語名は全部まとめてSeaweed（海藻）です。寿司の海苔も、Seaweedです。

逆に、日本ではステーキの種類は、せいぜいサーロインとヒレくらいしかありません。たまに、ステーキ専門店でリブロースが加わる程度です。アメリカでは、リブロースとリブアイは同じリブですが、カットする位置が異なるので別称ですし、カット方法、調理方法によってさまざまな呼称があります。部位で言えば、サーロイン、テンダーロイン（ヒレ）、Tボーン、ポーターハウス、ストリップ、ランプがおもなものですが、ブリスケットやハンガーなどさらに数種類が加わることもあります。よくよく考えると、日本では焼肉は部位の種類が多く、ステーキよりも日本人にとって身近な存在であることがわかります。

対象に興味関心が高いと、グループ数が増えます。情報量が多すぎて、1つのグループでは管理しきれないからです。紙のフォルダーやメールソフトで「仕事」だけだと、あらゆるプロジェクトの情報が集まり、必要な情報を引き出すのが面倒なため、いくつものサブフォルダーを作って管理するのと同じ理屈です。

グループは、名詞だけではありません。形容詞でいえば、グルメな人ほど、味や食感、香りなどの語彙が豊富です。男性にとってピンクは1色ですが、女性は何種類ものピンクを識別できると言われます。男女で色彩判別能力が異なるのではなく、ピンクに対する興味関心度が異なるからです。

興味関心が高い、情報量が多いのは、イノベーターの特徴です。イノベーターは、フォロワーより、保有するグループ数が圧倒的に多いのです。

4/5 有望株の芽を摘む

Lて山スラッシュ理論

第1章で好意／購入意向、第3章でイノベーター理論について解説しましたが、この2つを組み合わせると、新たな理論的価値が生まれます。新製品コンセプト案や既存ブランドの将来性が見えるからです。イノベーターは、フォロワーすなわち一般大衆の数年後の姿ですから、イノベーターの好意／購入意向は数年後のフォロワーの好意／購入意向だからです。

つまり、商品コンセプトや商品についての好意／購入意向をイノベーターグループ別に見れば、「市場投入が早すぎる」「市場投入が遅すぎて競合に埋もれてしまう」などといった判断が可能になります。

今回は、その読みをまちがえて成長分野を逃した失敗例を紹介します。特に、複合的な失敗が重なり、複雑骨折した事例です。加えて、原因と対処方法も合わせて解説します。

伸びる市場への参入をためらい、市場拡大の波に乗れない

カメラの雄、ニコンが、2020年4～9月期に大幅な赤字を出してしまいました。466億円の赤字に転落したのです。2021年3月期も赤字の見込みですから、2年連続です。原因は、売上の4割を占めるカメラを主体とする映像事業です。ニコンの映像事業の売上は、2016年の5200億円から1450億円へと、72％も減少してしまいました。

ニコンは「デジタルカメラ市場がスマートフォンに押されて急速に縮小したからだ」と説明していました。ニコンが主張するように、2020年のデジカメ出荷台数は対前年比42％減で、ピークだった2010年の10分の1以下に落ちています。一見、ニコンは市場縮小のあおりをくらったように見えます。しかし、ソニーのカメラ部門は好調でしたし、キヤノンのカメラ部門も増収です。2021年はさすがにコロナ渦で売上は減少の見込みですが、ニコンほどの打撃は受けていません。

ニコン不調の原因は、だれの目にも明らかです。デジカメ市場で唯一堅調なミラーレスに出遅れたのです。ミラーレスは、パナソニックが「女流一眼」のコピーで2008年に

はじめて発売し、オリンパス、ソニー、キヤノンが追従。イノベーターに支えられて、市場が一気に拡大しました。ミラーレスは、デジタル一眼レフよりも小さく軽く、扱いやすい一方、コンパクトデジカメやスマートフォンよりきれいな写真が撮れます。そのため、子どもやペットなどの被写体に関心が高い人たちを中心にヒットしました。

当初はミラーレスの構造上、「ピント合わせがしずらい」「屋外では液晶が見にくい」「即応性が低い」とさまざまな欠点がありました。しかし、各社が改良を重ねた結果、ヒットの勢いは止まらず、イノベーターからアーリーアダプターに移行して、２０２０年にはミラーレスの出荷台数がデジタル一眼レフを追い越しました。

ニコンは、パナソニックの初号機から3年後の２０１１年に、一度はミラーレス機を発売しました。ただでさえ遅い参入なのに、その後いっさい後継機種を開発せずに、２０１５年までなにも行動を起こしませんでした。結果、２０２０年のニコンのシェアは、おもにプロやハイアマチュアが使用するデジタル一眼レフ市場では44・８％でキヤノンに次いで2位だったものの、ミラーレス市場では４・６％しかなく5位です。つまり、ニコンは沈みゆくデジタル一眼レフで2位である一方、伸長著しいミラーレスで後塵を拝したのでした。そのあげくが、大幅な売上減と赤字です。

なぜ、カメラの雄と目されるニコンが、ミラーレスで出遅れたのか。自社のデジタル一眼レフと競合することを恐れたからです。デジタル一眼レフ市場にしがみついていれば、シェア40％で安泰です。下手にミラーレスに進出して、自社の食い合いのリスクを犯してまで冒険することを躊躇したのです。

今回、ニコンの保守的な企業姿勢が浮き彫りになりましたが、一眼レフカメラのビジネスモデルも少なからず影響しています。

どういうことか。デジタル一眼レフやミラーレスのようなレンズ交換式カメラにとって、カメラ本体は消耗品です。シャッターやモーターなど機械的な動作をする部品の集まりですから、どうしても劣化します。ところが、レンズは財産です。手入れさえしっかりしていれば、レンズは何十年も使えます。実際、一般向けカメラ本体の価格は高級機でも30万円程度ですが、高級レンズとなると20万円～１００万円と跳ね上がるだけでなく、レンズを何本も保有するのが当然の習慣です。レンズだけでも数百万円の資産です。

そして、ここが重要なのですが、ニコンのレンズはニコンのカメラ本体にしか取り付けられません。つまり、生活者はニコンのレンズを持っている限り、本体はニコンを使い続けるしかない構図なのです。一方、同じニコン製であっても、ミラーレスはデジタル一眼レフと構造が異なるので、従来の自社レンズは取り付けられなかったり、アダプタと呼ばれる中継部品を装着することでムリヤリ使うしか方法はありません。すると、画質が劣化したり、一部の機能が使えなくなります。

ニコンにとって、デジタル一眼レフにしがみつけばレンズ資産価値は安泰ですが、新規開発のレンズを使うミラーレスの場合だと他社とスタートラインが同じになってしまうのです。逆に言えば、パナソニックがミラーレスを開発したのも、ソニーがミラーレスに注力したのも、両者のシェアが低いためレンズ資産の価値がなかったからにほかなりません。「捨てるものがないのは強い」見本です。

キヤノンもニコンと同様ですが、挑戦的な姿勢は、昔ながらのキヤノンの企業風土です。躊躇する姿勢は微塵もありません。しっかりとミラーレスの波に乗りました。

ニコンは、過去にも同じまちがいを犯しています。フィルムカメラからデジカメへの移行の遅れです。デジカメは、１９９５年にカシオＱＶ-１０のヒットが発端となって大躍進しました。各社新製品が入り乱れている中で、ひとりニコンは2年後の１９９７年にようやく進出。しかも、三洋電機のＯＥＭというおまけつきでした。ニコンにやる気がなかったのは明白です。

決して三洋電機が悪いわけではありません。デジカメ黎明期には三洋電機のＯＥＭが市場を席巻し、隠れシェア70%を占めていたほどの王者です。しかし、ＯＥＭでは他社製品と同じ性能ですから、ニコンの差別優位性は皆無です。単に「可もなく不可もない」標準的なデジカメにすぎません。その分、参入の遅れがマイナスに響きました。市場拡大の波に乗り切れなかったのです。一方キヤノンは、早くから自社生産しただけでなく、カメラメーカーが不利な電子部品も自社生産に切り替えました。

元々ニコンは、フィルム時代から、一眼レフ以外には興味がありませんでした。1963年にはじめてコニカから発売されたコンパクトカメラが市場拡大した時も、ニコンは1983年までコンパクトカメラを発売しませんでした。じつに20年間です。デジタルカメラはコンパクトタイプから発展したため、ニコンは大幅に参入が遅れました。大事に至らなかったのは、間を置かずに一眼レフのデジタル化が進み、市場拡大したからです。

その代わり、一眼レフタイプのデジタル化には即座に反応したのは、ニコンらしい動きです。1999年には、すでにキヤノンに先駆け、自社レンズが使用可能なデジタル一眼レフを65万円で発売。おもに速報性が重視される報道業界で、急速に普及しました。また2006年には、2機種を残してフィルム一眼レフカメラを大幅に縮小し、デジタル一眼レフに資源を集中する経営判断を下しました。コンパクトカメラやデジカメのカメのようなノロさとは対称的です。

ニコンの例は、さまざまな失敗の側面を持ちます。

１つ目。自社競合を恐れて挑戦できなかった保守的な戦略の失敗例。

２つ目。プロダクトライフサイクルの成長期まで静観し、成長の波に乗りきれずに失敗した事例（3-1節と3-2節でくわしく解説しています）。

３つ目。守りの戦略である「穴を作らないこと」を実践できなかった、攻めと守りの戦略の失敗例（5-3節でくわしく解説しています）。

４つ目。今回解説するイノベーターグループの好意／購入意向を読み切れなかった失敗例。その結果、市場構造が変革したのに対応できなかったマーケティング判断ミスを誘発してしまいました。

Lて山スラッシュ理論と4つの進行度

商品や商品コンセプトについて、好意／購入意向をイノベーターグループ別に集計すると、大きく分けて４つの型の進行度があります。それぞれの進行度にはマーケティング的な意味があり、将来性が予測できるツールとして利用できます。

４つの型名を結合した造語が、「Lて山スラッシュ理論」です。一見意味不明な名称ですが、いわばＪＡＬやＪＴのような日本語版の頭文字名です。「守破離」のように漢字で

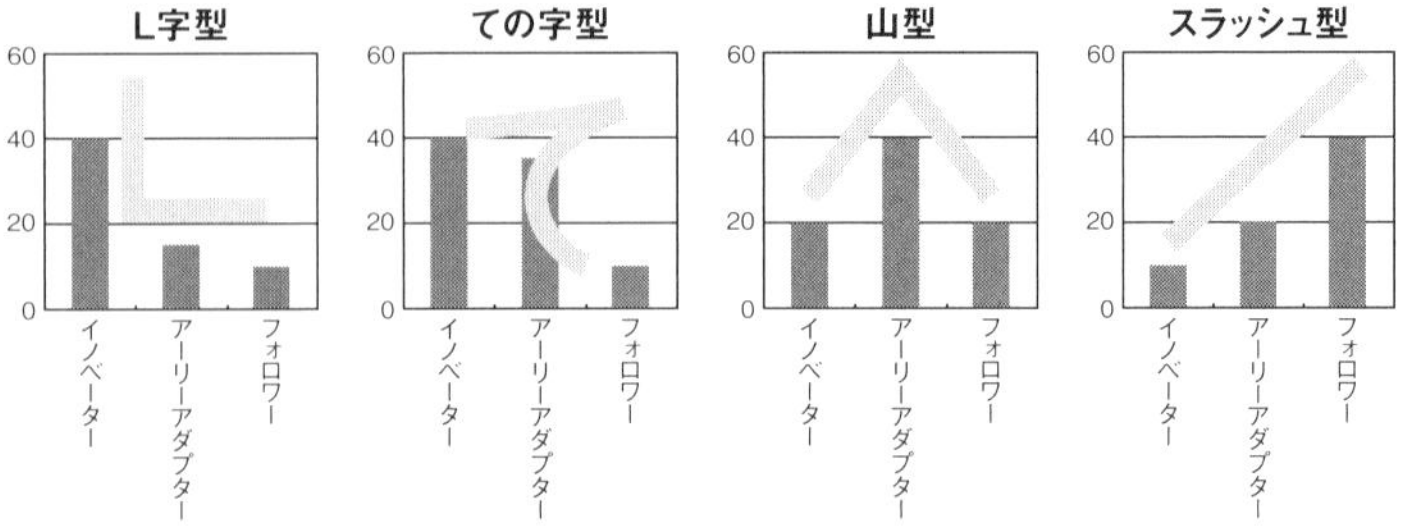

図4-5-1　Lて山スラッシュ理論

統一するケースはよくありますが、アルファベット、ひらがな、漢字、カタカナの組み合わせはめずらしいかもしれません。理論名を覚えてしまえば内容をすぐに思い出せるメリットがあります。

［進行度1：L字型］今後伸びる可能性が高い

図4-5-1の左のように、イノベーターの好意／購入意向が高く、アーリーアダプターが続き、フォロワーが最も低い商品は、今後伸びる可能性が高いと判断できます。イノベーター理論では、イノベーターが最初に商品をヒットさせて、アーリーアダプターからフォロワーにまで浸透するからです。

L字型は、アーリーアダプターとフォロワーの好意／購入意向が低いのが特徴です。だからといって、彼らが商品を今後も買わないのではありません。イノベーターと異なり、彼らは商品価値の判断力が弱いので、好意／購入意向が固まっておらず、態度を決めかねているだけです。特にフォロワー

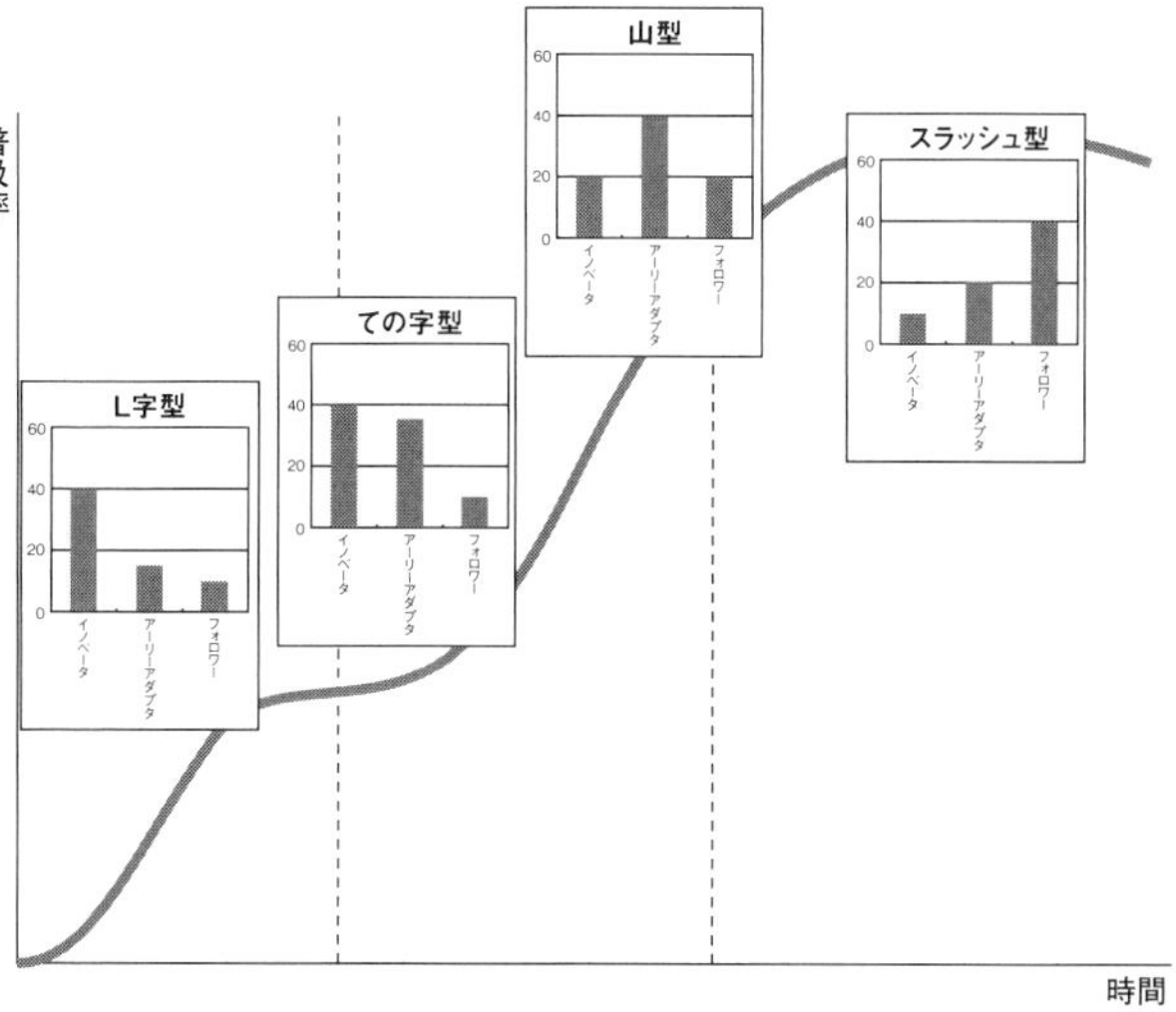

図4-5-2　Lて山スラッシュ理論とプロダクトライフサイクル理論

は、周囲の人たちが買い始めてから「遅れてはならじ」と買うようになる性質を持つので、L字型の時点では好意／購入意向が低いのは当然なのです。

この形は、まだ一般に普及していない商品ジャンルに多く見られます。たとえば、スマートウォッチ、スマートスピーカー、アーモンドミルク、サステナブル系商品（ラベルレスボトル、再利用可能ストローなど）などが挙げられます。大半が、普及率10％以下です。図4-5-2を参照してください。

［進行度2：ての字型］急激に拡大する

商品が浸透し始めると、アーリーアダプターに商品の価値が伝わり、好意／購入意向がイノベーターと同水準まで高まります。アーリーアダプターはイノベーターほどの行動力がありませんから購入タイミングが遅れるものの、着実に購入するので、売上が上がります。

この形は、一般に普及してはいないが急激に拡大する商品ジャンルでよく見かけます。たとえば、ロボット掃除機、定額制動画配信サービス（Ｎｅｔｆｌｉｘなど）、格安ＳＩＭなどが挙げられます。多くは、普及率10％〜20％です。

［進行度3：山型］売上拡大が続く

商品が浸透してしばらくすると、アーリーアダプターの好意／購入意向も、イノベーターに釣られて高くなります。イノベーターに浸透して商品の善し悪しが理解できたため、最初ほどの好意／購入意向はなくなります。イノベーターの好意／購入意向が落ち着いた状態です。結果、山型を描きます。売上拡大は続きます。ここでもまだ、フォロワーは動きません。

例としては、超ミニサイズのマグボトル（ポケトルなど）、ＱＲコード決済などがあります。普及率20％〜40％です。

［進行度４：スラッシュ型］売上が停滞

商品が充分浸透すると、アーリーアダプターの評価も落ち着き、好意／購入意向が低下します。その一方で、重い腰を上げたフォロワーの好意／購入意向がようやく高くなります。結果、右肩上がりの形を描きます。売上が停滞した状態です。

例として、ハンディタイプの扇風機、位置情報ゲーム（ドラクエウォークなど）、４Ｋテレビ、格安ＳＩＭプラン（3大キャリアの格安プランを含む）、ＬＥＤ電球などが挙げられますが、ほとんどの商品がここに入ります。プロダクトライフサイクル理論の成熟期に入った状態で、普及率60％以上が目安です。

商品コンセプト案の評価と対策に使う

上記では商品ジャンルの事例を挙げましたが、Ｌて山スラッシュ理論は新製品コンセプト案の有望性の確認および既存ブランドの健康度を計るために使用します。現場では、8対2の割合で、新製品コンセプトの受容性分析（売れそうかどうか、どのコンセプトを商品化すべきかの検討）に利用します。

新製品コンセプト案の有望性の確認は、いくつもの商品コンセプト案について生活者調査をおこない、イノベーターグループ別に好意／購入意向を集計して比較するだけです。至ってシンプルな調査手法です。ＡＩも使いませんし、脳科学理論も使用しません。

それぞれの進行度について翻訳したうえで、対処方法を紹介します。

進行度1：L字型の解釈と対策

Ｌ字型を示すタイプの新製品コンセプト案は、翻訳すると次のようになります。

・イノベーターに火が着くコンセプト案なので、有望株です。
・競合商品はほとんど登場していないので、スタートダッシュで有利です。
・一方、アーリーアダプターへの浸透までには若干時間を要するので、市場投入してすぐに大ヒットを期待すると肩すかしを食らいます。浸透にかかる時間は、流通拡大やイノベーターに対するコミュニケーションの投資額によって異なります。早ければ数ヶ月後、遅ければ数年かかることもあります。
・アーリーアダプターへの浸透までの時間的猶予を許容できるなら、できるだけ早いうちに市場投入すべきですが、そうでないなら投入時期を調整します。ただし、投入タイミングを上手に見極めないと、競合企業に先を越される危険性があることを覚悟しておかなければなりません。

・新製品コンセプト案から開発完了までに時間がかかるならば、今から準備しておくべきです。

［進行度2：ての字型の解釈と対策］

ての字型を示すタイプの新製品コンセプト案は、翻訳すると次のようになります。

・すぐにイノベーターに火が着くだけでなく、アーリーアダプターにも時間差なく受け入れられる新製品コンセプト案なので、かなり有望株です。

・L字型よりも、アーリーアダプターに価値がわかりやすい新製品コンセプト案です。もし、ドラえもんのひみつ道具が商品化可能なら、このパターンを示します。

・L字型と異なり、競合商品が先行して市場に存在する場合もありますが、市場参入には充分間に合います。技術改良やマーケティング投資額によっては、先行商品をひっくり返すことも可能です。ミラーレスの例では、開発こそパナソニックが最初だったのに、後発のソニーが巻き返したのが良い例です。

・L字型と異なり、アーリーアダプターへの浸透にはさほど時間がかからないので、投資に対するリターン（売上）が早く回収できます。

・新製品コンセプト案から開発完了までに時間がかからないなら、すぐにでも投入すべきコンセプト案です。

・新製品コンセプト案から開発完了までに時間がかかるならば、次の［進行度3：山型の解釈と対策］を参考に準備を進めておきます。

［進行度3：山型の解釈と対策］

山型を示すタイプの新製品コンセプト案は、翻訳すると次のようになります。

・旬の新製品コンセプト案なので、市場投入するとすぐに火が着きます。

・短期間で売上を稼ぎたいなら、時間を置かずに市場投入すべきです。

・ただし、将来性はないので、投入タイミングを待てば待つほどヒット確率が下がります。新製品コンセプト案から開発完了までに時間がかかる場合、市場投入した頃には旬を過ぎてしまうので、商品化を見送ったほうが賢明です。

進行度4：スラッシュ型の解釈と対策

スラッシュ型を示すタイプの新製品コンセプト案は、翻訳すると次のようになります。

- 旬を過ぎた新製品コンセプト案なので、将来性は皆無です。市場投入しても、価格競争に巻き込まれる可能性が高くなります。
- イノベーターの購入が見込めないので、ターゲットはアーリーアダプターやフォロワーにならざるをえません。そのため、広告費がかさむことを覚悟する必要があります。
- 将来性がまったくないので、短期間で需要が落ち着いて、売上が下がります。場合によっては、開発コストを回収できないケースがあるので要注意です。
- よほどの理由がない限り、スラッシュ型の新製品コンセプト案は廃案としたほうが身のためです。

市場がスラッシュ型なのに、新規参入で頭から突っ込んでいき、自爆した企業が続出した例を挙げます。ペットフード市場です。

ペットフードは、１９８０年代半ばから、ペディグリー・チャムなどの躍進によって大きな成長を続けました。その結果、成熟期が訪れ、成長に陰りが見えてきました。そのこと自体には、なんら問題はありません。自然の摂理です。しかし、ペットフードの市場拡大が魅力的に見えたのでしょう。新規参入組が相次ぎました。ユニチャーム、ライオン、ホクレンといった、ペットや食にすら関連がない企業が次々と参入したのです。しかし、その頃はすでに市場は成熟期。典型的なスラッシュ型でした。そこに、差別優位性もない商品です。スラッシュ型の模範のようなコンセプトでした。結局、価格競争に巻き込まれ、大半の新規参入組はあえなく敗退しました。

既存ブランドの健康度チェックに使う

Lて山スラッシュ理論は、既存ブランドにも利用可能です。その場合は、ブランドの健康度チェックとして利用します。

注目すべきは、イノベーターです。イノベーターが離れ始めると、ブランドは衰退するからです。一方、いくら市場シェアが高く一般化していても、歴史が古くても、イノベーターが定着したブランドは、攻めにも守りにも強いブランドです。

各進行度の基本的な解釈は、新製品コンセプト案の時と同じです。

［進行度1：L字型のブランド健康度］

・まだまだ伸びる余地があるブランドです。攻めの戦略を主軸に、ブランド育成施策を立案するように心がけます。

・ターゲットは、まだまだイノベーターです。功を焦ってアーリーアダプターにターゲットを移すと、売上は飛躍的に伸びますが、イノベーターが離れてしまいます。結果、ブランド育成がストップするどころか、衰退を早めることになりかねません。

・まだブランドとしては脆弱な部分が残っています。育成に力を入れつつ、競合他社が対抗商品を投入したら、すぐに応戦すべきです。

［進行度2：ての字型のブランド健康度］

・L字型と同様、伸びる余地があるブランドです。攻めの戦略で突き進むべきです。

・ターゲットはまだイノベーターですが、アーリーアダプターも意識するようにします。具体的には、アーリーアダプターが好むベネフィットのエクステンション商品の投入、普及価格帯商品の投入、ベネフィット主眼のコミュニケーションの実施などです。

・L字型よりはブランドとして確立されつつありますが、まだ気を抜いてはいけません。しっかり育成するように心がけます。

［進行度3：山型のブランド健康度］

・売上の伸びが緩慢になる時期です。売上の対前年比が以前と比較して伸びが小さくなりますが、まだ増加しています。

・ブランドとしては最も安定しており、攻守のバランスがベストな状態で取れています。大きなブランドでも、イノベーターをきっちり捕まえているディズニーランド／シーやマクドナルドが、代表的な山型の進行度です。

・ターゲットは、アーリーアダプターに軸足を移してもかまいません。アーリーアダプターは、自然と以前より増えているはずです。しかし、常にイノベーターも維持しておかないと将来に禍根を残すので、気を緩めてはいけません。

［進行度4：スラッシュ型のブランド健康度］

・ブランドとして危険信号です。衰退の兆候が強く出ています。

・原因はさまざまです。強力な競合が侵攻した、自身が戦略ミスを犯した、時代にそぐわなくなった、山型のうちにイノベーターを定着させることができなかったなど、本書の失敗事例の多くが当てはまります。

・売上やシェアが減少している場合は危険信号に気がつきやすいのですが、営業部隊ががんばって支えていると売上に大きな変化がないため、病変の進行を見逃してしまうことがあります。再生不能状態に陥ると、ブランドは死亡します。

・大半は、そこまで深刻な状態になる前に企業のだれかが気がつき、なんとかしようと一念発起します。しかし、スラッシュ型にまで行き着くと、病変の進行は緩やかになったり止まることはあっても、なかなか再活性化できず、決定打が見つからない状況に陥ります。

Lて山スラッシュ理論の留意点

Lて山スラッシュ理論による商品コンセプトのチェックについて、留意点を4つ挙げます。

①イノベーターグループ分けは、第2章で紹介した簡易イノベーター判別を使えば手軽に実施できる

精度は若干落ちますが、実用レベルです。

②「上級者」「初級者」の概念がある商品ジャンルならそれらで代用可能

これも、精度は若干落ちます。ＩＴ関連やスポーツ関連商品などが当てはまる一方、カップラーメンや飲料などには「上級者」「初級者」の概念がありません。

③ヘビー、ミドル、ライトユーザーといった消費量区分は、イノベーターグループの代用にならない

ヘビーユーザーが必ずしもイノベーターではないからです。たとえば、缶コーヒーのヘビーユーザーは屋外作業従事者ですが、彼らの大半はフォロワーです。また、ワインは都会の女性イメージがありますが、ヘビーユーザーは地方の中年男性です。彼らもまたフォロワーです。

④好意／購入意向の代わりに、現在購入率やトライアル率を指標として使うことはできない

好意／購入意向は「今後買いたいと思っている人の割合」なので、実購入よりも早く上下します。買いたいと思っても、行動に移すまでにタイムラグがあるからです。好意／購入意向は、将来性を占う格好の材料なのです。また、商品コンセプト案がまだ商品化されていないので、実購入データが取れないのも理由です。

5

競合商品にも顧客がいることを忘れる

5/1 自社商品ですら区別がつかない

差別優位性

コンビニやスーパーに行くと、似たような商品がずらりと並び、どれを買っていいのかわからない……そんな経験は、だれしも一度ならず二度三度あるものです。いつも買っている商品なら、なじみのブランドをカゴに入れればいいのですが、モバイルバッテリーなどはじめて買う商品ジャンルだと途端に困ってしまいます。「似たような見栄えだから、似たような品質だろう」と、なんとなく目に付いた商品を買ってしまいがちです。本当に同じ品質ならいいのですが、そうでないケースがあって混乱するのが現実です。たとえば、１９８０年代に雑誌『ＤＩＭＥ』の乾電池の長持ち比較検証記事で、同じ型の乾電池でもメーカーによってかなり差があったことが判明して大きな話題になりました。当記事がきっかけで、乾電池メーカーが長持ち競争に突入したほどのインパクトでした。

似たような商品のことを、「差別優位性がない」と呼びます。ほかの競合商品と「どこが違うのか、どういいのか」がわからない状態です。

差別優位性がない商品が売場に並ぶと、何がいけないのか。

・自社より有名なメーカーの商品が有利になります
・店頭で数多く陳列された商品が有利になります
・価格の安い商品が有利になります

要するに、トップメーカー以外は不利になるのです。トップメーカーは最も有名だし、店頭で数多く陳列されることが多いからです。業界に20社がひしめているとすると、有利なのは1社で、残りの19社は不利です。価格競争に陥るだけです。

質問：
ブランド名を当てることができますか？

いきなり質問です。次に挙げた文は、缶入りアルコール飲料・レモン味のキャッチフレーズです。テレビ広告やサイトで一番目立つ文を選びました。それぞれのブランド名を当てることができますか？

①今年もだんぜんお店の味
②レモンを丸ごとすりおろし、お酒に漬け込む
③気持ちいいほど、すっきりおいしい！
④何も足さない、果実そのままのおいしさ
⑤まるかじりチューハイ
⑥あたらしいつよさ。９％
⑦おいしいわけだ。
⑧大人になっても、好き

かろうじて「⑥あたらしいつよさ。９％」だけ当てられる方はいるかもしれませんが、それ以外はさっぱりわからないのが普通人の感覚です。

ヒントを出します。ブランド名とおもな広告タレントを追加したので、キャッチフレーズと線で結んでください。正答は、本節の最後で明かします。

①サントリー　こだわり酒場のレモンサワー　梅沢富美男
②コカコーラ　檸檬堂　阿部寛

③キリン　氷結（タレントたくさん）
④キリン　本搾り　大沢たかお
⑤アサヒ　贅沢搾り　相葉雅紀、本田翼
⑥サントリー　ストロングゼロ　岡田准一、神木隆之介、天海祐希
⑦キリン　麒麟特製レモンサワー　中村アン、内村光良、生田斗真
⑧サントリー　ほろよい　佐藤二朗、黒木華

ストロングゼロ以外の正解がわからない方。気にすることはありません。トップ企業の開発担当者に「自社商品パッケージ裏面の説明文」を複数提示しましたが、だれもすべてのブランド名を当てることができませんでした。それも、1社や2社ではありません。

「広告で差別化すれば、商品も差別化される」と勘違いする

商品に差別優位性がないために、広告で差別化を図ろうとする企業がたくさんあります。「広告で差別化すれば、商品も差別化される」と勘違いしているケースもあります。その大半が失敗します。広告自体のインパクトや意外性「だけ」を念頭に広告を制作するので、

商品よりも広告表現しか生活者の頭に残らないからです。

競合とは異なるイメージのタレントを使う。
般若のお面でびっくりさせる。
清純派女優に変顔をさせる。

４つ例を挙げます。

①エリマキトカゲ

１９８４年のエリマキトカゲのテレビ広告を覚えている方も多くいます。オーストラリア北部やパプアニューギニアに生息する可愛らしい走り姿のエリマキトカゲが、前に横に疾走するシーンが日本中で人気になりました。広告には「今度の○○［商品名］」のスーパーやナレーションがありましたし、30秒間で商品カットも5回登場したので「商品を売る広告」になっているハズでした。

それでは、あなたはエリマキトカゲ広告のブランド名を覚えていますか？

②忍者女子高生

２０１４年には、ＹｏｕＴｕｂｅ動画の「忍者女子高生」が話題になりました。女子高生が制服で学校内、路地裏、神社、天守閣をバック転をしたりマキビシを撒いたり、変身の術、煙玉で追いかける側の女子高生を巻く、壮大な「追いかけっこ」です。公開１週間での再生回数３５０万回は、当時としては異例のヒットでした。スマートフォンの普及率はまだ約40％でしたし、契約ギガ数も多くなかった時代ですから、現在の再生回数１０００万回以上の価値があります。この動画は、バイラルムービー（クチコミやＳＮＳで爆発的に広がる企業の販促動画）の大成功例としてもてはやされました。

さて、最後に登場した商品名を当てられますか？

③High School Girl? メーク女子高生のヒミツ

同時期の２０１５年。ＹｏｕＴｕｂｅ動画「High School Girl? メーク女子高生のヒミツ」も、大きな話題になった動画です。女性教師が教室に入ると、女子高生が10人、思い思いのポーズで映し出されます。ノンストップで、１人１人をアップで撮影。10人目の女子高生が手にしていた文庫本には、「この教室に男子がいたの、気づいた？」の１行が印刷されています。ネタバレになるのでそれ以上の描写を控えますが、見た方も多かったことでしょう。公開後2ヶ月で、再生回数８００万回でした。この作品も、業界ではバイラルムービー、バズムービーの成功例として話題になったものでした。撮影は全編ノーカットで、7時間もかかったとのこと。制作陣の熱意は賞賛に値します。

さて、メーカー名を当てられますか？

④さかなクン

２０１６年に公開された、さかなクンがいつもと違う黒いハコフグの帽子をかぶり、黒いスーツを着て、見事なバスサックスを演奏するテレビ広告があります。

ブランド名を当てられますか？

ヒントを出します。次のような11人（組）14本のバージョンが作られました。

・故・志村けんが、津軽三味線を弾く
・松坂桃李が、10枚の瓦を拳で割る
・野球選手の川崎宗則が、真剣居合い切りを披露する。

出演およびＢＧＭは、東京スカパラダイスオーケストラ。コピーは「あたらしくいこう」です。

ちなみに、さかなクンは中学時代「吹奏楽部」を「水槽学部」とまちがえて入部してしまったエピソードは有名です。

以上、４例を全問正解した方は、業界人またはバズムービーを研究した人です。一般人は、１問正解がせいぜいです。若い方でエリマキトカゲを知らない人はごめんなさい。正答は、本節最後に明かします。

広告で差別化した成功例は、数少ないものの存在します。だからこそ、「夢をもう一度」と、今でも乱用されるのです。１９８３年のサントリービールのペンギンアニメと松田聖子の歌のテレビ広告や、１９８７年の猿がウォークマンを装着して目をつぶり静かに聴くソニーの広告が伝説級です。

差別優位性はマーケティングの基本だけに誤解も多い

差別優位性はマーケティングの基本ですし、ビジネス現場でもよく使われる用語です。

一方、広く知られすぎたために、よく誤解される概念でもあります。

差別優位性とは

差別優位性とは、「差別性」と「優位性」を兼ね備えた商品や企業の特徴のことです。

差別性とは、「ほかの商品や企業と異なる点」のことです。差別性がなぜ必要なのか。多くの競合他社と類似商品で争っている状況で、似たような見分けがつかない商品だと埋もれてしまい、生活者の記憶に残らないからです。記憶に残らない商品は「存在しない」のと同じですから、売れません。

優位性とは、「ほかの商品や企業より優れた点」です。なぜ必要なのかは、いまさら説明不要です。だれだって、劣った商品は選びたくないものです。

ある基準に対して優劣を示すのが優位性、別の基準で比較するのが差別性

ここまでは、マーケティングを勉強した人ならだれしも答えられる内容です。そこで、よくある誤解について解説します。

「新製品のモバイルバッテリーは、他社の商品と比べて2倍の容量です」

これは差別性ですか？　優位性ですか？

よくある誤答は、「他商品と『違う』から『差別性』だ」です。「違う」は口語体なので、混乱しやすいのです。

ある基準に対して優劣を示すのが優位性で、別の基準で比較するのが差別性です。したがって、モバイルバッテリーの事例では、他社の容量（基準軸）と比較して「２倍」とうたっているのだから、優位性です。もし、訴求内容がバッテリー容量に対して「軽さ１／２」「おしゃれなデザイン」「小型」なら、異なる基準なので、差別性です。

かんたんな見分け方は、「もっと○○」の表現が当てはまるかどうかです。

「もっと安い」

「もっとおいしい」

「もっとたくさんのビタミンＢ１が配合」

これらなら優位性です。しかし、「容量が２倍」に対して「もっと軽い」は、比較のしようがありません。だから、差別性なのです。

差別性と好き嫌いは独立した概念

差別性についての誤解も多く見られます。

かつて一部で流行ったヤマンバメイクやマンバメイク。

これは優位性ですか？　差別性ですか？

「あんな化粧、当人以外は男も女も好きじゃないから、優位性なんてありえません。だから、絶対に差別性です」と回答する人をよく見かけます。半分正しくて、半分まちがいです。半分正しいのは、「ヤマンバメイク」はほかの女性と明確に違う化粧ですから、差別性です。

一方で、「だれも好きじゃない」は差別性の条件ではありません。赤い商品パッケージに対して青い商品パッケージは差別性ですが、どちらが好きかは関係ありません。差別性と好き嫌いは独立した概念です。だから、「多くの人が好きな差別性」や「少数にしか好まれない差別性」が存在します。時に後者は、「変わり者」「奇抜」などと呼ばれます。

別の例を挙げます。ビールのラベルデザインのほとんどが力強いデザインの中で異彩を放っているのが、「水曜日のネコ」です。「おしゃれでいい」という人もいれば「ビールっぽくないから飲む気がしない」と敬遠する人もいます。コンビニのビールコーナーの棚に置いてあれば、ほかのビールとデザインが異なるので、目立ちます。だから差別性です。

競合の定食屋チェーン店が「早い、安い、うまい」と訴求しているのに、自社だけが「提供は遅いけど、手作り、有機野菜、国産素材を使用」と言えば、差別性です。「配膳が遅くて昼休み時間が短くなるので、そんな店はイヤだ」と言われようがなにしようが、差別性です。

差別化は優位性ではない

「差別化は優位性」だと誤解している人も目立ちます。マーケティングコンサルティングに長年従事していると、往々にして遭遇するのが「昔基準の『若い人たち』」です。かつて高度成長期時代の若者には、「『他人と違うこと』がカッコいい」価値観がありました。ミニスカート、ジーンズ、ファミレス。過去にはそんな価値観の若い人たちに支持されて流行り、定着した商品や文化はたくさんあります。このような古い価値観を引きずった人たちほど、「差別性は優位性と同じである」と思い込む傾向があります。もっとも、今でも「人と違うことが正義」と考える人たちは、少数派ですが存在します。マズローの欲求5段階説の1つ「承認欲求」が人間の心にある限り、消滅しません。

差別性と優位性の説明をしていると、時々こんな反応が返ってきます。

「言葉遊びなんてどうでもいい。差別性だろうが優位性だろうが、『買いたい』と思ってもらえることが大切。だから、全部『優位性』で片づけていい」

言葉遊びなら、こんなに楽なことはありません。しかし、残念ながら、差別性と優位性の概念を理解せずに、まちがった戦略を採用してしまうことが多々あります。優位性を優先すべきなのに差別化商品を市場に投入したり、その逆を実行して失敗した事例はたくさんあります。第3章のプロダクトライフサイクル理論の事例が典型例です。成長期なのに差別化してしまったり、成熟期なのに差別化をしないと、成功はおぼつきません。

優位性の限界①：
メリットとデメリットの交点

さきほど「優位性は同じ尺度での優劣」と説明しました。しかし、現実の商品では優秀なら優秀なほどいいのかというと、必ずしもそうではありません。優位性には限界があるからです。「メリットとデメリットの交点」、そして「人間の知覚の限界」の2つの視点から説明します。

まずは「メリットとデメリットの交点」です。最も単純なケースは、価格です。一般的に、価格は安ければ歓迎されます。だから、あちこちで価格競争が勃発します。しかし、価格が安くなりすぎると、今度は不安になるのが人間です。

「じつは品質が悪いんじゃないか」
「食べた後でお腹を壊したらイヤだ」
「すぐ壊れるかもしれない」

と購入心理にブレーキがかかります。価格の例では、「価格が安いのはメリット」「価格が安くなると品質への不安が高まるのはデメリット」です。その交点が、「価格の優位性と不安の交点による限界」になります。

実践的な例を挙げます。図5-1-1を見てください。スマートフォンの画面サイズは、大きければ見やすく、操作もしやすいのが普通の感覚です。ガラケーの液晶サイズでタッチやフリックすることを想像しただけで気が遠くなりそうです。

それでは、大きければ大きいほどいいかというと、そうでもありません。タブレットは8インチや10インチです。とてもではありませんが、電車内で操作するには邪魔ですし、立ちながらずっと抱えていると重くて疲れます。電車が揺れるとつり革につかまるのが遅れて、他人の足を踏んでしまいます。大きくて、ポケットに入りません。

「もっと○○」が優位性というなら、6インチのスマートフォンより8インチ、10インチのタブレット、１００インチの「何か別もの」のほうが優位性があるはずです。でも、そうはなりません。

スマートフォンの画面サイズの例では、「画面が大きいと一覧性が高くなるメリット」「画面が大きいと、使い勝手が悪くなるデメリット」です。その交点が、「画面サイズの優位性と使い勝手の交点による限界」です。

具体的には、スマートフォンの画面サイズが4インチから6インチまでの幅が交点（エリア）です。しかし、その幅を超えると、大画面の良さよりも使いにくさが勝ってしまうため、画面サイズの優位性が阻害されてしまいます。したがって、図5-1-1のように、優位性は曲線を描きます。

ほかの商品ジャンルでも、同じ現象が観察されます。たとえば胃腸薬では、メリットは「すぐ効く」、デメリットは「効きすぎる」のは「身体に負担がかかりそうと心配になる」

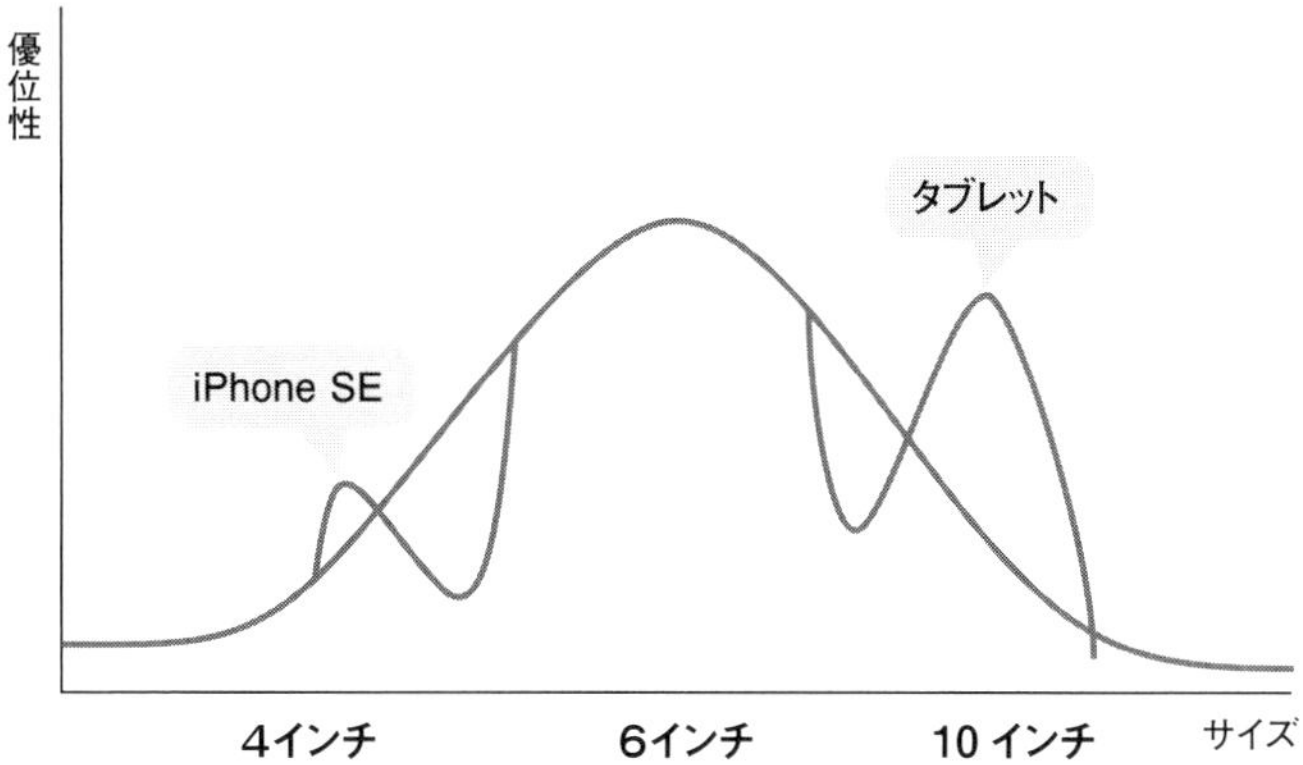

図5-1-1　優位性の限界　～スマートフォン液晶画面サイズ

です。

限界は、人や使用場面によって異なります。女性のように手が小さい人にとっては、スマートフォンを片手で操作できるのは4・5インチの大きさまでです。その分、需要は限定的です。一方で、室内用、仕事用としてなら、タブレットのメリットが大きくなります。こちらも、通常のスマートフォンよりも需要は限定的です。

それぞれのサイズの幅ごとに支持する人たちがおり、支持人口が増えたり減ったりします。ある程度まで支持人口が減ったら、「需要が少ない」ために、メーカーは製造中止にしたり、新製品を開発しなくなります。

ここまで理解できると、もう1つの点が理解できます。優位性は、限界を超えることで、差別性に変化します。7インチを超えると、スマートフォンと呼ばれる商品ではなく、タブレットと称される別カテゴリーの商品に変化します。１００インチとなると会議用や展示会用の操作可能なディスプレイ、屋外看板用モニターとして、スマートフォンとは別の商品カテゴリーになります。

優位性の限界②：

人間の知覚の限界

「限界」には、もう１つの視点があります。人間が知覚できないほど高度化した場合、いくら技術的に進化していても「違いがわからない」限界が生まれます。私は「テクニカルサープラス（技術的飽和状態）」と呼んでいます。

「知覚の限界」とはどういうことか。

いにしえの昔から、日本人は７つまでが記憶できる数字として扱われてきました。したがって、１つ１つに呼び名があります。「七福神」「秋の七草」などは、個々の神様や草花の名前が割り当てられています。かつて電子的な電話帳がなかった時代、電話番号を記憶しないといけない時は、７桁の数字でした。また、郵便番号も７桁です。もっとも、電話番号が７桁なのには別の理由がありそうですが。

７を超えて８に達すると、「たくさん」の意味に変化します。「八岐大蛇（ヤマタノオロチ）」「八百屋」「八百万の神」「八面六臂」「八重桜」。

心理学の分野では、人間が同時に比較検討できる要素は11が限界との結果も発表されています。旅行でいえば、「価格」「遠さ」「宿泊形態」「場所」「食事」は５と数えます。

７にせよ11にせよ、人間が知覚できる限界は確実に存在します。それを超えた場合は、「たくさん」という「１つの意味合い、カテゴリー、かたまり」にしか見えません。

視覚でいえば、４Ｋや８Ｋテレビが知覚の限界を説明する良い例です。大ざっぱにいえば、人間が視認できる粒子の限界は４Ｋが上限です。つまり、「８Ｋは技術的に進歩したものの、人間の目には８Ｋも４Ｋもきれいさは変わらない」のです。ちなみに、現在のハイビジョンは２Ｋです。

聴覚でいえば、携帯音楽プレーヤーが良い例です。従来のオーディオメーカーの目標は、「高音質、つまり生の音に近づける」でした。コンポステレオのように屋内で音楽を聴く分には、高音質は正義です。しかし、一歩外に出た屋外は、騒音の嵐です。いくら繊細な「生の音」に近づけようとしても、限界にぶつかります。

「人の認識」にも限界があります。熱心なファン以外に、乃木坂46のメンバー１人１人を判別できる人はそうそういません。しかし、３人で構成するＰｅｒｆｕｍｅなら、名前は知らなくてもメンバーの区別がつく人は多いものです。

商品の場合、特定の機能や属性が知覚的に限界に達すると、「もうその部分の進化はいらない。だったら別のところを改善してほしい」と差別化の要求が高まります。先のｉＰｏｄの例でいえば、騒音に囲まれた屋外ではｉＰｏｄの音質で充分。それよりも、２０００曲が1台に収納でき、わざわざＣＤを持ち歩いたり入れ替えたりする必要がないメリットのほうが大切になります。

さらに「それ以上の高機能はいらないから、値段を安くしてほしい」と低価格化の需要も高まります。ツインバード、アイリスオーヤマなどの低価格家電メーカーや、中国家電メーカーのハイアールは、低価格需要を取り込んで成長してきました。

差別性の「限界」は「拒否感」のこと

差別性にも限界があります。

差別性の関係である「青色」と「赤色」は別の軸なので、基本的には比較しようがありません。したがって、差別性には限界がないように見えます。しかし、人間は対象物を「差別性がありすぎる（違いすぎる）」と認識すると、「異質」に変化して、排除する心理が働きます。これが、差別性の限界です。

　例を挙げます。化粧の系統は細分化しており、地雷メイク、量産型メイク、オルチャンメイクなど、男性には訳がわからないものもたくさんありますが、大ざっぱにいえばナチュラルメイク、フルメイク、厚化粧などのタイプがあります。それぞれは好みの差はあれど、評価軸が異なるので、差別性です。また、好みはあれど、差別性の許容内です。

　ところが、ヤマンバメイクやマンバメイクまで飛躍するとどうでしょう。「差別性がありすぎる（違いすぎる）」ので、周囲の人たちから「拒否感」が出てしまいます。単なる差別化のはずが、限界を超えると奇抜、異質に変化してしまうのです。

　同じものでも、ＴＰＯによって異質とみなされることもあります。たとえば、ファッションの世界では、ＴＰＯから外れると「頭が悪い」と侮蔑されるケースがあります。街中でのハイヒールやミニスカートはおしゃれであっても、山や海辺では「常識外れ」「外道」「頭が悪い」とされるのは、差別性の限界の一種です。ただ、登山では「危険」の要素も出現しますが。

　差別性の限界は、長い年月や時代によってズレます。下着が見えそうなミニスカートや見せブラは、１９７０年代なら「はしたない」「頭がおかしい」「異星人」と言われましたが、今では当たり前の光景です。とはいえ、現在でも年齢を重ねた人が超ミニスカートを着用すると、「恥ずかしい人」「自分を客観視できない人」と異質扱いされる意識が残っています。

げに、おしゃれとは厳しいものです。

例外として限界が存在しない優位性もある

優位性に限界が存在しない、例外的なケースもあります。デジカメには、解像度（きれいさ）の知覚限界はありましたが、小ささには限界がありませんでした。

デジカメの画素数競争がひと段落した２００２年、カシオが発売したのが、クレジットカードサイズのデジカメでした。たった１３０万画素だったのに、大ヒット。生活者にとって、カメラなんて存在そのものが無限大に小さいほうがいいからです。フィルムカメラの時代にも、同じことが起こりました。使わないときは存在すらせず、使いたいときはどこでも買えるしバッグにも入るレンズ付きフィルム、通称、使い捨てカメラです。

さらに、極限に小さく、容量ゼロになった究極の姿が、スマートフォンに吸収されたカメラです。そもそも、生活者は目の前の光景を記録できさえすればいいのです。今までは、記録方法がカメラと称される個体しかなかったので必要悪だっただけです。カメラマニアを除けば、カメラそのものが必要なわけではありません。

時計も同じです。従来は、時計と呼ばれる個体だけが時を告げることができました。その結果、時計は壁掛けから懐中時計、腕時計にまでサイズが進化、縮小化しました。しかし、ガラケーやスマートフォンに時が表示されるようになった現在では、時計と呼ばれる存在はファッション以外必要なくなります。

携帯音楽プレーヤー、電卓、ビデオプレーヤーなども同様で、サイズの限界がありませんでした。したがって、スマートフォンに吸収されて、究極の「個体として存在しないほど小さいもの＝ゼロサイズ」になりました。

差別性、優位性はどれだけの差が必要か

差別性と優位性について、マーケティング上もう1つ重要な視点があります。生活者が認識できる「差」です。

どれだけ「もっと」なら、優位性があると生活者に認めてもらえるのか。
どれだけ「異なれば」、差別性と感じてもらえるのか。

マーケティングの現場では、差別性や優位性の差については担当者やチームの勘と経験に頼るだけで、客観的、論理的尺度が存在しないのが実情です。

たとえば、ある飲料が「ビタミンC、１０００ｍｇ配合」と訴求して売れていたとします。対抗商品を開発する際に、ビタミンCは何ｍｇにすれば生活者は「すごい」と感じてくれるのでしょうか。１０００ｍｇ配合に対して、１００１ｍｇ配合なら１ｍｇ多いわけですから、算数的には対抗商品に優位性はあるはずです。でも、生活者は「似たようなもの」としてしか認識してくれません。それでは、１１００ｍｇならいいのか。１２００ｍｇならいいのか。いっそのこと2倍にして、２０００ｍｇならいいのか。しかし、それでは製造コストがかさんで、価格が高くなってしまいます。

価格も同じです。競合より10%安ければ、生活者に「安い」と感じてもらえるのか。はたまた、50%引きの価格なら安いのか。逆に、ワンランク上の価格とは10%高ければいいのか、50%なのか。2倍3倍の価格でないといけないのか。

差別性も、同様のことが起きます。パッケージデザインを競合商品とどれだけ似せないようにすべきか。果汁飲料のデザインがフルーツの絵を大きく配置するのは、商品内容がひと目でわかるメリットがありますが、他社と似たり寄ったりのデザインになってしまうデメリットがあります。したがって、差別性をどう表現するのがいいのかが大切なのに、だれも客観的、論理的尺度を持っていません。

結論を言います。数値で測れるものは「１・２倍」「20％以上」が最小限必要です。人間は通常、20％以上異なるものしか認識できないからです。20％未満だと「似たようなもの」としてしか認知できません。

したがって、「競合商品がビタミンＣ１０００ｍｇならば、当社はビタミンＣ１２００ｍｇ」が「ワンランク上だ」と認識できる差です。１１００ｍｇでも１１５０ｍｇでもダメです。「同じくらいしか入っていない」と思われてしまいます。

ノートパソコンの液晶画面サイズでは、15インチが標準なら、１・２倍の18インチ。

菓子の増量キャンペーンなら20％増量。

容量が異なる調味料ならば、中サイズを標準として、小サイズは80％以下、大サイズは１２０％以上の大きさに設定します。

色には明度と彩度があり、数値で表現できます。

・明度を20％上下させる
・彩度を20％上下させる
・明度・彩度合わせて20％上下させる

ことで、「明確に違う色」と認識されます。

では、数値で測れないものはどうすればいいのか。たとえば、「20%以上おしゃれになります」「20%以上友人と仲良くなれます」と訴求しても、生活者は理解できません。そのような場合は、生活者調査で確認するしか手立てはありません。対抗商品よりも自社商品が20%以上おしゃれイメージが強ければ、ワンランク上だと判断します。ところが、現実は生活者調査データでほとんど差がないのに、差別性／優位性ありと判断して市場に投入して、自滅するケースが多いのです。

やっかいなのは、数値で測れないものを、自社内だけで判断してしまうことです。ある食品企業で、開発担当者同士で新製品のデザインについて延々と議論していたことがありました。「麺の曲がり具合が気に入らない」という議論です。ウソのような本当の話です。

パッケージデザインは、１ミリ２ミリの差で印象が変わることがあるのは認めます。しかし、スーパーの棚にさまざまな競合や食品が並ぶ中で、麺のカーブが１ミリ違ったところで、生活者にはデザインの差がわかりません。

こだわりは大切ですし尊重しますが、ほどほどのところで止めておかないと、もっと重要な視点を見逃したり、ミスを犯す原因になってしまいます。

最後に、缶入りアルコール飲料とテレビ広告や動画の回答です。

本節冒頭のキャッチフレーズとブランド名の順番は同じにしました。したがって、「⑥あたらしいつよさ。９％」は「⑥サントリー ストロングゼロ」でした。

エリマキトカゲは、三菱ミラージュ（自動車）。

忍者女子高生は、サントリーＣＣレモン。

メーク女子高生のヒミツは、資生堂。

さかなクンは、キリン氷結。

以上が回答です。

COLUMN

一見インパクトのみだがじつはきちんとメッセージを盛り込んだ広告もある

「燃焼系♪」を連呼し、女子高生やサラリーマンが曲芸を披露する、サントリーのアミノ式。２００３年の広告ですが、覚えている方も多いと思います。一見、ビックリするほどインパクトが強い広告ですが「こんな運動をしなくても……これ１本」と、手軽にアミノ酸が取れることをしっかり訴求していました。
もっとも、サントリーは雑誌取材で「アミノ酸飲料１本で健康になるなんてありえません。（飲む人の）気分ですよ、気分」と、真っ向から自社商品を否定していたのにはビックリしました。自由な社風のサントリーらしいといえば、それまでですが。

毎年、好きな広告として上位にのぼるａｕの三太郎シリーズや、ソフトバンクの白戸家シリーズも、さりげなく、でもちゃんとサービスや端末などのメッセージを盛り込んでいます。個人的には、ａｕの広告で桃爺、こぶとり爺さん、花咲爺さん、意地悪爺さん、欲張り爺さんの５人が「５Ｇ（爺）」と一斉に叫ぶバージョンには爆笑しました。欠点といえば、１つの訴求テーマに対する広告の露出量が少ないので、訴求ポイントが浸透する余裕を生活者に与えず、次々とテーマを変えてしまうことです。

話題になったハズキルーペの広告では、舘ひろしや武井咲などの出演者がベネフィットを語り、字幕スーパーでは耐荷重１００ｋｇ、３年新品交換保証、ブルーライトカットといった規格も表示しています。通常の広告会社は、こんなに盛りだくさんでベタな広告案を提案しないので、ハズキルーペの社長が自分で広告案を作ったとの話は本当なのかもしれません。

ゼスプリのキウイの広告も、キウイのキャラクターが楽しいけれど、「（キウイを食べれば）好きなことをしながらヘルシーになる」ことをちゃんと伝えている、良質な広告です。キウイのキャラクターがランニングや筋トレでへたったり、山登りでは熊に遭遇、サウナではのぼせる様子を描き、「キウイならそんなことをしなくてもいい」と訴求しています。アミノ式と似た構造の広告表現です。

5/2 「市場が大きいから売上も大きい」の勘違いを犯す

DCCM理論

ヒット商品を開発したり、ブランドを育成する際に差別優位性が最も重要なのは、5-1節で説明しました。しかし、それだけでは不足なことがあります。説得性と市場性が必要になることがあるからです。説得性とは、商品の差別優位性の理由やウソ偽りがないことの証明です。市場性は、需要の大きさです。

差別優位性が強くても、説得性がない商品では売れない

まずは、説得性が欠如して失敗した例です。

１９９２年に、三共製薬が「美人飲料」のキャッチフレーズで、清涼飲料水のジゼを発売しました。「1週間飲み続けてください」「乳清マルチ醗酵エキス入りの機能性飲料」とナレーションが流れたテレビ広告には杉本彩が出演し、ジゼは一斉にスーパーやコンビニ

の棚に並びました。

なんといっても「美人になれる」のですから、女性の期待は大きいことこの上ありません。強烈なベネフィットで、優位性は抜群です。また、「美人になれる」飲料など聞いたことがありませんから、差別性も明確です。私の周囲の女性たちの、ほぼ9割が関心を持っていたのを覚えています。私が講師を務めた企業内研修や講演では女性参加者の全員が知っていたジゼは、大ヒットが約束されているようなものでした。

しかし、メーカーの予想に反して、ジゼは売れませんでした。いくら信用がある製薬会社が開発元でも、いきなり鼻が高くなったり、二重まぶたに突如変わるとは思えません。「なぜ美人になるのか」「どういう美人になるのか」が商品や広告、店頭でも一切語られなかったのが原因でした。

「しょせんコンビニで売ってる商品だから、大した効果はないだろう」

「なんだか、うさんくさい飲料」

そんなイメージが広がり、生活者の疑念を払拭する間もなく、ジゼは店頭から消えてしまいました。

じつは、ジゼに含まれる乳清マルチ醗酵エキスは、肌をきれいにする効果がある成分でした。それならば「肌をきれいにする飲料」と訴求できたらよかったのですが、薬事法に触れてしまいます。一方、ジゼを医薬部外品として発売すれば「肌をきれいにする飲料」と訴求できましたが、今度は薬局や現在ほど普及していなかったドラッグストアでしか扱えない商品になってしまいます。

薬事法を取るか、流通を取るかのジレンマに悩んだ結果、三共製薬は欲をかいてしまったようです。店舗数が圧倒的に多いコンビニやスーパーに流通させるために、ジゼを清涼飲料水として売ってしまったのでした。

このように、いくら差別優位性が強くても説得性がない商品が売れることはありません。

差別優位性や説得性があっても、市場性が小さければ、本当のヒット商品にはならない

今度は市場性を無視した例です。

バルミューダの高級トースターが話題になったのは、記憶に新しい出来事でした。バルミューダは、ロックミュージシャンだった現社長が1人で創業した、デザイン性と機能性

が特徴の商品を備える家電メーカーです。

２０１５年に発売したバルミューダ ザ・トースターは、２５０００円と高級なのにも関わらず、大ヒットしました。標準的なトースターがアマゾンで２０００円台から買えるのに、10倍も高額です。バルミューダ ザ・トースターのヒットの理由は、差別優位性と説得性が明確だったことです。差別性は「高級である」、優位性は「焼いたパンが外はカリカリ、中はふっくらになる」、説得性は「スチームしてから焼くから」と、ヒットの条件が３つ揃っています。

しかし、話題に引きずられることなく冷静に見ると、バルミューダ ザ・トースターの２０１５年の売上は約10万台、25億円しかありません。これを大ヒットと称していいのか、はなはだ疑問です。たしかに、２０１５年の売上が29億円しかなかったバルミューダにとって、年間売上と同じくらいの額を稼いでくれた大ヒット商品です。また、年間推定２００万台売れるオーブンレンジのたった５％とはいえ、まったくの新製品がたった１年で５％ものシェアを取るのはめずらしいことです。

しかし一方で、売上25億円は、パナソニックをはじめとした７兆円を超える大企業から見れば「新製品をわざわざ開発する価値がない」「開発コストのほうが高くなる」ほどの小さな金額です。いくら差別優位性や説得性があっても、「市場性」が小さければ、本当のヒット商品にはならないのです。もっとも、小さな企業であれば充分な売上があるわけですから、「小さな企業が成功するには、大企業ができない／やろうとしても非効率的な分野を狙え」は正解だということでもあります（後日、パナソニックも高級トースターを発売しました。下位メーカーがつけ入る隙を作らない戦略は見事です。ほかの分野でも同様にやっていれば、現在のパナソニックの惨状はなかったのに、と思うと残念です）。

蛇足ですが、水が入った霧吹きでパンの両面をちょっと濡らしてから、家庭で最も火力が高い魚焼きグリル（普通のオーブンでも可）を予熱して、水をひと吹きした後に焼いても、同じようにおいしくなります。もっとも、それを言うのは無粋というものです。

差別優位性に説得性と市場性を加えたＤＣＣＭ理論

商品がヒットするには、差別優位性だけでは足りないことがあります。私は差別優位性に加えて説得性と市場性を合わせた４要素を総称して、ＤＣＣＭ理論と呼んでいます。

ＤＣＣＭのネーミングの由来は、次の４要素の頭文字を並べたものです。

・差別性［Differenciating］ほかの商品と違うところ。優劣は問わない。

・優位性［Competitive］ほかの商品より良いところ。差別性は問わない。
・説得性［Convincing］なぜその商品が良いのかを説明したもの。
・市場性［Marketability］上の3つを兼ね備えた商品の市場規模の大きさ。

差別性、優位性、説得性は心理学から流用したものですが、心理学は個人の科学です。マーケティングは何百万人、何千万人が1つのコンセプトや広告メッセージに触れるわけですから、4番目の市場性が必要です。

差別性と優位性は5-1節で解説したので省略します。

説得性は、企業や商品のメッセージがどれだけ信用できるかです。英語では「Reason Why（「なぜ」に対する理由）」と呼ばれます。

現代の生活者は消費経験が豊富ですから、「思っていたのと違う」「信用して買ったら騙された気分だった」といった経験をたくさんしてきています。ましてや現代人は、ネットやSNSが普及したことで、他人の失敗レビューを数多く見てきています。そのため、「この商品は信用できるのかどうか」を疑ってかかる傾向が強くなっています。したがって、以前にも増して、説得性が商品を選択する重要なポイントになるのです。

もちろん、近年、コンプライアンス（法を守る精神）が騒がしくなり、消費者庁などの締めつけが厳しくなっていますから、企業は「ウソはつかない」ことを生活者はよく知っています。しかし、「ギリギリの線で誇張する」「都合の悪いことは隠す」ことはよくあることだと認識しているので、警戒を怠りません。

セブンイレブンですら、上げ底の弁当容器で見た目より量を少なくしたり、イチゴの果肉がたっぷり入っているように見えるミルク飲料がじつはカップに印刷された絵だったことが、ネットで非難の対象になりました。どちらも法的には問題はありませんが、生活者、特に大盛りを好む人たちの信用を失うには充分な事件です。

さまざまな説得性の強化方法

説得性を高める要素としてはいくつもあります。

素材や製法

まずは素材や製法が挙げられます。

「11種類のビタミンと4種類のミネラルを配合」

「合成着色料、人工甘味料不使用」
「クアッドコアＣＰＵを搭載」

などが代表例です。

説得性の観点から私が残念だと思っているのが、武田薬品アリナミンＶです。テレビ広告では「有効成分配合」としかうたわれておらず、競合商品と区別がつきません。これでは、差別優位性がないどころか、説得性もありません。

ところが、アリナミンを開発した武田薬品は、画期的な開発を成功させた企業です。当時、死に至り恐れられていた「脚気（かっけ）」に効果のあるビタミンＢ１よりも、吸収に優れるビタミンＢ１誘導体をニンニクの研究から開発。１９５４年、日本ではじめて商品として発売した薬品メーカーなのです。

同時に、ビタミンＢ１は、糖質からエネルギーを作る際に不可欠な栄養素です。その作用をベースに、武田薬品は栄養剤や栄養ドリンクを開発しました。

ちなみに、巷で言われる「にんにく注射」は、そのアリナミンの主成分を注射しているのです。

このたった数行の文章を読むだけでアリナミンＶの説得性が増すのに、もったいない話です。

ブランド名やメーカー名

すでにブランドや企業に対する信頼が確立されている場合は、ブランド名やメーカー名が説得性を持つこともあります。たとえば、「ソニーだから」「カゴメだから」「ユニクロだから」といったように、企業やブランド自体が説得性になります。

実例を挙げます。1991年に、アサヒビールが元日の新聞全面広告で、「今年、アサヒ、動く」のキャッチフレーズで、新製品のティザー広告（発売前広告）を掲載したことがありました。当時はスーパードライの大躍進が生々しく生活者の記憶に残っていたので、「アサヒなら、なにか新しい画期的なことをするだろう」とワクワクした生活者も多かったものでした。同じことをサッポロやキリンがやっても、こうはいかなかったことでしょう。皮肉なことに、この新製品は、大失敗した「Z」のことでした。

一方、信用がないブランドや企業には説得性がありません。たとえば、詐欺に近い保険契約や度重なる不祥事、自爆営業でイメージが悪化した日本郵政です。「とどけ、きもち／すべてを、お客さまのために。」とうたったテレビ広告や、2016年に放映された松本人志の「バカまじめ」広告を露出したところで、多くの生活者からは「またダマすのか」と思われるだけです。自社のポジションを見誤ると、逆効果になります。

事実

説得性を上げる方法は、ほかにもあります。ブランドや企業そのものが説得力を充分に持っていない場合、最も効果がある材料は事実です。事実が持つ説得性に着目した広告が多くなっています。

たとえば、ＪＲ東日本では、踏切事故の記録映像を放映して、事故防止キャンペーンを繰り広げました。また骨髄バンクの広告は、21歳の若さで白血病のために亡くなった女性をメインキャラクターにして、大きな反響を呼んだことがあります。これらは、事実をベースにしたメッセージの強みを証明しているのです。

アメリカンエクスプレスは、１９８０年代に有名なハリウッド俳優やミュージシャンを登場させて、「１９５６年から会員」と訴求したことがあります。広告のためではなく、昔からの事実ですから、訴求力の強さはとてつもなく大きかったものでした。マーケティングでは、積み重なった歴史は変えられません。

片面提示と両面提示

説得性を語るには外せない、心理学の学説があります。メリットだけを強調されることで説得されるタイプと、デメリットもないと納得しないタイプが存在するとの研究結果が発表されています。前者は「片面提示」、後者は「両面提示」と呼ばれます。「片面提示」で納得するタイプは比較的低学歴で他人に依存する傾向が強く、「両面提示」で納得するタイプは高学歴で自立心が高い傾向が強いと報告されています。

マーケティングでは、商品に関心が薄く知識や経験が浅いフォロワーが片面提示で説得されやすく、興味がある商品に造詣が深く経験値も高いイノベーターが両面提示で説得されると置き換えることができます。

たとえば、家電量販店の従業員は、片面提示でセールストークをすると買ってくれることが多いことを経験上よく知っています。従業員にアドバイスを求める客は、フォロワーが多いからです。なお、イノベーターは、従業員には目もくれず、自分で商品を選びます。

両面提示は、「ちょっと値段は高いけれど質はいい」が代表例です。また、通販のレビューでわざわざ点数の低いレビューを読み、自分が許容できるかどうかで購入の判断材料とする行動も、両面提示にあたります。

マイナス面を素直に伝えたことが功を奏した例を挙げます。ある外資系の食品会社が

1989年からテストマーケティングしたスパゲティソースのドルミオは、ラベルに「フタを開けたら3日間でダメになってしまうので、使い切ってください」と書きました。これがドルミオの新鮮さを訴求することになり、発売1カ月でシェアの30%を獲得しました。

生活者が想像可能な形に変換する

説得性を高める際に、気をつけないといけない点があります。説得性は、できる限り具体性や親近感を持たせたものでないと効果が半減することです。

いにしえの昔から、説得性を高めるために「○○製法」といったキャッチフレーズがよく使われてきました。しかし、大半がメーカー独自の用語なので、生活者が想像できません。シャンプーの花王メリットが「ジンクピリチオン配合」とテレビで訴求すると「なにかわからないけれど、すごそう」と購買意識が高まる時代はすでに終わっています。

ただし、「○○製法」がイノベーターのような商品にくわしい生活者に広く知られる規格ならば意味があります。たとえば、コーヒーで「シティロースト焙煎だから、酸味と苦味のバランスがよく、おいしい」なら、特定層に説得性があります。

親近感の点でいえば、「ビタミンC1000mg」より「レモン10個分のビタミン」のほうが説得性があります。また、野菜ジュース1缶に入っている栄養素を生野菜にするとカゴ一杯の分量になることを写真で表現するのも親近感です。つまり、生活者が想像可能な形に変換することで説得性が増すのです。

具体性がない訴求の例でいえば、「これが新基準」や「新スタンダード」といった無責任なキャッチフレーズは、今やほとんど効果がありません。「新基準」とは、「過去を否定しているだけ」であり、「どんな新しい要素が基準なのか」はまったく示されていないからです。かつてのバブル時代のように、新しい商品が生活者に期待された時代があったことは事実です。しかし、ビール業界が典型ですが、新製品があふれて、新しければいいわけではないことを生活者が学んだ結果、ビール業界の総売上に占める新製品売上額の割合が徐々に下がり、ついに数％に落ちたことがありました。

ニュース性、新規性は重要ですが、中身のない新規性はもはや通用しません。

市場性は拡大しすぎても狭めすぎても失敗する

ＤＣＣＭ理論の最後の要素は、市場性です。

マーケティングでは、コンセプトと呼ばれる「１つの言葉や文章」で、何百万人、何千万人もの人々の好意／購入意向を勝ち取らなければなりません。そこで必要となる概念が、規模としての市場性です。

一般的にいえば、差別性を強めれば強めるほど「キワモノ」になり、市場性を狭める結果になりがちです。一方で、市場性を広く取ろうとすると差別性が弱まり、競合商品が多くなり、競争激化に陥ってしまいます

キリン一番搾りは、市場性の観点でいえば、微妙な立ち位置です。ビールはそもそも低アルコールで、発泡性のアルコール飲料です。したがって、商品の性質から「酔う」ニーズで消費されません。「爽やかで酔いすぎない」酒類ですから、大人数の場にふさわしい飲み物です。だからこそ、社内の飲み会や大人数のパーティの場でビールが選ばれます。

１９９８年に発泡酒で大ヒットを飛ばしたキリン淡麗生の最初のテレビ広告は、軽快なＢＧＭ（ジプシー・キングスの『ヴォラーレ（ＶＯＬＡＲＥ）』）とともに、ビーチバレーなどの爽やかなスポーツをテーマにして、大ヒットしました。まさに、ビールの商品特性の王道を行く広告でした。１９９８年といえば、スーパードライが年間売上がＮｏ．１になった翌年で、「挑戦」から「売上Ｎｏ．１」訴求へとフォロワー向けに広告をシフトしていた頃でした。ビールの王道イメージが不在だったのを、キリン淡麗生が突いた格好です。

翻って、キリン一番搾りは最初から「品質」を売りにしていたために、「じっくりとうまい肴と一緒に１人で飲む」シーンばかりを広告で訴求していました。これはビールでは

なく、ワインの広告です。

キリン一番搾りは、決して悪いコンセプトではありません。一定のニーズを取ることはできますし、現に取っています。しかし、スーパードライの約半分の販売数量のキリン一番搾りは、永遠にビールの主役になれないバイプレーヤーの宿命です。

市場性はどれだけあればいいのでしょうか。ケースバイケースですが、目安はあります。クープマンの目標値「存在シェア６・８％」が市場性の最小規模です。チョコレート市場の６・８％、ジーンズ市場の６・８％といった具合です。６・８％を下回ると、市場性を不必要に狭めてしまい、思ったより売れない悲劇に見舞われます。その下の２・８％も最小限の規模として挙げられますが、かなりニッチな市場で扱いが難しいので、オススメしません。

１００万人のユーザー数も、１つの目安です。１００万人を超えると１つの市場として生活者に認知されるので、市場性が狭すぎることはありません。かつてシステム手帳が流行したとき、ユーザー数が１００万人を超えた段階で取扱店が一気に増え、リフィル（用紙）の種類も販売店も増えたことがありました。

人口１００万人前後の市を挙げると、さいたま市１２８万人、広島市１１９万人、仙台市１０５万人、千葉市97万人、北九州市97万人です。規模の感覚をつかめると思います。

市場性に限界はありません。最大1億2000万人または消費人口9000万人が国内最大規模です。海外に進出する手もあります。

また、隣接市場に進出すれば、市場性は2倍にも3倍にも拡大します。カゴメは、トマトジュースやトマトケチャップなどのトマト関連市場で40%以上のシェアを占めています。これ以上シェアを伸ばすのはコスト効率が悪いため、隣接する市場、つまり野菜市場に乗り込みました。カゴメ・キャロットジュースは、野菜市場に殴り込みをかける戦略商品として大成功。カゴメが企業スローガンを「野菜を、おいしく、楽しく」に変更したのは、そのためです。

DCCM理論でマクドナルドを評価する

事例として、DCCM理論を用いて、代表的なハンバーガーチェーンをチェックします。図5-2-1を見ながら読んでください。

優良上位のDCCM

差別性	優位性	説得性	市場性
△	◎	△	◎

優良下位のDCCM

差別性	優位性	説得性	市場性
◎	◎	◎	△

不良下位のDCCM

差別性	優位性	説得性	市場性
×	×	×	○

図5-2-1　DCCM理論

①マクドナルド：優良上位［差別性］△［優位性］◎［説得性］△［市場性］◎

マクドナルドは、ハンバーガーチェーン市場で約7割のシェアを占める、堂々たるトップ企業です。

差別性については強くないので「△」です。ハンバーガーチェーンの標準ともいえる味やラインナップだからです。

優位性は「◎」です。万人に受ける味、高からず安からずといった価格設定、日本中どこにでも店があること、ドライブスルーやネット予約や宅配などの買う方法の多様性があるからです。

説得性は特に強くありませんから「△」です。「天下のマクドナルドなので、変なものは入っていないだろう」という安心感はありますから、「×」ではありません。まちがっても、緑に変色した鶏肉は使っていません。

市場性は文句なく「◎」です。品揃えの幅が広く、ハンバーガー、フィッシュバーガー、チキンバーガー、ポークやエビ、はたまたデザートも揃えています。価格帯も、単品で１１０円から４９０円までカバーし、選択肢の広さもあります。

②フレッシュネスバーガー：優良下位［差別性］◎［優位性］◎［説得性］◎［市場性］△

差別性は「◎」です。チェーン名のとおり、フレッシュさを最前面に打ち出した、他チェーンにはない訴求ポイントです。

優位性も「◎」です。フレッシュさや味の評判も良く、品質も高いのが、同チェーンの特徴です。

説得性も「◎」です。毎朝届く新鮮な国産野菜、有機栽培の茶葉を使った紅茶、低糖質と全粒粉のバンズなど健康を意識した食材を使用していることを全面に訴求しています。

市場性は「△」です。価格の選択肢が狭いのが第一の理由です。マクドナルドのような110円、200円のラインナップやセットメニューはありません。第2の理由は、店舗数の少なさです。マクドナルドが2902店に対して182店しかなく、東京を中心とした首都圏に集中しているので気軽に入店できません。

③ロッテリア：不良下位［差別性］×［優位性］×［説得性］×［市場性］○

差別性は「×」です。絶品バーガーが一時期ヒットしたものの、それ以降はなんの変化もないメニュー構成です。

優位性や説得性も特になく「×」。

市場性だけは、全国に店舗を展開しており、338店と3位なので「○」です。

総合的に見ると、ロッテリアは典型的な不良下位です。

じつは、ロッテリアはエビバーガーやポークバーガーを最初に開発したり、フライドポテトにフレーバーを混ぜて振るタイプの商品を最初に発売するなど、かつては差別化戦略を忠実に実行していました。しかし、マクドナルドのミート戦略（似たような対抗商品をぶつける戦略）で影が薄くなってしまい、元気がなくなってしまった惜しいチェーンです。

ほかのチェーン店も、かんたんに評価します。

モスバーガー

モスバーガーは、かつて優良下位カテゴリーでした。「路地裏」「作りたて」の2大差別化で脱サラ組の2人が始めた小さなハンバーガーショップが、第2位の地位を獲得しました。しかし、「路地裏」については、繁華街への進出で自ら差別化を放棄しました。2つ目の差別化ポイントであった「作りたて」については、マクドナルドの作り置き廃止施策によって差別性が薄れました。結果、モスバーガーは、優良下位カテゴリーから外れつつあります。

ただ、限定商品のヒットや高級食パンの店頭販売など、最近、優良下位復活の動きが出てきました。今後に期待です。

ドムドムハンバーガー

ドムドムハンバーガーは、マクドナルドより1年早い１９７０年創業の日本最初のハンバーガーチェーンで、かつては王道を行くチェーン店でした。しかし、親会社のダイエーの不振とともに、業績も低迷しました。近年、独立し、復活したお好み焼きバーガー、ソフトクラブまるごとのハンバーガー、アジフライまるごとのハンバーガーなどを開発。直近では、２０２１年9月に魚のカレイをそのままフライにした「丸ごと!!カレイバーガー」が話題になりました。一見キワモノ揃いですが、着実にヒットしており、料理が得意な専業主婦だった新社長の下で、優良下位のカテゴリーとして浮上しつつあります。

バーガーキング

バーガーキングはアメリカでは第2位のハンバーガーチェーンですが、日本ではいまひとつ元気がありません。バーガーキングの差別性「ビッグサイズ」「カスタマイズ」「直火焼き」のうち、「ビッグサイズ」は他チェーンの対抗商品で埋もれてしまい、「カスタマイズ」はそもそも日本でニーズが低く、差別性はあっても優位性がありません。結果、バーガーキングは不良下位に分類されます。２０１９年まで、親会社が不良下位のロッテリアだったのは皮肉なものです。

なお、「カスタマイズ」に関していえば、１９８０年にウェンディーズが日本市場に参入した時のメイン訴求が「２５６種類のカスタマイズができる」でした。しかし、不人気だったため、完成品主体に切り替えた経緯があります。同じくサブウェイも、日本上陸時は「カスタマイズ」を売りにしましたが、現在は完成品を次々に増やしています。

その他、アメリカから進出したシェイクシャック、カールズＪｒ．、ウマミ・バーガー、ベアバーガー、クア・アイナなどがありますが、規模が小さいので割愛します。個人的には、アメリカの学生時代によく通っていたハーディーズの日本市場再参入を期待したいところです。

ＤＣＣＭを診断する際、注意点が1つあります。価格は、優位性にも差別性にも変化する要素であることです。価格がワンランク異なれば差別性であり、買いやすい価格、幅広い価格帯（の品揃え）ならば優位性として扱います。優位性は限界を超えると差別性に変化するからですし、幅広い価格帯の品揃えは価格の要素よりも商品選択肢の広さを意味するからです。

DCCM理論をベースとしたマーケティング戦略

DCCM理論は、ブランドや企業の強さをチェックする要素です。DCCM全部が◎ならパーフェクトですが、現実にはそんなブランドや企業はなかなかありません。すべてに強みを持つのは、極めて難しいことです。

そこで、トップの戦略と下位の戦略として、DCCM理論のパターンを解説します。

トップブランド（企業）の戦略

トップブランド（企業）は、市場性が強い点が特徴です。市場で大きなシェアを占めているのですから、当然です。また、優位性が強いのも、トップブランド（企業）の特徴です。優位性は、品質、価格帯、入手性（流通の拡大）に大きく連動するので、それらが強いからこそトップブランド（企業）になるからです。

一方、トップブランド（企業）自体が標準になるため、差別性は弱くなりがちです。同時に、チカラ技で勝負できてしまうので、説得性が弱いのも特徴です。

まとめると、こうなります。

・市場性と優位性が強いトップブランド（企業）は「優良上位」
・市場性は強いが優位性が弱いトップブランド（企業）は、防御に弱い「不良上位」

逆の「市場性は弱いが優位性が強い」トップブランドは、滅多に見かけません。

したがって、トップブランド（企業）の戦略は、市場性と優位性を維持強化し、下位ブランド（企業）に攻撃の隙を与えないことです。下位ブランド（企業）が新製品で攻めてきたときは、間を置かずに類似商品で対抗し、自社の優位性を守ることが極めて大切です。

普段からこれらの戦略を実行しているトップブランド（企業）は多いため、当たり前のように見えます。しかし、本書で失敗例を挙げているように、気の緩みや下位ブランド（企業）をなめてかかることで返り討ちに遭うこともあるので、肝に命じておく必要があります。

優良下位ブランド（企業）の戦略

トップブランド（企業）は、該当する商品ジャンルで1社だけです。残りの数十社である下位ブランド（企業）はどうするべきか。

優良下位ブランド（企業）は、市場全体では下位であっても、ある分野で1位を獲得するケースが多いのです。代表的な優良下位ブランド（企業）としては、ダイソン、ハーゲンダッツなどが挙げられます。

ダイソンは掃除機市場では3位ですが、スティック型掃除機で50%のシェアを有するトップです。ハーゲンダッツはアイスクリーム市場では下位ですが、プレミアムアイスクリーム市場ではダントツの1位です。

優良下位ブランド（企業）はどうあるべきか。下位ブランド（企業）は、トップブランド（企業）と比較して、組織力や資金力で劣ります。技術研究をおこなうスタッフ数も、営業マン数も少ないのが常です。したがって、全面戦争を仕掛けても負けるのは目に見えています。

しかし、自社が得意な分野に集中し、大企業を凌ぐ人員を確保することは可能です。トップブランド（企業）が10の新製品を開発するなら、優良下位ブランド（企業）は3商品に絞る。その代わり、トップブランド（企業）に負けない品質や差別化をおこなうのが、取るべき戦略です。ＤＣＣＭ理論でいえば、市場性を放棄し、差別性、優位性、説得性を強める戦略を取るべきです。

不良下位ブランド（企業）の戦略

日本企業でよく見かけるのは、市場の大きさに目がくらみ、差別優位性もない似たような商品を次々と発売する企業です。ＤＣＣＭ理論でいえば、差別性［×］、優位性［×］、説得性［×］で、市場性だけが［◎］のパターンです。

市場規模が大きいとそれなりに売上を確保できますが、万年下位で、なんの特徴もなくイメージも薄い、図体だけ大きくて、吹けば飛ぶような企業ができあがります。

これを私は「ミニ大企業」と呼び、一種の病だと認識しています。不良下位ブランド（企業）の代表格は、今は亡き三洋電機や上記ロッテリアです。地元では大企業なので錯覚してしまい、プライドが邪魔をして、下位企業の戦略を取ることができません。

不良下位ブランド（企業）の戦略は、まず優位性と差別性を確保することです。長年不良下位に慣れてしまうと、一念発起した際に無理をして優位性よりも差別性を優先してしまい、奇をてらった商品ができあがることがよくあります

差別化だけの商品では、単なる「偏屈」になってしまいます。よく企業内で「差別化しろ」と言われますが、じつは優位性をおざなりにしているケースが目立つのです。差別性と優位性の両方を同時に強化するのは、かんたんではありません。下位であることにハンデがありますから、仕方がありません。競合と同じ努力では、上位に浮き上

がれません。

優位性と差別性を確保できたら、次に着手すべきは説得性です。説得性がないと、せっかく優位性のある商品を開発しても、「どうせあの会社だから大したことはないだろう」と、生活者に過小評価されてしまいます。今までがんばってこなかったツケが、ここにきて効いてくるのです。厳しいですが、それが現実です。

ＤＣＣＭ理論は、プロダクトライフサイクルにも関わってきます。第3章を参照してください。

COLUMN

差別優位性マトリクス

差別優位性というからには、本来、商品は差別性と優位性の両方を持っていなくてはいけません。しかし、必ずしも理想どおりにはいきません。

差別性はあまりないけれど、優位性は充分にある商品。

優位性はさほどないけれど、差別性は充分にある商品。

それらの商品も、売ってはいけないのでしょうか。

状況によっては、充分合格です。ならば、どんな条件下で差別性のある商品、優位性のある商品が売れるのか。

図5-2-2を見てください。差別優位性のマトリクスです。「定番・優等生」と名前がついた右上のマスは、優位性があるけれど、差別性が弱い位置です。ここは、業界トップにしか許されない商品です。トップ企業は、豊富な資金力、流通力、ブランド力がありますから、優位性しかない商品でも、ごり押しで売ることができるからです。

		差別性	
		高	低
優位性	高	スター	定番・優等生
	低	偏屈	ゴミ

図5-2-2　差別優位性マトリクス

下位企業が「定番・優等生」商品を市場に投入したところで、失敗するだけです。差別性が弱いということは、生活者の言葉でいえば「よくある、よく見かけるような商品」です。その結果「だったら、いつものでいいや」と判断されてしまうからです。

一方、「偏屈」と名前がついた左下のマスは、差別性はあるが、優位性が弱い位置です。通常は、トップ企業だろうが下位企業だろうが失敗します。優位性（買いたい衝動を起こす力）が弱いのですから、当然です。

それでは、なぜ右下の「ゴミ」エリアに行かず、「偏屈」とわざわざラベルづけをしたのか。理由は2つあります。

1つは、「あまり」売れないというだけで、一定の売上は確保できるからです。差別性が強いので需要は限定されますが、競争相手が少ないので需要を総取りできます。

2つ目の理由は、「偏屈」商品は時々、とてつもない大ヒットを生むことがあるからです。バルミューダのような10億円、20億円なんて規模ではありません。場合によっては、数百億円、数千億円の爆発的なヒットです。

レンズ付きフィルム、写ルンですは、差別性しかない商品でしたが、年間1億本売れる大ヒットを記録しました。当時のカメラはかんたんにきれいに撮れることが大前提だったので、コンパクトカメラは自動露出やオートフォーカスなどの多機能でしのぎを削っていました。そんな中、「きれいには写らない（けれど手軽）」は、当時の優位性にはなりえませんでしたが、差別性は十二分にありました。まさに「偏屈」商品だったのです。

iPodも、差別性しかない商品でした。「（音質はさほどよくないけれど）1台に2000曲入る」は、立派な「偏屈」商品です。

なお、差別優位性がなくてもいいケースが、自販機の飲料です。現在の自販機は、1台で24種類や36種類といった数多くの飲料を装填しています。そこで問題になるのが、飲料の種類です。コーヒー、お茶、ジュース、ミネラルウォーターなどの売れ筋ジャンルを揃えておかないと、売上は下がってしまうからです。

さまざまなメーカーを扱う自販機なら、それぞれの飲料ジャンルの代表ブランドを装填すれば事足ります。しかし、メーカー系列の自販機だと、すべてを売れ筋ブランドに揃えることができません。他社製品を置くわけにもいかず、かといって売れ筋のジャンルを揃えないと設置場所の貸し主から苦情が来たり、他社の自販機に変更されてしまいます。

そこで、メーカーは差別優位性がなくてもいいので、自販機用として無名商品を開発するのが慣例です。意外にそこそこ売れることも多いものです。

5/3 守るべきなのに攻める、攻めるべきなのに守る

守りと攻めの戦略

「攻撃は最大の防御」と言われますが、マーケティングでは攻めと守りの戦略は異なります。「攻めの戦略」を実行しないといけない企業が「守り」に入ったり、その逆の施策をおこなうと、悲劇に見舞われます。

ある分野のトップ企業が新規分野に進出して成功しない理由の1つは、新規分野では新参者なので攻めの戦略が必要なのに、従来の社内常識である守りの戦略を実行してしまうからです。前例主義が強い日本企業の多くは、過去の成功を盲信するので、市場が変わっても意識を変えられません。攻めと守りの両方を自在に操ることができる企業は数少ないのが実情です。

守りの失敗：

競合企業として相手にせず、成長の時間を与えてしまう

守りの戦略でよくある失敗パターンを紹介します。

市場の急成長を長らく見逃してしまう

掃除機市場の1位は、1947年に日本で最初の国産電気掃除機を開発した名門、東芝で、シェア25・2%（2016年）です。そこに、ダイソンが市場をかき回しています。ダイソンは、「吸引力の変わらない、ただひとつの掃除機」の広告コピーで一躍知名度を上げたイギリス企業です。

従来の掃除機では紙パックが満杯になると吸引力が下がるため、ダイソンは紙パック不要のスティック型サイクロン式掃除機を開発しました。ダイソン掃除機が最初に発売されたのは、意外なことに、本国のイギリスではなく日本でした。1986年の登場ですから、30年以上の歴史があります。

ダイソンは初号機から着実に改良を重ね、2004年に印象深いあのテレビ広告を始めました。その結果、2014年には6%だったシェアが、2019年には17%に上昇。東

芝、パナソニックに次いで3位に躍進したのです。

なぜ初号機が20万円もの高価格でさまざまな欠点があったのにも関わらず、小さな企業のダイソンが大きく成長したのか。東芝をはじめとした日本家電メーカーが、ダイソンをなめてかかったからです。競合企業として相手にしていなかったので、ダイソンに成長の時間を与えてしまったのです。

「あんな音がうるさい掃除機なんて、狭い日本の家庭事情を無視している。いったいだれが買うのか」

「あんなに重い掃除機なんて、日本の女性や主婦が扱えると思っているのか」

「ダイソンなんて、しょせん海外の中小企業でしょ？」

こうやって、競合各社が「ダイソンが売れない理由探し」に躍起になっているうちに、ダイソンの売上は時を追うごとに増えていきます。慌てた東芝をはじめとした各社は、「紙パック式とサイクロン式の吸引力はじつはそんなに違いがない」と言い始めました。第2章で説明した認知ベースの行動の失敗を、そのままでかしてしまったのです。もちろん、ダイソンの勢いは止まりませんでした。たまりかねて、日本の家電メーカー各社はサイクロン式掃除機に渋々と参入しましたが、時、すでに遅し。ダイソンの牙城は覆されませんでした。スティック型掃除機市場ではダイソンが50%のシェアを獲得して、１位に躍進してしまったのです。

じつは、東芝はごあいさつ程度に、スティック型サイクロン掃除機を２００４年に発売したことがあります。しかし、キャッチフレーズは「気になるところにしっかり届いて、しっかり取れる！新スタイルクリーナー」。吸引力の「き」の字もありません。次に改良型を開発したのは、10年後の２０１４年。どれほど対抗商品に力を入れていなかったのかが、手に取るようにわかります。そのときのキャッチフレーズは「さらに強く、さらに使いやすくなったマジックサイクロンのスティッククリーナー！」で、またも「吸引力」について明言していません。

はては、２０１８年7月にパナソニックが発表したサイクロン式掃除機の新製品のキャッチコピーが「あの吸引力とは違う」でした。しかも、発表会の会場はダイソン旗艦店の目の前。パナソニックらしくない攻撃的な姿勢で臨んだものでしたが、ダイソンの牙城はビクともしませんでした。

東芝の気持ちも、わからないではありません。創業者のダイソン氏は、日本で商品を発売した時には、単なる個人事業主でした。企業ですらありません。その前から、ダイソン氏は自身が発案したサイクロン式掃除機の試作品を持ち歩き、欧米のさまざまな家電メーカーに商品化を提案していたのです。ことごとく断られた中で、唯一賛同した日本の事務機器メーカーは、掃除機を設計も製造もしたことがなかった素人でした。初号機は、ダイソンの自社生産ですらありませんでした。ダイソンはそんな小さな存在でしたから、東芝がたかをくったのは理解できなくもありません。しかし、ダイソンの急成長を長らく見逃してしまったのは悪手でした。

競争力のある対抗商品を投入できない

掃除機市場ではもう１つ、変動が起きています。ロボット掃除機です。米ｉＲｏｂｏｔ社のルンバのヒットが発端でした。ｉＲｏｂｏｔ社は、爆発物処理や偵察を目的とした軍事用ロボットを製造するアメリカの企業で、30年の歴史があります。ダイソンのようなぽっと出のベンチャー企業とは一線を画した企業です。日本市場への参入は意外に古く、２００２年です。初期にはおもちゃ売場に置かれたルンバですが、徐々に知名度を上げていき、現在では知らない人のほうが少ない商品です。しかし、実際に売れ出したのは２０１０年からと遅咲きです。

現在、ロボット掃除機市場では、２０１９年上半期でｉＲｏｂｏｔ社（ルンバ）が74・

４％を占め、圧倒的な強さを誇ります。掃除機市場におけるロボット掃除機の出荷台数は推定５％程度しかないので、今のところダイソンほど市場全体に影響を与えるような力はありません。

しかし、私が気になるのが、ロボット掃除機の家庭内普及率が２０１９年で８・９％もあることです。ちょうど導入期の末期から成長期に入る段階です。しかも、ロボット掃除機を購入する層は、「面倒な掃除を楽にしたい人たち」のイメージと異なり、「掃除にこだわりがある人」「掃除が好き」な人たちです。要するに、「ロボットに手助けをしてもらい、人間でしかできない掃除や家事をする」ために購入する層であることです。まさに、掃除イノベーターです。こういった人たちに支えられた商品ほど強いものはありません。近いうちに成長期に入ることはまちがいありません。

伏兵も潜んでいます。世界スマートフォンメーカー２番手の中国企業シャオミの子会社・Ｒｏｂｏｒｏｃｋが、ロボット掃除機に参入しました。モバイルバッテリー、スマートフォンの充電器やケーブルでイノベーターに信頼の厚い中国企業Ａｎｋｅｒも、ロボット掃除機市場に参入。日本のアマゾンではベストセラーになり、ネットでの評価も高い商品です。ダイソン、アイリスオーヤマといった第三のメーカーも登場しています。

迎え撃つ日本家電メーカーはというと、１位の東芝が最初にロボット掃除機を発売したのは２００２年とかなり早い時期でした。しかし、価格が25万円と高価だったせいもあり、販売不振のため一度撤退しています。再度挑戦したのが２０１４年。ルンバが売れ始めてから、じつに4年も経過していました。現在は生産中止。事実上の2回目の撤退です。

シャープは、２０１２年に早々とロボット掃除機市場に参入しました。しかし、「会話ができる機能（関西弁もあります）」「プラズマクラスター」といった余計な差別化機能がついて、初っぱなから大迷走。シャープは懲りずに２０１４年に初音ミクを代表とする「ボーカロイド」も歌えたり、「ツンデレな妹キャラと会話できる」機能の新製品も投入したりと、何がしたいのかわからない商品を連発。おそらく、シャープの開発チームにとって、「ロボット」の語感から来るイメージが鉄腕アトムなのでしょう。もっとも、ｉＲｏｂｏｔの創業者も、11歳の当時「スターウォーズのＲ２-Ｄ２のようなロボットを作りたかった」と告白していますから、似たようなものです。

結局、東芝はスティック型掃除機と同じく、ｉＲｏｂｏｔにも成長の時間稼ぎをしてあげたにすぎませんでした。もともと東芝は、掃除機市場で1位とはいっても、第3章で説明したクープマンの目標値のガリバーシェアではありません。打たれ弱いポジションです。即応力に欠け、守りの戦略すら実施できなかった東芝は、遅かれ早かれシェアを落とす運命にありました。単にダイソンやルンバがきっかけを作ったにすぎません。

東芝の家電事業は赤字が続き、２０１６年に中国の家電企業に売却されました。東芝本体の不振が原因だと言われていますが、売却は必然だったといっていいでしょう。

攻めの失敗：競合が強い市場に、差別優位性もなく殴り込みをかける

攻めの戦略での失敗パターンはたくさんありますが、キリンの清涼飲料水事業が典型例です。

キリンはビール事業ではトップ企業でしたが、清涼飲料水への参入も意外に古く、主力のキリンレモンは１９２８年発売。じつに98年の歴史があります。キリンはその後、Ｍｅｔ's（１９７９年、炭酸飲料）やチェスタ（１９７０年、炭酸飲料）、サーフブレイク（１９８２年、スポーツドリンク）、キララ（１９８４年、炭酸飲料）といった新製品を投入しましたが、競合が数多くひしめいている大規模市場への攻勢なのに差別優位性がなかったため、泣かず飛ばずでした。

ようやく陽の光が差したのが、午後の紅茶（１９８６年）です。強い競合が不在の缶紅茶市場で、キリンは大きく成長しました。ところが、またキリンの悪いクセが出てきます。

その後に市場投入した新製品は、トロピカーナ（１９９１年、１００％果汁飲料）、きりり（１９９４年、果汁飲料）、サプリ（１９９７年、機能性飲料）などです。またもや、競合が強い市場に、差別優位性もなく殴り込みをかけた商品で失敗続きでした。

午後の紅茶のヒットから13年後の１９９９年、期待の商品が出現します。缶コーヒーＦＩＲＥです。缶コーヒー市場は清涼飲料水ではダントツの規模で、ジョージア、ボスの２強が市場を占有していました。キリンもＪＩＶＥで参入しましたが、今ひとつ精彩に欠けたブランドでした。そこでキリンは、ＪＩＶＥブランドを捨てて、ＦＩＲＥを投入します。ブランド名が示すとおり、「直火焙煎」が差別性でした。キャッチコピーは、「コーヒーは、火でもっとうまくなる。直火焙煎」。しかも、テレビ広告ではスティーヴィー・ワンダーがＦＩＲＥのために書き下ろした『To Feel the Fire』の大盤振る舞い。多額の投資をした大キャンペーンの効果も出て、３位に浮上しました。

せっかくＦＩＲＥで中成功したのに、その後はまた元に戻ります。生茶（２０００年）の小ヒットはあったにせよ、聞茶（２００１年、日本茶）、体質水（２００４年、健康飲料）、ＮＵＤＡ（２００６年、炭酸水）、ポストウォーター（２００６年、スポーツドリンク）と、またまた競合の多い市場に策もなく突入して敗退。

ＦＩＲＥから８年後の２００７年、世界のＫｉｔｃｈｅｎからがヒットします。世界の家庭で飲まれている手作り飲料や伝統の素材などを使い、シリーズとして発売しました。ピール漬けハチミツレモン（イタリア）、ディアボロ・ジンジャー（フランス）、香ばし麦カフェ・オ・レ（イタリア）、赤ワインで煮こんだマセドニアグレープ（スペイン）など、ラインナップは手が込んだものばかり。とんでもなく手間暇をかけた飲料です。外部から見ると、「こんなにコストをかけて大丈夫なのか」と心配するほどでした。特にソルティライチ（２０１１年）は、発売から1年半で４５０万ケースと、記録的なヒットを飛ばしました。さらに、熱中症対策飲料として早くから注目され、今でも立派な現役です。

しかしその後は、現在までずっとおとなしくなります。発酵ウコン（２００９年、ウコンエキス飲料）、キリンの泡（２０１２年、炭酸飲料）、別格（２０１４年、日本茶）と逆戻り。

俯瞰して見ると、キリンの清涼飲料水事業は一貫して「市場が大きいところに竹槍で突っ込んで失敗するが、10年に1回は中ヒットを飛ばす」の繰り返しだったことがわかります。結局、市場で1位を取ったのは、午後の紅茶だけ。残りの小中ヒットは、万年下位ブランドという有様です。

「2位ではいけませんか」の名言がありますが、マーケティングでは1位でなければなりません。どんなに小さい市場でも、1位を取らないと業績や利益が不安定になってしまうからです。1位がほとんどない日立や東芝の家電部門が良い例です。

後日談があります。とうとう、缶コーヒーＦＩＲＥまでやらかします。当初のＦＩＲＥの差別性はどこへやら。２０２０年に、石田ゆり子が「ありがとう。おつかれさま」とコンビニ店員や警備員に対してつぶやくＦＩＲＥの広告は、一瞬ジョージアの「世界はだれかの仕事でできている」広告なのかと見まちがうほどの出来映えでした。

２０２１年の広告は、桐谷健太がスーツを着て「直火で仕上げた、このうまさ。コーヒーは火でうまくなる」と原点回帰になったのは良しとしましょう。しかし、ブランドサイトに行くと、このようなコピーが。

前向きに働くあなたの一日によりそいたいから。
朝、仕事をはじめるときに。
［著者注］アサヒ・モーニングショットやコンビニ・コーヒーにちょっかいを出し
大切な商談にいく前に。
［著者注］ジョージアにも対抗

結局、全方位にケンカを売り、差別優位性がきちんと語られずに、中途半端な位置づけになっているのが残念というほかありません。

キリンラガーが、１９９０年代に「ラガーほどのトップブランドはオールターゲットでいい」と節操なくターゲットを広げて失敗したのと同じまちがいを犯しています。しかも、ＦＩＲＥは所詮3番手。ブランドイメージも薄く、あちこちに手を出す余裕などないはずです。ＦＩＲＥは、発売当初にきちんとコーヒー豆と火（焙煎）の関係を深掘りすれば、もっと差別優位性が出たはずです。しかし、そうこうしているうちに、競合他社も焙煎をコンセプトに新製品を出し始めたために、ＦＩＲＥの持つ差別優位性がなくなってしまったのでした。

そもそも缶コーヒー市場は、数多い自販機台数のおかげで売上こそジョージアとボスの2強ですが、他業界のトップブランドと比べてブランドイメージはボロボロで、脆弱な市場です。下位メーカーは、ほかの業界と比べて攻略しやすいはずなのです。もっとも、そんな業界ですから、コンビニコーヒーにあっさり侵食されたのは当然とも言うべきです。

図体はでかいけれど大きい市場に徒手空拳で闘いを挑み、万年下位ブランドばかりを量産する。「キリンは清涼飲料水界の不良下位」と私が呼ぶのは、ムリがないことです。

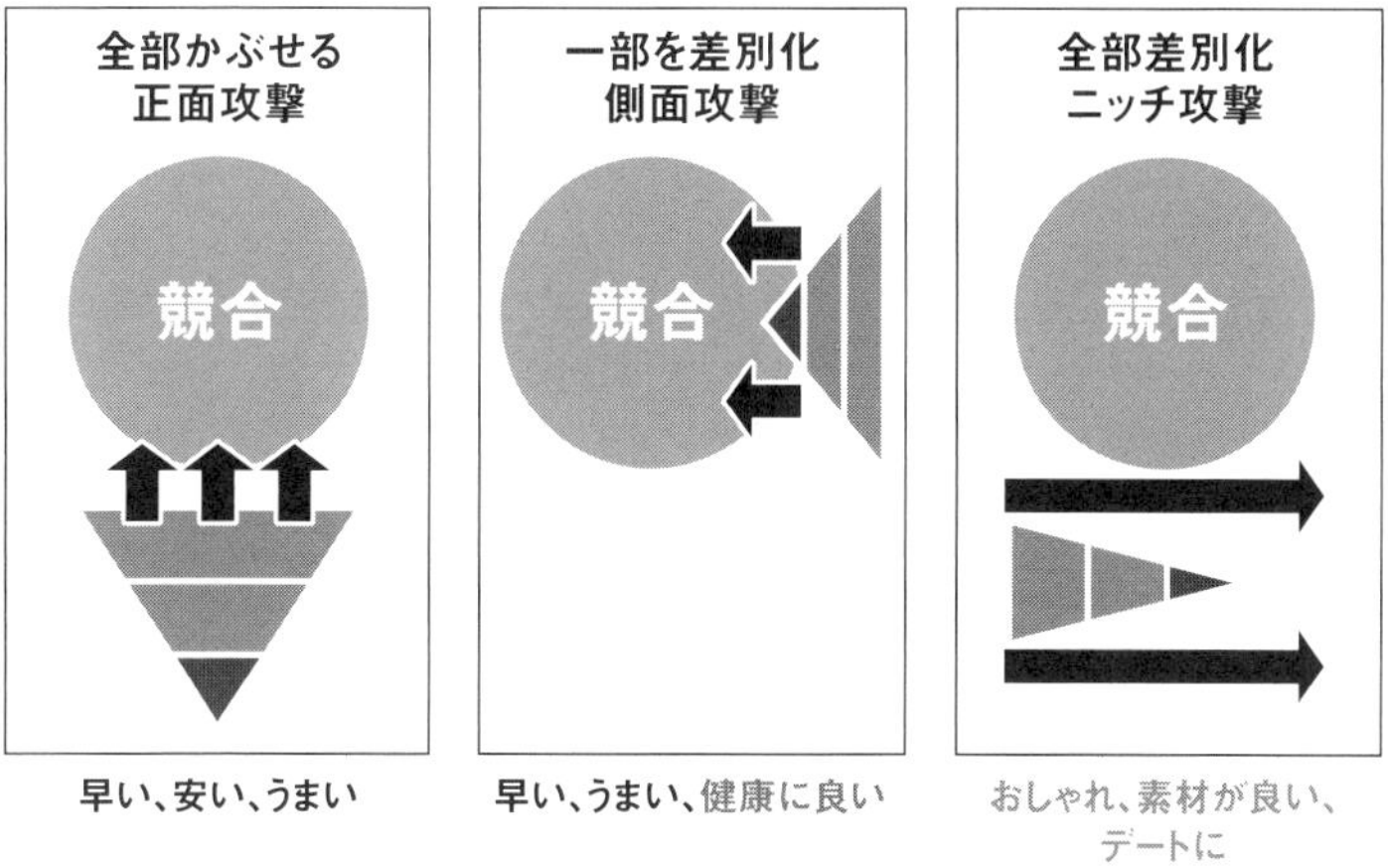

図5-3-1　攻撃の3つのタイプ

攻撃戦略は、正面からか、戦闘回避か

守りと攻めの戦略に関する戦略理論には、2つの理論があります。1つは、競合ブランドや企業に対する攻撃戦略。もう1つは、生活者を主軸に置いた浸透戦略です。

さらに、攻撃戦略には3種類あります。正面攻撃、側面攻撃、そしてニッチ攻撃です。図5-3-1で図式化しました。

①正面攻撃

1つ目の正面攻撃は、競合他社や市場ニーズに対して真正面から戦う、「力でごり押し」戦略です。競合他社や市場ニーズが「早い、安い、うまい」ならば、「もっと早くて、もっとうまくて、もっとおいしい」と、相手を凌駕する優位性で攻撃します。一見、模倣やモノマネに見えますが、模倣やモノマネは似たような水準の商品で戦うのに対して、正面攻撃は自社商品の優位性が相手より決定的に上回るのが違いです。

マーケティング戦略は、商品だけでは成立しません。広告宣伝費や、流通対策にかける費用も必要です。正面攻撃は、商品の品質のほか、競合他社の広告宣伝費を上回る投資をしなければならず、営業マンの数も競合他社以上に揃える必要があり、取り扱い店舗も競合他社より拡大しなければなりません。マーケティング投資額が半端ではないのです。これらすべてを兼ね備えたトップ企業でないと、正面攻撃は実施できません。

正面攻撃と似た戦略に、ランチェスター戦略のミート戦略があります。ミート戦略では、「早い、安い、うまい」だけでも可能で、優位性がなくてもいいのです。その代わり、相手が商品として未熟なうちに、似た商品で、広告宣伝費や営業力、流通拡大力で相手を潰す戦略です。したがって、ミート戦略はトップ企業専用の戦略です。ミート戦略の目的は、下位企業の新製品が若い芽のうちに早めに摘んでおき、自社にとっての脅威を消し去ることです。したがって、ミート戦略はスピードが命です。

ミート戦略が得意なのが、サントリーの洋酒部門です。ニッカが新製品を発売すると、直後に似たような新製品を出して、ニッカを潰し続けました。

またパナソニックは、１９７０年代から１９８０年代にかけて「マネシタ電器（当時の社名は松下電器産業でした）」と揶揄されており、競合が新製品を開発するとすぐさま類似商品を市場に投入しました。当時のパナソニックは、社内技術を商品化寸前まで昇華させても、市場に投入せずにストックしていました。だからこそ、競合企業が新製品を発売しても、すぐに自社商品を投入することができたのです。松下幸之助の有名な言葉があります。

「うちには優秀な研究所がありましてな［中略］（その研究所は）そうそう、たしかソニーという名前でしたかな」

この言葉どおり、ソニーや三洋電機、シャープなどが新製品で需要開拓をした後に、圧倒的な系列店数を武器に押し切るのがパナソニックの戦略でした。

②ニッチ攻撃

一方、正面攻撃の対極にあるニッチ戦略は、「早い、安い、うまい」を「健康、新鮮、居心地がよい」のように主要ニーズ要素をすべて外す戦略です。競合商品とぶつかることを避けて独自路線を歩む、究極の差別化戦略です。これならば、多額のマーケティング費用も必要ありません。体力の弱い企業に向いた戦略です。しかし、ニッチ攻撃は、多くの場合、差別化をやりすぎます。差別化はすればするほど、市場性を低下させ、需要を狭めてしまいます。

バルミューダのトースターのように、企業規模が小さいならニッチ戦略でもかまいません。なにせ、高級トースターには強い競合企業がほとんどいません。市場規模が小さくても、自社が独占できてしまうからです。

当初はニッチ戦略であっても、後々市場が大きく成長してしまうケースもたまにあります。ポカリスエットやｉＰｈｏｎｅがその好例です。

ポカリスエットは、医師たちが手術後などに水分補給のため点滴を飲んでいたことから発想して商品化されました。しかし、味はお世辞にもおいしいとはいえず、発売前の生活者調査でも90％の人たちが「買いたくない」との結果が出た、散々な低評価でした。幸いなことに、大塚製薬は社長の鶴のひと声が尊重される企業です。「10％も買いたい人がいるなら出す価値はある」との社長判断で１９８０年に発売を決行。今やだれでもが知っている飲料です。

ポカリスエットは当初、スーパーのバイヤーに味が酷評され取り扱ってもらえませんでした。そこで大塚製薬の営業部隊は、バイヤーを夏の暑い時期にゴルフ接待しましたが、単なる接待ではありません。太陽がさんさんと降り注ぐ真夏のゴルフの休憩時に、ポカリスエットを飲んでもらいます。そんな環境ですから、おいしく感じるのは当然です。それから次々と、スーパーでの取り扱いがスムースに進行したのです。ポカリスエットの成功は、商品開発の目の付けどころの優秀さを営業部門の知恵が救ったのが戦略の本質でした。

③側面攻撃

正面攻撃とニッチ攻撃の中間が側面攻撃です。「早い、安い、うまい」ならば、「早い、うまい、新鮮」といったように、主要ニーズの1つないしは2つを変えるやり方です。これならば、ある程度の市場規模を確保しながら、差別化ができます。また、マーケティング投資も、正面攻撃ほど必要ではありません。本来の差別化戦略とは、側面攻撃のことです。

側面攻撃が得意な企業は日本では数少ないですが、特色ある3位4位が多い傾向にあります。たとえば、ホンダ、小岩井乳業、シャープ、サントリー（清涼飲料水）などです。独自路線を突き進んでいたら、知らず知らずに側面攻撃になっていた企業もあります。モスバーガー、ダイキン、マンナンライフ、大塚グループなどが好例です。

ただ、モスバーガーは、成長してから手がけた新規事業は必ずしも側面攻撃ではありません。大人向けハンバーガー「モスズ・シー」、紅茶とアメリカンワッフルの「マザーリーフ」、中華どんぶり「上海市場」、豆腐と鶏料理の居酒屋「まめどり」、ハンバーグとステーキの店「ステファングリル」、ラーメン店「ちりめん亭（売却）」など、中途半端な展開で失敗したケースが多いのが実情です。

生活者に焦点を当てた浸透戦略

以上3つの攻撃理論とは別に、第2章で解説したイノベーター理論と関連づけた浸透戦略があります。生活者に焦点を当てた戦略で、スキミング戦略とペネトレーション戦略の2つです。元は故・田岡信夫が提唱するランチェスター戦略の価格理論ですが、私はイノベーター理論とつなげて、総合的な戦略理論として独自に理論化しました。

スキミング戦略

スキミング戦略とは、最初はイノベーターをターゲットに設定して、後にフォロワーまで広げていくやり方です。

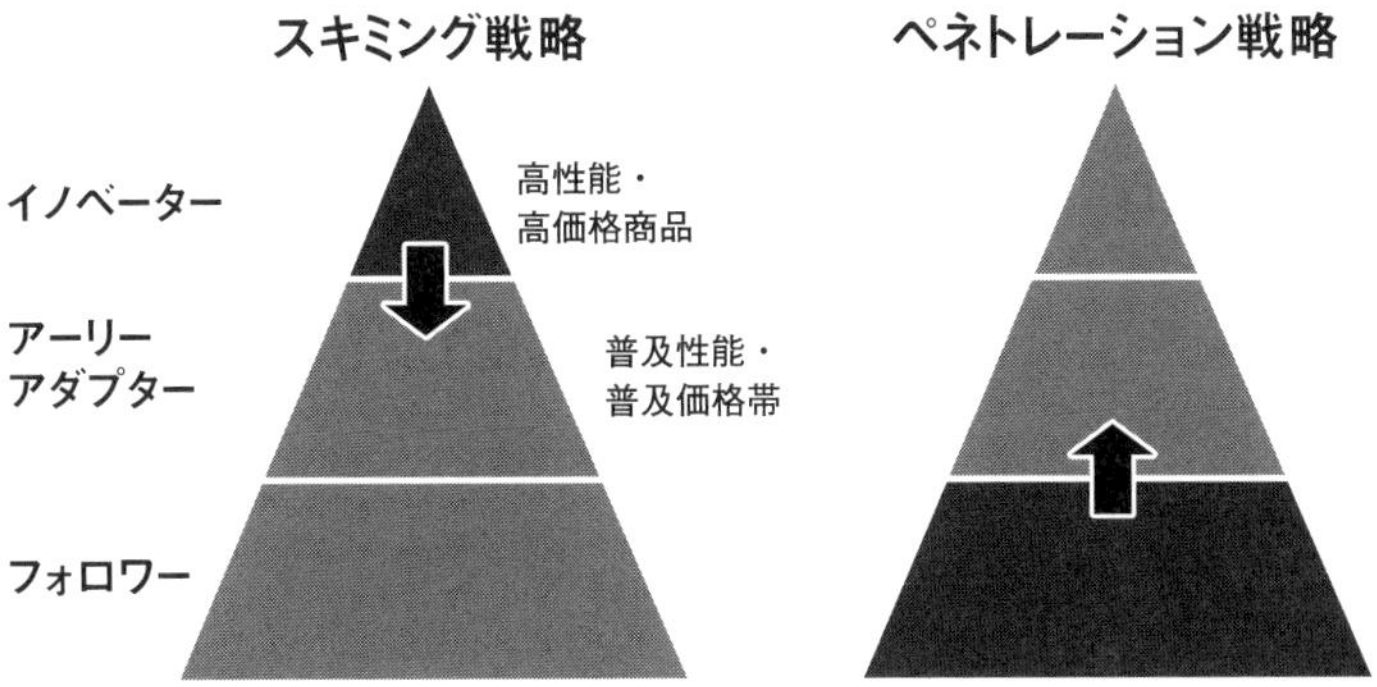

図5-3-2　スキミング戦略とペネトレーション戦略

図5-3-2のように、第1段階ではイノベーターをターゲットに高性能・高価格商品を開発します。その代わり、イノベーターが満足する新規性や高性能が商品に求められるので、商品開発力や技術力、企画力が高くなければなりません。技術力や商品企画力に自信がある下位企業向けの戦略です。

第2段階では、アーリーアダプター向けに普及性能・普及価格帯の商品を投入し、さらに市場を拡大します。

どこかで聞いた話ですよね。第3章のプロダクトライフサイクル理論で説明した成功の鍵とは、スキミング戦略のことです。

事例はたくさんありますが、変わったところでは、東京の勝どきや芝浦の都市開発でもスキミング戦略が採用されました。通常、都市開発では「病院、学校、スーパーなどの生活インフラが整っていないと住む人は来ない」が常識でした。しかし、住民が少なければ、病院も学校も建ちません。そのジレンマの中で、少しずつ住民を増やし、何十年もかけて街を作る手法が当たり前でした。東京の光が丘は、その典型です。

一方、スキミング戦略を応用した湾岸エリアでは、従来のやり方では時間がかかりすぎます。なにせ、勝どきや芝浦は倉庫や工場でしたから、イメージははてしなく悪く、人が住むイメージはゼロといっていい状態です。その代わり、大きなメリットがありました。東京の中心地に近いことです。15分もあれば、自転車で銀座に行けます。

そこで、戦略としてターゲットをイノベーターに絞りました。「仕事が大好きなビジネスマンたち」です。イメージとしては、『課長島耕作』の不純異性交際好きを除いた人たちです。彼らのニーズは「通勤時間が短いこと」ただ1つです。

できるだけ無駄な時間を排除して、その分を仕事に回したい。

そのためには多少家賃が高くても気にしないし、スーパーや病院がなくてもいい。

商業施設はコンビニくらいで充分。

地域の住む場所のイメージなんて気にしない。

まさにイノベーターです。

浸透過程はこうです。まずは、彼らが勝どきや芝浦に住み始めます。すると、ほかの人が「あんな場所に人が住めるんだ」とびっくりする。しかも、マンションから出てくる人たちは、スーツに身を包むちゃんとしたビジネスマンたちです。決して、イメージの悪い人たちではない。すると、徐々にアーリーアダプターが移り住み始めます。人が集まりますから、スーパーやファミレスなどの商業施設も進出します。最後に公共施設もできるようになり、街が完成しました。

この間、数年しかかかりません。実際、上記のエリアに行くと、30代くらいのビジネスマン家族が多く集まっているのがわかります。しかも、外資系や上場企業といった年収も高い人たちが多いのが特徴です。

ペネトレーション戦略

スキミング戦略の対極にあるのが、ペネトレーション戦略です。イノベーターは人口の10%程度しかいませんから、どうしても「買う人が少ないから売上も見込めない」と及び腰になる経営陣が現れます。「だったら最も人口が多いフォロワーを最初から狙え」とするのがペネトレーション戦略です。スキミング戦略とは、逆にフォロワーからイノベーターへと上り詰める手法です。

しかし、フォロワーは高性能であっても価格が高いと買ってくれません。したがって、はじめから普及性能・普及価格帯の商品を開発する必要があります。また、フォロワーは自分から情報を取るほど積極的ではないので、広告宣伝費も多額になります。加えて、商品を自分から探してくれないので、フォロワーが目に止まる機会を増やすために取扱店舗も増やさなければなりません。

したがって、ペネトレーション戦略は、次の要素が確保できるトップ企業向けです。

・普及価格帯で製造できるスケールメリット
・流通を押さえることができる力
・多額の広告宣伝費を用意できる資金力

事例としては、２００６年に発売した資生堂ＴＳＵＢＡＫＩが挙げられます。資生堂は当時、ユニリーバ、花王、Ｐ＆Ｇに次いで4位のメーカーでした。そこに、新製品ＴＳＵＢＡＫＩを開発。女優6人を起用した広告宣伝に約50億円を投じ、大々的なプロモーション活動を実施しました。上原多香子、竹内結子、田中麗奈、仲間由紀恵、広末涼子、観月ありさ——だれもが認める女優陣。そしてＣＭ曲は、ＳＭＡＰの『Ｄｅａｒ ＷＯＭＡＮ』。キャッチコピーは「日本の女性は、美しい。」。その結果、売上は発売１ヶ月で40億円と駆け上がり、シェア28・９％とトップ企業に上り詰めました。

資生堂ＴＳＵＢＡＫＩは、もともと資生堂が掲げるメガブランド構想の１つで、直前には化粧品ブランドのエリクシールに広告宣伝費40億円を費やし、大成功を収めたことに気をよくした戦略でした。

資生堂ＴＳＵＢＡＫＩの例からもわかるように、ペネトレーション戦略に必要な金額はとんでもなく多額です。広告宣伝費だけでなく、販売促進費も合わせると、年間１００億円では済みません。数億円しか投資せずに、「一見ペネトレーション戦略、じつは竹槍で立ち向かい敗退する」ケースが圧倒的に多いのです。ペネトレーション戦略は、使い方次第で有効ですが、なめてかかってはいけません。

攻撃戦略と浸透戦略を組み合わせて、守りと攻めの戦略を理解する

ここまで理解できれば、あとはかんたんです。守りの戦略と攻めの戦略は、これらの選

択や組み合わせだからです。

守りの戦略とは、シンプルに言えば「あらゆるセグメントで1位を確保せよ」です。

袋入り即席めん市場ならば、セグメントはラーメン、そば、うどん、パスタなどの麺の種類です。また、しょうゆ、塩、味噌、バターなどの「味」もセグメントです。自動車なら、ファミリー、スポーツ、ＳＵＶなどのスタイルがセグメントですし、洗濯用洗剤なら、粉末、液体、ボールなどの形状や大中小といった容器の大きさもセグメントにあたります。

なぜ「全方位で1位を取る」のか。「蟻の穴から堤も崩れる」のことわざのとおり、小さな穴であっても堤防が崩れてしまうからです。「全方位で1位を取る」ための戦略として、敵が弱いうちに叩くミート戦略や正面攻撃を採用する――これが守りの戦略です。

一方で、攻めの戦略は逆に「まずは穴を作って広げること」です。「狭く入って深く広げる」は、私が提唱する商品開発戦略の1つです。一気にラインナップを広げて新製品を投入するのは、派手で目を引きがちですが、大半は失敗します。それよりも、1つ2つのアイテムを投入し、ヒットしたらバリエーションを増やしていくのが定石です。

「穴を作る」は、側面攻撃（差別化攻撃）です。そして、浸透しやすく、後から広げやすい戦略は、イノベーター理論に即したスキミング戦略というわけです。

そこに、プロダクトコーン理論も加わります。スキミング戦略では最初にイノベーターをターゲットにしますから、プロダクトコーン理論でいう「規格」が購入を刺激する鍵となります。そして、差別化するということは、「（ベネフィットやエッセンスではなく）規格で差別化する」ことにほかなりません。

　キャットフードのカルカンやブレッキーズは、「狭く入って深く広げる」で成功した事例です。カルカンやブレッキーズは、当初ビーフとフィッシュの2種類を発売しました。フィッシュは日本の猫の定番ですが、ビーフはなじみが薄い食材です。しかし、スーパーのバイヤーには「猫はライオンの仲間なのでビーフも好んで食べます」とのセールストークで、次々と商談成功。ビーフで差別化し、フィッシュで実売上を稼ぐ複合戦略が大成功したのでした。その後、まぐろやかつおなどのバリエーションを追加して、確固たる地位を占めました。

　ちなみに、猫は肉食動物なので、ネズミや鳥などを好んで食べるのは本当です。ビタミンや必須ミネラルをはじめ、必要な栄養を肉や皮、毛の一本一本まで吸収する生体構造です。ヒュー・ロフティング著『ドリトル先生』（岩波書店）には、ロンドンのマシュー・マグなる人物が営む「猫肉屋」が登場します。ワゴンを引きながら、契約家庭の猫に肉（おもに馬肉）を路上で与える商売です。猫肉屋は実在したビジネスで、野良猫もたくさん集まる中、契約した猫を見分ける熟練の技が必要でした。

おわりに

恋愛経験が浅い若い人の好きな異性タイプは「ウソをつかない人」「乱暴でない人」

人には成功から学ぶ学習と、失敗から学ぶ学習があります。

成功から学ぶ手法では「パブロフの犬」が有名です。旧ソ連の生理学者、イワン・パブロフが１９０１年におこなった古典的な実験です。犬にベルの音を聞かせてから食事を与えることを繰り返すと、ベルの音を聞くだけで唾液が出るようになる、あの実験です。人でも、武道、茶道、書道、スポーツなどでは「まず型を模倣せよ。それを繰り返していくうちに身体に染みつき、真髄が体得できる」と言われるのと同じです。

反面、失敗から学習する方法の心理学説はあまり知られていません。アメリカの心理学者エドワード・ソーンダイクが１９１１年におこなった、オペラント条件付けの実験が代表格です。別名「ネコのパズル・ボックス」の実験では、次の手順を踏みます。

・ひもを引っ張ると格子状の扉が開く木の箱を用意する。
・この箱に空腹のネコを入れる。
・格子状の扉の前に食事を置く。
・空腹のネコは箱から出ようと暴れたり引っかいたりする。
・偶然、ひもが引っ張られて、無事、ネコは食事を満喫できる。

ソーンダイクは、ネコが外に出るまでの試行回数を記録します。すると、食事のたびに試行回数が少なくなりました。ネコは「ひもを引っ張れば食事にありつける」ことを学習するようになったのでした。

ネコだけでなく人も失敗から学ぶことを、身近なところで観察できます。グループインタビュー（座談会形式の調査）を観察していると、経験が少ない出席者は否定形で発言し、経験を積むに従って肯定系の言葉で語る光景をよく見かけます。

たとえば「好きな異性のタイプは？」と聞くと、恋愛経験が浅い若い出席者は「ウソをつかない人」「乱暴でない人」など、否定形の言葉を使います。数少ない自分の経験で、これだけは避けたい人物像をイメージして答えるのです。ところが、恋愛経験を積んだ年齢になると「誠実な人」「優しい人」など、肯定系の言葉を多用します。過去の経験から「好みの異性」の共通点をつかみ取るのです。

喫煙も同様です。若い出席者は「苦くないたばこ」「辛くないたばこ」が好き、と発言します。一方で、喫煙年数が長い出席者ほど、「軽いたばこ」「コクがあるたばこ」と肯定系の発言をするようになります。

このように、人は失敗例からも学ぶことができる存在です。ことわざや格言でも、「他山の石（自分の人格を磨くにの役立つ他人のよくない言行や出来事）」や「後車之戒（先に通った車のひっくり返った車輪の跡を見て、同じようにならないように、その場所を通らないようにする）」など、失敗から学ぶことを教えてくれます。

一方で、個人の学びには限界があります。だから、失敗をパターン化、体系化、理論化すれば、汎用化した雲形定規のようなツールが完成します。本書はそれを目指したと同時に、学びの効率化を目標としました。

成功と失敗、どちらか片一方だけでもダメです。成功だけを模倣するのでもなく、失敗を参考にするだけでもない。その両方をバランスよく学んでこそ、自身の成功をつかみ取ることができます。私をそれを「知恵」と呼んでいます。

熟練コンサルタントは、豊富な失敗事例をパターンで知っているからこそ、成功確率を上げることができるのです。

時には「理論？くそ食らえ」精神で

1つ、私からお願いがあります。

時には成功／失敗パターンやルール、理論を無視して挑戦してほしいのです。マーケティングの7割は手堅く理論どおりに実践し、3割は挑戦のための遊びを作ってほしいのです。

本書で「やっていいこと、いけないこと」を数多く紹介しました。しかし、すべてのマーケティング活動に理屈を強制してしまうと息が詰まります。また、遊びの中から大ヒット商品が生まれることもあります。

何も知らずに無謀な挑戦をするのと、基本や定石を理解しながらも、自分の頭で考えたうえであえて挑戦を選ぶのとでは、根本的に違います。また、手堅い戦略で成功を重ねれば、遊びを作る余裕も生まれます。

もし、あなたが人の上に立つ存在ならば、部下や後輩が自由に動くチャンスを与えてあげてください。

裏話を少々

本書を執筆するにあたり、失敗事例を全部で３００例以上ピックアップ。続いて各節用に6～8例を原稿化し、ベストフィットする2～4例を採用しました。収録から外れた事例には、７ｐａｙ、ゴーストキッチンなど最近のケースもありましたが、日頃から私は事例の鮮度にはこだわらないので、迷わずカットしました。さらに、理論や解説、対処パートも本書の2倍ほどの文字数を書いたうえで圧縮しました。じつに約１０００ページ以上を書いたことになります。

そんな中で気づいたことがあります。

本書の各節の構成は「失敗事例→マーケティング理論→対処方法」です。私の代表作『シンプルマーケティング』とは逆の作り方ですが、書き上げてみると失敗事例が主役のため、前著とは異なる気づきを与えてくれました。マーケティング理論の理解に深みが出るのです。

さらに、本書の失敗事例には、エナジードリンクの例のように、普通なら成功事例として扱われるケースを、逆側から見たものもあります。視点を変えることによる新たな学びがあるからです。そのことも相まって、本書はいわば「深・シンプルマーケティング」や「裏・シンプルマーケティング」と呼ぶにふさわしい内容に変化したのはとても興味深い結果でした。

話は変わります。粗原稿をチェックしていただいた人たちからよく聞かれたのは「この本のターゲットはだれですか」でした。

じつは、本書のコンセプトが「失敗から学ぶ」である限り、ターゲットは必然的に決まってしまいます。それは「（マーケティング知識の多寡に関わらず）自分の頭で考えようとする『イノベーター気質の人たち』」です。本書を読了したみなさんは、失敗事例と、ほかの書籍を含めた成功事例を合わせて自分で考えようとする人たちです。

加えて、多かった要望は「広告など動画のＵＲＬを貼ってほしい」でした。失敗事例を扱う本書の性格上、ご容赦ください。せめて探しやすいように、随所にヒントを入れました。

感謝感謝です

編集者の傳さんには本当にお世話になりました。傳さんは私にとって編集者として理想的な動きをしてくれました。締めるところは締め、放っておくところは自由にさせ、迷ったときには指針を示す。そして、それぞれには必ず納得できる説明があるので、ケンカっ早い私でも素直に受け入れることができました。

さらに、傳さんとのやりとりの中でヴィーガンのコラムが復活したり、完成したと思っていた意識のブリッジ理論を深化するきっかけを作ってくれたりと、感謝しかありません。お世辞、全抜きです。

また、執筆のために通常業務サポートを惜しまなかったスタッフの春日恵美にも感謝します。

そして、最後に私を長年コンサルタントとして認めていただいたクライアントの方々に、最大の謝辞を送りたいと思います。

２０２１年10月　ロマンシングサガＲＳプレイ後に

索引

参考文献

『コトラーのマーケティング入門 第4版』（フィリップ・コトラー、ゲイリー・アームストロング／丸善出版）

『コトラーのマーケティング4.0』（フィリップ・コトラー、ヘルマワン・カルタジャヤ、イワン・セティアワンほか／朝日新聞出版）

『マーケティング原理 第9版』（フィリップ・コトラー、ゲイリー・アームストロング／ダイヤモンド社）

『ランチェスター販売戦略 1〜5』（田岡信夫／ビジネス社）

『ランチェスター・マーケティング参謀学 1〜3』（田岡信夫／ビジネス社）

『世界最高の戦略家クラウゼヴィッツ――強い企業の戦法』（中森鎮雄／経済界）

『キャズム Ver.2』（ジェフリー・ムーア／翔泳社）

『ブルーオーシャン戦略』（W・チャン・キム、レオ・モボルニュ／ダイヤモンド社）

『実践講座ライフスタイルマーケティング』（ODSマーケティング・コンサルティングチーム／宣伝会議）

『スローなビジネスに帰れ』（阪本啓一／インプレス）

『スティーブ・ジョブズ 驚異のイノベーション』（カーマイン・ガロ／日経BP）

『広告の科学』（チャールズ・ヤン／中央公論新社）

『そのブランディングは未来に届くか。』（廣澤やすまさ／集英社インターナショナル）

『心理学小辞典』（大山正ほか／有斐閣）

『記憶はウソをつく』（榎本博明／祥伝社）

『ディズニーの魔法』（有馬哲夫／新潮社）

『改訂 シンプルマーケティング』（森 行生／SBクリエイティブ）

『ヒット商品を最初に買う人たち』（森 行生／SBクリエイティブ）

『日経シェア調査』（日経産業新聞／日本経済新聞社）

『日経業界地図』（日本経済新聞社／日本経済新聞社）

『ケータイ社会白書』（NTTドコモ モバイル社会研究所／中央経済社）

『ELLE JAPON』2017年3月号（ハースト婦人画報社）

森 行生（もり ゆきお）

1955年生まれ。米国デューク大学にてコンピュータ工学および経済学をダブル専攻し、1978年卒業。大手嗜好品メーカー、外資系パッケージグッズメーカー、大手マーケティングコンサルティング会社などを経て、1992年、ブランドおよび事業戦略に関するマーケティングコンサルテーションをおこなうシストラットコーポレーションを設立。「プロダクトコーン理論」などを提唱。
著書に『ヒット商品を最初に買う人たち』『改訂・シンプルマーケティング』（SBクリエイティブ）、『21世紀のモノ創り 70のヒント』（毎日コミュニケーションズ）がある。

http://www.systrat.co.jp/

ブックデザイン　水戸部 功＋北村陽香
DTP・作図　SeaGrape
編集　傳 智之

[お問い合わせについて]
本書に関するご質問は、FAX、書面、下記のWebサイトの質問用フォームでお願いいたします。
電話での直接のお問い合わせにはお答えできません。あらかじめご了承ください。
ご質問の際には以下を明記してください。
・書籍名　・該当ページ　・返信先（メールアドレス）

ご質問の際に記載いただいた個人情報は質問の返答以外の目的には使用いたしません。
お送りいただいたご質問には、できる限り迅速にお答えするよう努力しておりますが、
お時間をいただくこともございます。
なお、ご質問は本書に記載されている内容に関するもののみとさせていただきます。

[問い合わせ先]
〒162-0846　東京都新宿区市谷左内町21-13
株式会社技術評論社　書籍編集部　「失敗から学ぶマーケティング」係
FAX　03-3513-6183
Web　https://gihyo.jp/book/2021/978-4-297-12459-5

失敗《しっぱい》から学《まな》ぶマーケティング

売《う》れないモノには理由《りゆう》がある

2021年12月16日　初版　第1刷発行
2022年 2月15日　初版　第2刷発行

著者　森《もり》 行生《ゆきお》
発行者　片岡 巌
発行所　株式会社技術評論社
東京都新宿区市谷左内町21-13
電話　03-3513-6150　販売促進部
03-3513-6166　書籍編集部
印刷・製本　昭和情報プロセス株式会社

定価はカバーに表示してあります。

造本には細心の注意を払っておりますが、万一、
乱丁（ページの乱れ）や落丁（ページの抜け）がございましたら、小社販売促進部までお送りください。
送料小社負担にてお取り替えいたします。

ISBN978-4-297-12459-5　C0034
Printed in Japan